山西省图书馆　编

文源讲坛

2017年讲座精选

山西出版传媒集团　北岳文艺出版社
BEIYUE LITERATURE & ART PUBLISHING HOUSE
·太原·

图书在版编目(CIP)数据

文源讲坛. 2017年讲座精选 / 山西省图书馆编. —
太原 : 北岳文艺出版社, 2020.1
ISBN 978-7-5378-6017-8

Ⅰ. ①文… Ⅱ. ①山… Ⅲ. ①社会科学 - 文集②自然
科学 - 文集 Ⅳ. ①Z427

中国版本图书馆CIP数据核字(2019)第211271号

书　名: 文源讲坛 ——2017年讲座精选	**编　者:** 山西省图书馆 **责任编辑:** 高海霞	**装帧设计:** 张永文 **印装监制:** 巩　璠

出版发行 山西出版传媒集团 · 北岳文艺出版社
地　　址 山西省太原市并州南路57号
邮　　编 030012
电　　话 0351-5628696(发行部)
　　　　　0351-5628688(总编室)
传　　真 0351-5628680
网　　址 http://www.bywy.com
E - mail bywycbs@163.com
经 销 商 新华书店

印刷装订 山西人民印刷有限责任公司
开　　本 710mm×1000mm　1/16
字　　数 240千字
印　　张 17.25
版　　次 2020年1月第1版
印　　次 2020年1月山西第1次印刷
书　　号 ISBN 978-7-5378-6017-8
定　　价 42.00元

目录

第一辑　文学·经典

第二辑　历史·争鸣

第一辑　文学·经典

鉴真东渡及其文化意义

郝润华

郝润华，女，1964年出生于甘肃武威，文学博士，南京大学毕业，曾在日本奈良女子大学留学，现为西北大学文学院教授、中国古典文献学专业博士生导师、古典文献研究所所长。

研究领域涉及古代文学、文献学及文化史，出版学术著作九部，在《文献》《光明日报》等期刊发表学术论文一百一十余篇。代表著作：《〈钱注杜诗〉与诗史互证方法》、《鉴真评传》（南京大学"中国思想家评传丛书"）、《二十世纪以来中国古籍目录提要》等。

主持了多项国家及省部级科研项目，并多次获科研奖励。兼任中国历史文献研究会副会长、《历史文献研究》编委、全国韩愈研究会副会长、陕西省古籍保护专家委员会委员等。

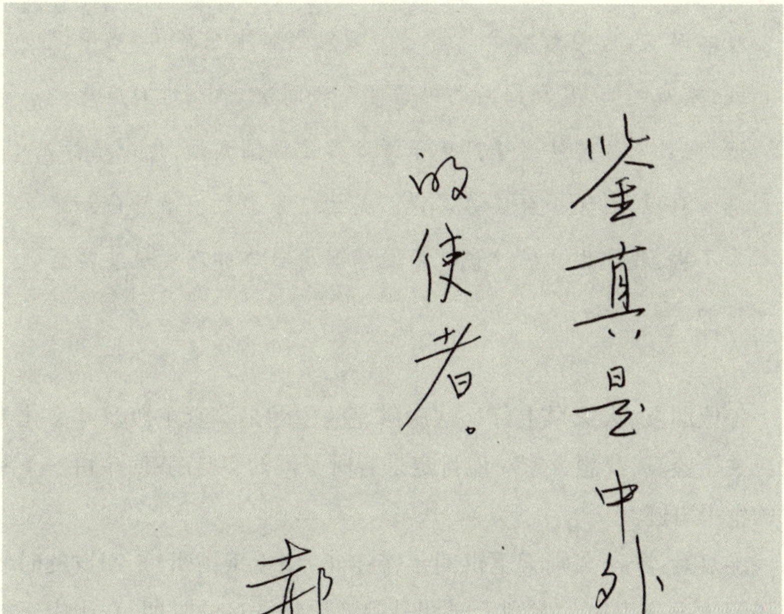
鉴真是中外文化交流的使者。
郝润华
二〇一七年一月八日

我们作为一个人要有道德底线，你不但自己要发展得好，而且要帮助别人，这就是鉴真。鉴真信仰的大乘佛教不仅仅要自度，还要度人，我认为他的道德已经达到了高峰。鉴真东渡的时候，危险系数是非常大的，《唐大和上东征传》当中记载，东渡之前，鉴真询问众弟子："今我同法众中，谁有应此远请，向日本国传法者乎？"弟子祥彦答："彼国太远，生命难存，沧海淼漫，百无一至。"鉴真说："是为法事也！何惜身命？诸人不去，我即去耳。"这说明鉴真当时去日本的态度是非常坚定的。

各位朋友，大家早上好！这次讲座的主题是鉴真东渡及其文化意义。关于鉴真，我想大家对他肯定是有所了解的，现在我简单讲一下鉴真的生平事迹。

鉴真姓淳于，武则天垂拱四年（688年）出生于扬州，十四岁的时候在扬州大云寺出家。武则天时期是佛教比较发达的时期，在唐中宗的神龙元年（705年），十七岁的鉴真从律宗高僧光州道岸受菩萨戒。景龙元年（707年）到唐玄宗开元元年（713年）的六年间，他在洛阳、长安学习佛法。在此期间，即景龙二年（708年），他在长安实际寺依恒景律师受具足戒。这是佛教里面最高的戒律，好比博士研究生是读书达到的最高学历。唐玄宗开元元年（713年），他回到了家乡扬州。鉴真是律宗的高僧，律宗主要是规诫僧人的。在鉴真回到扬州以后，他成了扬州，甚至整个江南地区最著名的律宗高僧，很多人都愿意找鉴真传戒，所以到了唐玄宗天宝二年（743年），日本要发展佛教，就派了两位僧人到唐朝，邀请鉴真去日本。因此，743年，鉴真五十六岁时，他开始了东渡日本的壮举。

鉴真东渡日本，不少学者说是花了十年的时间，但实际上，还有准备的时期，所以有的学者说是花了十二年时间，这个说法也是正确的。而且我们知道，当时去日本不像现在，坐飞机一两个小时就到了，那个时候是坐船去日本，在海上有可能遇到风浪，所以在海上航行的时间也是比较长的，这些时间也要计算在内，所以十二年也是比较正确的观点。

鉴真在日本待了十年，到唐代宗广德元年（763年），他在日本奈良去世，一共活了七十六岁，这是鉴真的一个基本生平。

我们再来看一下鉴真东渡的情况，鉴真东渡一共经过了六次航海。当时航船受天气影响大，如果风浪小，对船只影响也小，所以鉴真有一次东渡，就稀里糊涂漂到了海南岛，辗转一年多的时间又回到扬州，所以从这儿可以看出，他东渡是非常艰辛的。

鉴真花了十年的时间，为什么一定要坚持去日本呢？这个原因是多方面的。鉴真去日本的目的是为了弘扬佛法，创立律宗。

我们知道，在中国历史上，佛教发展到唐朝达到了一个高峰。唐朝的佛教非常发达，所以日本请我们唐朝的高僧去宣传佛法，创立日本的律宗。鉴真到了日本以后，帮助日本修了唐招提寺，到现在，唐招提寺依旧被完整被保留了下来，鉴真墓也在这个寺院的后面。他还建了很多戒坛，用以传戒，因为如果没有高僧传戒，自度或者私度是不算的。当时不少日本人为了逃避赋税，都逃到寺庙里去当和尚，严重影响了社会经济，无人生产给国家纳税，所以影响到了社会稳定。日本急需这样的高僧给他们传戒，规范戒律。

鉴真去日本的另外一个目的是为了给日本培养佛教人才，这一点他也做到了。

鉴真去日本不仅促进了日本佛教的发展，也为中日文化交流做出了极大的贡献，所以我认为鉴真东渡具有非常重要的文化意义。

今天一方面讲中日文化交流，另一方面就是讲鉴真东渡的文化意义。

我们再来简单看一下鉴真六次东渡的大体经历，第一次东渡是743年，鉴真受日本两位留学僧荣睿、普照的邀请东渡，但是这次东渡很快就失败了，因为鉴真东渡实际上是没有朝廷安排的，属于偷渡行为。他悄悄准备，购买船只，搜集资料，挑选弟子。有一位朝鲜僧人想去，他们不想带他，结果这个僧人就告发了鉴真要东渡的事，官方阻止了他们，这次行动就失败了。

第二次是在这一年的十二月，鉴真组成了一支八十五人的团队，购买了一艘军船。他们认为海上春秋两季的风浪比较大，冬天风浪小，所以选在冬天出发，没想到刚一出海在江苏太仓就遇到了飓风，整个船都沉没了，幸亏他们只是在海边，那个地方的海比较浅，没有人员伤亡，就又回来了。

第三次东渡是在天宝三载（744年），一行人从浏河口出发，在浙江舟山附近遇到礁石，船毁了。

第四次东渡是在这年冬天，他们从明州（宁波）出发，到达福州，从福州买船出发，结果遇到了鉴真的学生灵佑，他劝说官府阻止鉴真东渡。他的动机是好的，因为老师年龄大了，东渡日本是有风险的，希望老师不要去日本，万一船在大海当中沉没了，肯定是做了无谓的牺牲，所以他劝阻官府阻挡了老师，因此这次东渡又没有成功。

后来，过了四年，也就是天宝七载（748年），鉴真又进行了第五次东渡，结果稀里糊涂在海上漂泊了五个多月，没想到漂到了海南三亚，他们不知道这是哪里，因为那个时候，他们没有出行的经验，也没有地图。当时的海南还有食人族，可见当地十分落后和蛮荒。恰好，鉴真一行在当地遇到了姓冯的财主，他恰恰又是一个居士，也知道鉴真的大名，所以便把鉴真接到他的庄园住了一段时间，然后派兵把鉴真又送到了桂林，鉴真又从桂林到了韶关，然后又辗转到了庐山，转了大半个中国，最后返回了扬州，所以这一次，差不多又花了将近三年的时间。

第五次东渡完之后，鉴真已经精疲力竭，甚至有一个跟随他的日本僧人也在广东肇庆生病死了，弟子病的病、死的死，鉴真当时真的有点儿灰心，同时，鉴真又受海上热浪等因素影响，眼睛已经瞎了。在广东的时候，他曾找了一个胡人的眼科医生医治，本来还能看见一点点的眼睛完全看不见了。

到了天宝十二载（753年），离鉴真第一次东渡已经过去了十年，日本又派了一批遣唐使到了扬州，继续邀请鉴真去日本，而且他们这一次先到了长安，征得了唐玄宗的同意。据说，当时唐玄宗还提了一个条件，希望把道教也宣传到日本，遣唐使说日本不信仰道教。

去过日本的都知道，日本信仰神道教，跟我们的道教是两回事。大家去日本旅游，看到的红色的房子、寺庙，就是神道教的教观，所以他们当时拒绝了唐玄宗的条件。在753年的十一月，鉴真率领三十八个人跟遣唐使一起从苏州黄泗浦出发，第二年便抵达日本奈良，东渡成功。

从这儿我们可以看出，鉴真可以说是下了很大的决心东渡，而且是抱着不怕危险的决心才去日本的。

鉴真的塑像现在还保存在日本的唐招提寺当中，每年都会展出，曾经在中国也展出过。20世纪90年代，该像在北京、扬州都进行了巡回展览，这说明鉴真属于日本国宝级的人物。

我曾为南京大学中国思想家评传丛书写过《鉴真评传》。大家可能知道，该丛书是为从中国古代到近代，从孔子到孙中山为止的两百位思想家写的一个评传。为什么把鉴真放进去了呢？有的人说鉴真没有著作，也没有什么理论，为什么把他放进去？其实鉴真他有实践，他的实践就是他佛教思想的体现，而且鉴真为中日文化交流做出了贡献。

我在研究当中，认为鉴真在中外文化交流史上的贡献不亚于玄奘。我们经常谈到玄奘，玄奘也是不畏艰险去西域取经，然后进行翻译，对汉传佛教的发展和弘扬起了非常大的作用，做出了卓越贡献。鉴真实际上是为宗教往东传播做出了一个巨大贡献，他们两位实际上是可以平行的，属于中国佛教史上的双子星座，这是我的观点。

下面我们正式讲一下鉴真东渡及其文化意义。

一、鉴真东渡将原已开展的中日文化交流推向高潮

（一）早在汉代，中日两国就开始互相间的联系

在鉴真东渡之前，中日已经开始交流文化了。按照史书记载，早在汉代，中日两国就开始互相间的联系，班固的《汉书·地理志下》记载："乐浪海中有倭人，分为百余国，以岁时来献见云。"当时，日本是中国的附属国，每年都来朝贡，所以两国的交流是源远流长的。

(二)隋朝,中日交往开始频繁交流

两国早有交流,但是由于交通的关系,所以影响到了两国交往的密度,这个交往的密度是什么时候开始的?从隋朝开始,中日交往开始频繁交流,不仅有中国人去日本定居,而且中国的文化也被日本广泛吸收。在《隋书·东夷传》当中有记载,隋炀帝大业三年(607年),圣德太子派遣使者来中国,一般以这次派遣为派出"遣隋使"的开端。

隋朝,日本共派三次遣隋使来中国。当时,他们一方面学习佛法,另一方面广泛学习先进文化,比如语言、文字,还有各种制度,包括我们的政治制度、职官制度、科举制度等。当然,这一时期的学习只是一个开端,真正的学习阶段其实是唐朝。

(三)唐朝,日本频频派出遣唐使

唐朝,日本派出的遣唐使数量越来越多,而且学习的内容也越来越广泛,从唐太宗贞观四年(630年)到乾宁元年(894年),二百六十四年间,日本共派遣唐使十九次,也就是从唐初到唐末,一共派遣了十九次。遣唐使人员众多,分工明确,初期的遣唐使多走较安全的北路,七世纪末后,因为朝鲜打仗,遣唐使不得不走南路,这时常常有翻船的情况发生。

在这样的情况下,日本还是不断派遣唐使到中国学习政治经济方面的知识。日本的优点是善于学习其他国家的长处,比如唐朝时,他们主要学习中国的文化、语言、文字、宗教、政治制度等方面,到了明治维新以后,中国逐渐落后,所以他们又转而向美国学习。日本在20世纪70年代就跻身发达国家,其中一个重要的原因就是他们善于学习别国的先进文化。

(四)遣唐使在中国:唐人以礼相待

唐朝专门设鸿胪寺,下设典客署,在水路、陆路都设有驿馆,专门接待遣唐使。扬州在当时的地位,相当于现在上海在中国的地位,是一个大的国际化都市,所以也设有驿馆。而且当时来中国的遣唐使,从判官到水手,朝廷要发给他们五匹绢,每位入唐的学问僧,朝廷每年发给他。

遣唐使在唐朝逗留的时间一般是一年左右,但留学生与学问僧待的时间比较长，甚至可以在唐朝做官，所以当时唐朝是一个非常国际化、非常开放包容的朝代。

（五）遣唐使对中日文化交流的贡献

1. 遣唐使到中国来学习，首先是给日本带来了很多好处，尤其是对日本佛教的贡献。遣唐使将大量的佛经、法器带回了日本，还有很多翻译好的佛经。以玄奘为例，他把佛经带回中原以后，就住在长安的寺庙里进行翻译，翻译以后再进行讲解，培养弟子。而这些翻译好的佛经，日本人就把它现成地带回去了，所以日本在很长一段时间念佛经是用汉语念的；又比如日本僧人玄昉，他入唐随智周大师学习法相宗，在天平六年回日本时，带回国的经论达五千多卷，几乎把唐朝所有的佛经都带到日本去了，当时还没有雕版印刷，所有的佛经都是他抄录所得。

（1）学问僧回国以后创立日本的佛教宗派。据日本史书记载，日本僧人道昭、智通、智达等回去之后，在创立日本佛教宗派方面起了很大的作用。

我们知道日本有一个高僧叫空海，后来成为日本真言宗的创立者。真言宗叫“密宗”，其实也叫东密，是密宗的一个支派。大家如果到西安旅游，可以看看当年空海学习的地方——青龙寺，这是唐朝有名的密宗寺院，后来在战火当中被毁掉了。20世纪80年代，受日本方面的资助，青龙寺得以复建，建筑完全是仿照唐代修建的，而且种了很多樱花，现在成了每年春天西安人赏樱花的地方。

（2）学问僧回日本后，以中国佛寺的形制为楷模，建造日本佛寺。因为日本佛教在当时非常不发达，首先要有佛寺，然后才有佛教，所以有僧人专门到中国学习佛寺的建造技术，比如在天平时期，日本平城京建造的大安寺，就是由留唐的文武朝学问僧道慈所建造。

2. 反映在其他文化方面

日本从朝廷到民间，都出现了模仿唐朝的热潮，比如政治经济制度、班田收授法、郡县制等，日本的县就是省的意思，如奈良县、秋田县等。

在教育方面，他们把儒家的经典抄录以后，搬到各个学校去学习。

在生产技术和自然科学方面,他们专门派遣唐使学习唐朝的锻冶技术、制作农具的技术。

在历法方面,中国的历法从汉代开始就非常发达,他们学习我们的大衍历,创造了自己的历法。

另外,日本还向唐朝学习医术。来到中国的日本人,到现在都喜欢买中国的药回去。我去日本的时候,就联系了在日本的导师。我问日本的同学,应该给导师带什么见面礼。他说,比如中国的茶叶、中药。我当时很纳闷,怎么还有给人送药的?中国的传统是不给人送药的,好像咒他生病一样,但是在日本、韩国,他们把药品当作礼品送给亲人。后来我将信将疑,就买了一些我们的丸药、中成药送给导师。没想到,他果然非常高兴。后来我到日本药店去看,日本也有所谓的中药,他们叫汉方药。日本人认为中药在养生、治未病方面,是有一定作用的。其实在唐朝的时候,他们已经开始接受中国的中医。据了解,当时日本已经有种植中草药的记载了,说日本的寺庙里面就种有中草药,而且寺庙里面也卖药,也可以治病,这肯定跟留学僧的经历有关系。

语言文字方面,我们知道,日本人写的文字叫平假名和片假名,他们的平假名就是根据中文的草书来的,而他们的片假名就是根据中文的汉字偏旁创立的,所以日本的文字当中,又有汉字又有假名。因此你到日本坐地铁、火车,都不成问题。

另外在文学创作方面,日本的诗歌创作都是用汉文写的,另外,《文选》的很多注释本现在还保存在日本。

中国的史学很发达,从先秦的《春秋》开始到司马迁的《史记》,历朝历代都有史官专门修订史书。日本在经壬申之乱后,取得政权的天武天皇欲向外宣示自身之皇统,下令舍人亲王等人编写《日本书纪》一书,后在公元797年编写了《续日本纪》。

另外,在书法艺术方面,日本受唐朝影响很大。现在,日本大学里还有书道专业。我曾在日本碰到一个云南的留学生,他在日本学习书法。我问他,中国的书法底蕴如此深厚,他为什么要来到日本学习书法?他说来日本镀个金。当然,日本现在的书道跟我们不太一样,而且他们当时崇尚的也是王羲之的书法，从宫廷到民间，大部分人都在练习王羲之的书法，当时的日本女皇也特别喜欢王羲之的书法。另外，唐朝的绘画也传到了日本。

在音乐方面，日本利用中国中原的音乐，创立了雅乐，还引进了各种乐器，在日本奈良就有各种专门收藏日本古代文物的地方，每年只对外展览一次，一次展览半个月左右，其中就藏了我们唐代的琵琶。

在娱乐游戏方面，中国的围棋也传到了日本，成为当时日本贵族之间的游戏。

在节日方面，日本人喜欢过节。他们有一个节日非常隆重，就是七月十五盂兰盆节，我们这边叫鬼节。日本人七月十五是全民放假的，大家都回家祭祖，给祖先扫墓。而且各个寺庙里面也会举办大型活动，开展各种佛教表演，以纪念盂兰盆节。这时，日本女孩子都会穿上和服隆重庆祝。他们也过中秋节，这也是受了中国文化的影响。此外，他们还根据中国的饮食发明了唐饼、豆腐等。日本人特别喜欢吃一种非常软的豆腐，我们现在还叫它日本豆腐，其实他们也是从中国学习过去的做豆腐技术。

可以说，日本自奈良以至平安朝初期的民间节日，都与中国唐朝的节日一样，包括日本的年号也受到唐的影响，如“天平胜宝”等。不少文人也用文章记载我们和日本之间的关系，如王维和日本人晁衡是好朋友，他在《送秘书晁监还日本国》诗序中说：“海东国，日本为大，服圣人训，有君子之风，正朔本乎夏时，衣裳同乎汉制。”这一段话，正概括出当时日本受唐朝影响的盛况。

（六）鉴真之前赴日弘法的唐朝僧侣

在鉴真之前、鉴真之后都有僧人去过日本，鉴真之前有两位洛阳的僧人道明和道荣，他们也在唐玄宗开元初年赴日，后来成了日本大和长谷寺的开创僧，而且塑造了十一面观音像，即我们常说的“千手千眼”，这成了日本密宗史上的大事。道荣致力于汉音转经唱礼，我们汉译的佛经被日本人带到了日本，所以他们念经的时候，用的都是汉语，那么在唱的时候，它有一个音准，道荣做出的贡献就是他们唱的时候有了一种固定的音调。所以，道荣对佛教唱经事业的发展以及汉语在日本的传播，起了重要的作用。

还有一个僧人叫道璿，也是在天宝初年到达的日本，宣扬华严宗。奈良东大寺卢舍那大佛是日本的国宝，他就参与了建造，所以，他对日本华严宗的发展做出了很大贡献。

日本人除了盂兰盆节拜佛，他们元旦也会去拜佛，并在前一天晚上十二点之前就要赶到寺庙去拜佛。

关于鉴真之前的中日文化交流我们就介绍到这儿，日本有一个学者叫木宫泰彦，他写了一本《日中文化交流史》，其中说："日本古代人民生活，在精神和物质两方面，都因中国文化的输入而丰富起来。"日本学者也承认他们的文化受到了中国文化的影响，所以我觉得日本文人在这一点比较客观，木宫泰彦在中日文化交流方面取得了一些重要的成果。可以说，正是在中日文化交流将要达到高峰的历史环境下，出现了鉴真一行的东渡传法，这是中日文化交流的背景。

（七）鉴真东渡日本的原因与贡献

鉴真为什么要东渡日本？刚才也讲到了，鉴真东渡的情形非常危险。他冒着生命危险也要去日本的原因是什么？背景是中日文化交流即将达到高峰，日本方面的佛教需求，以及国内道教的兴盛。

第一，日本当时社会矛盾比较严重，所以当时日本民众私度、自度成风，影响政治、经济的稳定发展，所以急需这种受戒师来规范受戒制度；第二，日本的律宗没有形成规模；第三，当时的圣武天皇一个家族都信仰佛教，所以鉴真到了日本以后，首先给圣武天皇家族进行传戒。

在这儿简单介绍一下受戒，僧人受戒有三层戒律，最初级的叫沙弥戒，是对儿童来讲的，比如说十几岁的小孩，甚至更小的小孩，如果要出家的话，受的是五戒：不杀生，不偷盗，不淫邪，不妄语，不饮酒；中间的戒是菩萨戒，就是成年的僧人和在家的居士受的戒，这个戒律是八戒；最后一个是具足戒，这是最高的戒律，男性叫比丘，女性叫比丘尼，如果要达到更高的程度，必须受具足戒，具足戒对女性的要求更高，一共是三百四十八条，而且受具足戒就跟博士毕业答辩一样，需要有三师七证，三师是指戒和尚、羯磨和尚、教授和尚，七证师则是证明受戒的莅会比丘。所以，不是所有的比丘都能授具足戒。

日本方面积极邀请鉴真去传佛，在唐朝这方面有什么样的背景呢？唐太宗基本信仰的是道教，武则天、唐高宗信仰的是佛教。武则天为什么信仰佛教？因为她的母亲就是一个忠实的佛教徒，武则天家族跟隋朝的皇帝杨广、杨坚有亲戚关系，武则天当女皇的时候，向天下颁布了一个《大方等大云经》，让天下僧人都去学习，另外，她在很多地方修建大云寺，现在有些地方的寺庙还叫大云寺，其实就是武则天时期留下来的寺庙。

有的学者说《大云经》是武则天让她的御用僧人去编造的，但其实后来陈寅恪先生研究，《大云经》本来就有，从印度传来的经典中就有《大云经》，并不是武则天造的。当然，武则天确实利用了《大云经》，因为这个对她是有用的，她为什么要制造舆论呢？我们知道，中国受儒家文化的影响，在古代一直是男尊女卑，女人当皇帝，压力是非常大的，虽然武则天非常强势，但是她当女皇，仍然顶着非常大的压力，全天下的人可以说都反对她。当时还有人进行叛乱，我们知道扬州的徐敬业、骆宾王还写了《讨武曌檄》，所以武则天当政的时候，非常重视佛教，而且亲自下诏在全国建寺庙，包括云冈石窟和洛阳的龙门石窟。

就在武则天大兴佛教时，鉴真出家了。在武则天的儿子中宗、睿宗当政的时候，鉴真去学佛，成为全国闻明的传戒大师。等到唐玄宗继位以后，情况马上进行了反转，他开始兴道逆佛，让僧人还俗，而且把很多佛寺都改为道观，甚至发布命令说道教徒的地位在僧人之上，所以当时的佛教受到了非常严厉的打击。

鉴真六次东渡，花费十年时间，都没有消磨他的意志，肯定有内在的深层次的原因，这次打击可能也是原因之一，当然，由于这个原因，使得鉴真的东渡显得更加真实。比如你在这个单位待得不顺利，另外一个单位向你伸出了橄榄枝，你去还是不去呢？大多数人肯定选择去，而且在当时鉴真的眼中，之前已经有僧人去日本传教了，这就能理解鉴真当时为什么要冒着危险去日本了。

这方面的原因不能抹杀鉴真的伟大之处，反而显得他更伟大。

鉴真东渡日本传法的贡献在哪里呢？一个是创立了日本的律宗；第二是建筑了寺院，也就是唐招提寺；第三是传戒普度众生；第四是规范了日本的佛教；第五是培养了佛教人才和很多弟子。

鉴真留下来的唯一的真迹现在仍珍藏在日本东大寺，作为日本国宝被保存了下来。鉴真是请经的人。刚才我讲了，鉴真在第五次东渡的时候眼睛已经瞎了，为什么还能写字呢？很多日本学者研究鉴真时一个焦点的问题就是到底鉴真盲了还是没有盲。日本有一个学者写了一篇文章，他说鉴真当时可能因为强光、热流刺激得了老年性的青光眼，再加上着急、营养不良等原因，转化成了老年性的白内障。这并不是看不见，可能是有一段时间看不见了，到了日本，经过治疗以后，他能看到一点，只不过是弱视，所以留下了这样一张字据，这是鉴真留下来的唯一的字迹了。

日本的唐招提寺是世界文化遗产，是鉴真建造的，里面的环境非常好，而且唐朝的寺院都是比较古朴的颜色。

（八）古今日本学者与民众对鉴真的赞扬

有人说中国单方面宣传鉴真，日本方面的态度是什么呢？这是我们需要了解的。日本民众对鉴真的态度，首先就是鉴真去世以后，当时的文人真人元开写了《唐大和上东征传》，这也是古代留下来的唯一一部全面记载鉴真事迹的传记，现在的学者研究鉴真，包括我当年写作《鉴真评传》，主要用的材料也是这个。鉴真去世以后，真人元开也写了悼亡诗，他的《初谒大和上二首》主要是赞扬鉴真道法。

鉴真去世以后，当时日本朝廷的官员用各种方法、各种方式来纪念鉴真，藤原刷雄写了一首《五言伤大和上》，对鉴真表示了深深的悼念：

万里传灯照，风云远国香。禅光耀百亿，戒月皎千乡。
哀哉归净土，悲矣赴泉场。寄语腾兰迹，洪慈万代光。

到了13世纪，日本画家六郎兵卫莲行画了一幅《东征传绘卷》，就是讲鉴真东渡的经过,其中一幅就是他们在船上,旁边就是海浪,画得非常细腻,而且颜色非常鲜艳。这幅画也流传下来了。

日本有名的诗人松尾芭蕉写了俳句(介于诗词之间的文体),专门去奈良的唐招提寺拜谒鉴真的墓,翻译如下:

> 诗歌:翠叶放清芬,滴露色更新。我欲多采撷,为师拭泪痕。
>
> 词:新绿滴翠,何当拭去尊师泪。
>
> 散文:愿将一片新叶,揩去您的眼泪。

日本现代的一些文化人对鉴真也是非常崇拜的,有一位作家叫井上靖,他写过很多历史小说,其中有一本小说叫《天平之甍》,写的就是鉴真东渡和传法的经过。此书被改编为话剧和电影,改编的电影一度成为20世纪90年代最卖座的电影。另外,每年的6月6日,奈良的唐招提寺都要举行隆重的法事活动纪念鉴真,鹿儿岛的秋妻屋浦每年也要举行纪念鉴真的活动,表彰鉴真对中日文化交流所做出的贡献。

另外,众多现当代日本学者也在研究鉴真及其佛教成就。我在写鉴真评传的时候,大量的材料就来源于日本,日本学者的研究更加深入细致,包括我刚才讲的,包括鉴真目盲的小问题,日本也有一些学者在集中研究,甚至他们会去请教一些眼科医生,进行考察、调研。

鉴真东渡为中日两国人民世世代代友好交往奠定了基础,特别是在文化交流方面。虽然现在总是出现一些阻挠中日两国相互往来的不和谐因素,但我们更要敬仰鉴真,要继承鉴真的伟大事业,为两国间的和平友好尽一分力量。

前几年发生了钓鱼岛事件,国人的爱国情绪被调动起来,有些人在网上说中国从古代到现在,包括抗日战争时期,出现了很多汉奸,说鉴真就是第一大汉奸,有些网友在网上这样写,我看完以后,心里很不舒服,这种爱国思想是非常狭隘的,他们根本不理解鉴真的壮举、鉴真的事迹,对鉴真没有多少了解。我觉得对古代的人,你要先去理解,再去了解。我们要对鉴真所做的贡献进行弘扬。中央电视台在2002年演过一个关于鉴真东渡的电视剧，当时是为了配合温家宝总理去日本进行破冰之旅拍的，当时扮演鉴真的主角就是演过唐僧的演员迟重瑞。日本人也感念鉴真，他们觉得鉴真就是日本文化的恩人，基于这个，中日两国才能世世代代交往下去，如果大家都抱着狭隘的思想，民间的文化就无法沟通下去。不和谐的因素总是有的，但我们应该往好的方面去看。

二、鉴真东渡对世界佛教文化传播与发展的意义

我们知道，宗教是世界性的，尤其是佛教，佛教是没有国界的，台湾星云法师的伟大之处在哪里？全世界都有他的信众，都有他的弟子。在鉴真圆寂一千三百多年后，我在扬州参加了一个世界性的纪念大会，当时星云法师也去了，带了很多弟子，那些弟子当中有白色人种、黄色人种、黑色人种，有的没有头发，有的信徒是在家信佛的，还是卷发。星云法师年纪大了，每年都要往世界各地跑，到处去讲座，而且他的英文也非常好，他的弟子也非常出色，他的目的是要把佛教传播到世界各地，不仅仅是亚洲国家。所以鉴真东渡其实对世界佛教文化都有传播作用。有的人说，佛教为什么要传到日本去，传到朝鲜去呢？因为宗教无国界。玄奘把印度的佛教带到中国以后，在中国翻译，然后在唐朝发展成了当时非常发达的汉传佛教之后，他就将佛教东传，传播到朝鲜、日本，甚至更远的地方，这是鉴真作为佛教徒义不容辞的任务，所以鉴真东渡对世界文化传播和发展具有重要意义。

中国作为东亚文明古国，是佛教东传链环中最重要的中转站，朝鲜、日本、越南等国，不能不依赖其对佛教的继续东传，所以鉴真和玄奘的贡献是一样的，是中国佛教传播史上的，甚至人类佛教传播史上的双子星座。

我们知道律宗的创始人是道宣，义威律师去世之后，鉴真就成了律宗受戒师。

鉴真设立了包括东大寺在内的三座戒坛，建立了日本律宗的总本寺——唐招提寺，弘传戒律，培养在日本的律宗传人，正式创立日本律

宗，使律宗在日本佛教中成为一个独立宗派，与三论、成实、法相、华严、俱舍并称“南都六宗”，从而使中国的律宗在异国他乡得到弘扬。宋代以后，律宗在中国本土逐渐走向衰落，直至近代弘一法师才使之振兴。可以说，鉴真将律宗传入日本，是对律宗思想发展做出的伟大贡献。

东渡日本对鉴真本人的佛教成就来说既是一个成熟的标志，也是一次继续升华的机遇。鉴真到了日本以后，遇到了日本的发展时期，又把佛教提升了一次。虽然鉴真没有什么著述传下来，但他在日本所有的佛事实践活动已经体现出其高超的思想理论水准。鉴真无疑是一位佛教思想家，我们今天研究佛教史，无论是中国的还是日本的，鉴真东渡传法是绕不过去的内容，所以他是一位佛学家，也是一位思想家。

三、鉴真东渡传法对人类道德文化的传承与启示意义

什么叫道德文化？我们作为一个人要有道德底线，你不但自己要发展得好，而且要帮助别人，这就是鉴真。鉴真信仰的大乘佛教不仅仅要自度，还要度人，我认为他的道德已经达到了高峰。鉴真东渡的时候，危险系数是非常大的，《唐大和上东征传》当中记载，东渡之前，鉴真询问众弟子：“今我同法众中，谁有应此远请，向日本国传法者乎？”弟子祥彦答：“彼国太远，性命难存，沧海淼漫，百无一至。”鉴真说：“是为法事也！何惜身命？诸人不去，我即去耳。”这说明鉴真当时去日本的态度是非常坚定的。

《唐大和上东征传》记载：“大和上从天宝二载始为传戒，五度装束，渡海艰辛，虽被漂回，本愿不退。至第六度，过日本卅六人，总无常去退心。道俗二百余人，唯有大和上、学问僧普照、天台僧思讫始终六度，经逾二十年，遂果本愿。”

鉴真为什么有这样的道德品质？我们从佛教的角度来看，佛教对人类的终极归向在于解脱，道教宣传的是让你长生不老，让你白日飞升，这个对老百姓来讲非常难，但是佛教是在你困难的时候，解脱你，让你超脱。我们知道，传到中国来的汉传佛教是大乘佛教，大乘佛教讲的是普度众生，不仅要自度，而且要以度他人为主。所以鉴真他是一个大

成佛徒，他有这样慈悲为怀的境界。

另外一个，我们从儒家的角度来讲，儒家思想是讲仁爱的。孔子讲仁，孟子讲义，他们都讲仁爱，讲兼济，对一个文人来讲，对一个知识分子来讲，穷则独善其身，达则兼济天下。《易经》讲的厚德载物，这是儒家思想的实质，孔子也讲到修身的目的在于安人，在于安百姓，所以儒家跟佛教是相通的，没有矛盾。为什么儒家和佛教可以并存呢？因为二者不矛盾，是互相影响的。正是由于儒家这种仁爱思想与慈航普度的大乘精神有着一定的共通之处，大乘佛教才得以植根中国本土，形成汉传佛教，并对中国的思想潮流发生重大影响。

另外，一些受过儒家教育的高僧大德在进入佛门之前受过儒家教育，在遁入佛门时，也都没有放弃儒家的兼济、厚德思想。

鉴真也好，玄奘也好，其实就是兼具两者的典型代表人物，他们都有牺牲自我的精神。

鉴真出身于士族家庭，父亲是一位在家修行的佛教居士，鉴真无疑受过一定的儒家思想熏陶；出家之后，他接受的又是大乘佛教的教育，所以他必然具有两种思想，既讲仁爱、博爱精神，又有儒家的使命感和责任感，这和自己的执着追求、人生价值完美结合。鉴真东渡经过十二年，无论从主观动机还是从客观效果看，都是一种牺牲小我的利他行为。到了日本之后，佛教的水平肯定是要提升，他的自我价值也要得到体现，所以他的行为是牺牲小我，有利于他人。鉴真东渡不仅带给日本人民一笔丰厚的文化财产，也带给人类丰厚的精神财富。

鉴真的坚定意志和无私精神应该永远受到人类的尊敬和纪念，不但在交通工具简单、航海技术不发达的古代，他的高尚道德行为值得钦佩，即使是在航行交通技术十分先进的现代，鉴真这种道德文化精神仍然值得后人景仰与传承。

英国有一位思想家叫亚当·斯密，他有一本著名著作叫《道德情操论》，我觉得用当中的一句话解释鉴真的精神十分贴切：

> 虽然我们有效的善良行为很少能超出自己国家的社会范

围，我们的好意却没有什么界限，而可以遍及茫茫世界上的一切生物。……有智慧和有美德的人乐意在一切时候为了他那阶层或社会团体的公共利益而牺牲自己的私人利益。他也愿意在一切时候，为了国家或君权更大的利益，而牺牲自己所属阶层或社会团体的局部利益。然而，他得同样乐意为了全世界更大的利益，为了一切有知觉和有理智的生物……——这个更大的社会的利益，去牺牲上述一切次要的利益。

我的讲座就到这儿，谢谢大家！

2017年1月8日

梁漱溟和他的民国朋友圈

梁钦宁

梁钦宁，中国西南大学中国乡村建设学院高级研究员，中国孔子基金会梁漱溟研究中心副主任，梁漱溟先生的幼孙。

獨立思考
表裏如一

梁欽寧

2017.2.26

梁漱溟先生一生桀骜不驯，恪守“独立思考，表里如一”的信条行走于世，是20世纪中国极具铮铮傲骨和道义精神的知识分子之一。终其一生，他执着于人生问题和社会问题的求索，既坐而言，亦起而行，是一位行动的儒家。生逢乱世，要保持心志清明并非易事，梁漱溟认为，除了自觉反省，“唯一的方法就是亲师取友”。年仅二十四岁，他便以中学文凭入北大执教，身边很快聚拢林宰平、伍庸伯、熊十力、张难先等师友，他们一起谈论儒学、佛学，关心人生和社会问题，因共同的志趣而成终生的朋友。

他与胡适、陈独秀等新文化运动旗手，虽主张不尽相同，但亦保持友好的交往。纵使公开的笔仗不断，私下的信函却仍谦恭守礼，不失学人体面尊严。

梁漱溟自忖，受朋友之益良多，而得出一系列朋友观。比如，“一个人在社会上的地位或社会上所取得的信用资望，与朋友很有关系。差不多真是可以以朋友作标准，而决定其在社会上之地位信用。”“如果没有较高尚的朋友，在社会上自己不会被人看高一点。”“朋友就是集团，是很多人在一起；或自己加入集团，或自己创造集团。”

我非常有幸来到山西，来到太原，跟大家分享民国期间我祖父跟他朋友的故事，他的朋友很多，今天时间有限，只讲其中的一部分。

一、开明家风

首先，我介绍一下梁漱溟的家庭。梁漱溟本名梁焕鼎，是忽必烈之后。可他为什么姓梁呢？朱元璋打来以后，我们家这一支到了河南汝阳，古称梁地，我们就地姓了汉姓，然后又从河南汝阳举家迁到广西桂林。他的曾祖父中举进京做官，后又到了山西做官，在山西任上，受到风寒，三十五岁时就死了，之后梁家就开始衰落了。因为没有了俸禄，全家就没有了经济来源。他的祖母把家迁到了北京，通过教一些有钱人家的女孩子读书认字来养家糊口，这样就把她儿子，也就是我的曾祖父抚养成人了。我的曾祖父中了举人，在北京做了清廷的小吏——内阁中书，然后娶妻，生下了两个儿子两个女儿。梁漱溟在家排行老二。

梁漱溟所受的教育在那个时代确实是十分奇特的。因为清末民初，他的父亲没有让他读私塾，而是找了一个先生教他《千字文》《百家姓》，还有一些地理、历史知识，并且是在他能上小学的时候，送他上了北京第一家中西小学堂，很早就学习英文了。我的祖父说，当时义和团作乱，学校立刻关门了，回到家里，所有的教材要么烧掉，要么在家里挖个坑埋掉，否则让义和团看到了，这个家就遭殃了。我祖父的小学生涯非常坎坷，前后读了四所小学，包括他父亲的好友开的启蒙学堂。

他中学时读的也是北京非常早的新式学校，叫"顺天中学堂"，学校里也有早年留学的人回来教洋文。所以，他父亲对他早期的教育是非常开明的，他曾亲口说"父亲对我的教育是被动的，而不是主动的，他反而是让我主动瞎撞"，他还说"吾父是一秉性笃实的人，而不是一天资高明的人……他与我母亲一样天生心底忠厚"。

在《这个世界会好吗》中记录了一段梁漱溟与其父梁济的一段对话。1918年11月7日那天，祖父的父亲梁济问他："这个世界会好吗？"他很快回答："会好的，相信一天天会往好里去的。"他父亲又说："会好就好。"这就是他们父子最后一次对话，六天之后，他的父亲投了净业湖。他父亲为什么自杀？在其写的《敬告世人书》中提到，希望通过自己的死来警醒社会。

当时，梁济的死引起了陈独秀、李大钊、胡适、徐志摩、梁启超、陶孟和、傅斯年等人的评价，梁漱溟说："父子最末一次说话，还说的是社会问题。自从先父见背之日起，因他给我的印象太深，事实上不容许我放松社会问题，非替社会问题拼命到底不可。"这对他后来坚持不懈从事乡村建设埋下了伏笔。

梁漱溟在青少年时期受了他父亲的好友彭翼仲先生的影响。彭翼仲先生是民报的先驱，他当时办了三份报纸：《中华报》《京话时报》《启蒙画报》。《启蒙画报》是专门针对儿童的彩色画报。在这些民报中，彭翼仲对洋人、有钱人和官府的一些行为都予以揭露，后来，他就因为揭露袁世凯的种种行径被流放新疆十年。彭翼仲先生说：“报馆争的是公理，报纸是天下人说话的地方。刀放在脖子上也还是要说。”他对待社会的一些态度都深深影响到了我祖父。

在梁漱溟中学的最末一年，他们班来了个插班生叫甄元熙，是革命党人，而梁漱溟受他父辈的影响，也赞成君主立宪，所以两人经常争论，讨论社会问题、国家问题。甄元熙的思想影响了我祖父，让我祖父加入了同盟会京津支部，而且参加了一些地下活动。当时的一个小商店是他们的秘密接头地点，在那儿还存放了手枪和炸弹，准备对清廷采取行动。他们还没有采取行动的时候，辛亥革命就胜利了。

中学毕业以后，梁漱溟本来应该顺利考学，进一步求学深造，但他没有，而是跟着甄元熙办了一份《民国报》。甄元熙出任社长，孙炳文先生是总编，他是记者。梁漱溟当时有两三个笔名，但是自己用得不是特别顺手，正巧有一天他找孙炳文先生题字，孙炳文先生就用了“漱溟”两个字，我祖父就沿用了这两个字。

孙炳文的入党介绍人是周恩来、朱德，他的女儿被周恩来总理收养。

后来，《民国报》改组，甄元熙和孙炳文都离开了，梁漱溟也跟着离开了。他回到家后，一心钻研佛法，从琉璃厂买了一些佛经佛理的书，并且有了想出家的念头。就在这个时候，碰巧他的表舅张耀曾出任司法总长，就请梁漱溟出任他的机要秘书。张耀曾早年也留学日本学习法律。

梁漱溟在司法部就职期间，写下了一篇改变一生的重要文章《究元决疑论》，让他写出这篇文章的很重要的原因就是他的朋友黄远生。黄远生的身份是记者兼律师，“远生”是他的笔名，他是中国第一个现代意义上的记者，也是中国第一个死于暗杀的记者。我祖父写这篇文章就源于黄远生被暗杀一事。黄远生二十岁那年中了举人和进士，立刻就是知县候补，马上就可以当县长，但他却打消了做官的念头，留洋日本，学习法律，回来之后做了律师，成了一名记者。他的远生通讯在当时是很有名的新闻品牌。他少年成名，也得到了一些前辈大师的赏识，被梁启超誉为“中国三少年”之一，很早就跟社会贤达交流。

我祖父编了一本书，当时请到了黄远生写序，后来因为跟商务印书馆没谈成，这个书就没有出版。1915年，袁世凯为了称帝，拉拢社会知名人士为他抬轿子，他就看上了黄远生。黄远生在袁世凯的威逼利诱下就发了一篇文章。他写的那个文章是自相矛盾、似是而非。我祖父非常喜欢黄远生的文笔，他一看到这篇文章，不相信这是黄远生写的，就投书给报社，问是怎么回事。这个时候，黄远生内心也有很大压力，非常焦虑，不愿意理袁世凯，但是在北京就是在袁世凯的眼皮子底下，后来他到了上海，立刻声明跟袁世凯撇清关系，以“回读者来信”的方式回答了这个事情。这时，我祖父才晓得黄远生是在这么一个情况下写了这篇文章。

1915年底，黄远生被暗杀。1916年，梁漱溟有感黄远生之死，写下了《究元决疑论》。这篇文章发表之后，得到了社会的广泛认同，尤其是一些前辈学者的认同。这让他有了一定的知名度，他也有心愿意向前辈求教，当时他是司法总长的秘书，经常出入国会，就认识了当时的教育总长范源濂先生，希望他帮忙将自己引荐给蔡元培。

我祖父当时给蔡先生写信，希望拿《究元决疑论》去拜访他。蔡元培先生的孙女把时间一对，恰好这天是蔡元培先生到北京大学执事的第一天，当天晚上，我祖父去拜访了蔡元培先生。蔡元培先生见到我祖父立刻说他已看过这篇文章，写得很好，希望我的祖父能来学校教印度哲学。我祖父本来是想向前辈学者请教，并没有求职的意愿。他就说印度哲学有六派，佛学只是一派而已，其他五派自己也不太通，不合适。蔡先生说，现在他也寻不到别人，就你可以。我祖父也不好再次推托，而且蔡先生就说你可以不来北大教书，但可以到北大来学习。看到蔡先生不拘一格降人才的恳切态度，我的祖父欣然应允了，然后又跟蔡元培先生说，因为还要上班，能不能找人代课？蔡先生说你认可的人就可以。当时我祖父想出家，但是大家知道，那个时期军阀混战，生灵涂炭，他就放弃了出家的念头，回到北京。当时民国政府解散了，他可以回来教书了，这样我祖父就到了北京大学。

第一天到北大，陈独秀先生也在，寒暄过后，我祖父就问蔡先生对孔子的态度。1915年新文化运动以来，新派人物胡适、李大钊、鲁迅等人都云集北大，对旧文化的批判，对孔子的批判已经形成了很大的市场。听到这话的蔡先生一愣，随口答："我们不反对孔子。"我祖父说："我不但不反对，我此来北大，就是替释迦和孔子说个明白，不做旁的事情。"

《究元决疑论》得到了很多前辈大家的赏识，包括林志钧、梁启超、蒋百里、梁思成。他们中大部分人都长于我的祖父，只有梁思成比我的祖父小。梁思成早期的思想对我祖父的影响也特别大，我祖父对他的评价也非常高，认为他最大的功劳是开了一个新的风气，引领了社会的思潮。

大家不太晓得这位蒋百里先生，但是他的女婿大家都知道，那就是钱学森，钱学森说他这辈子就佩服两个人，一个是蒋百里，一个是周恩来。蒋百里早年跟蔡锷一起留学日本陆军军官学校，当年他是第一，蔡锷是第二。前六名的学生能得到天皇当面赐军刀的荣誉。他们俩享受了这个荣誉之后，日本人再也不让中国人参加这个活动了。蒋百里虽然是个将军，却从来没有打过仗。他是一个军事理论家，其著作《国防论》对中日必有一战已经做了预言，对中日战争的残酷性、持久性也做了预判。蒋先生也是性情中人，回国后出任保定陆军大学的校长，后来跟陆军部闹了纠纷，陆军部因此不给学校拨钱。他召集全校师生把这个事情说明之后，立刻举枪准备自杀，他的副官挡了一下，这才没有击中要害，而是击中了臂膀。他的夫人为他生了五个女儿，蒋英就是其中之一，后来嫁给了钱学森。

梁思成当时跟他父亲来看望我的祖父，我祖父也很欣赏他的年少有为。

我祖父通过这篇文章还结识了熊十力先生。早期，熊十力先生在杂志上发表文章，批判“佛法让人流荡失守”，我祖父看到以后深不以为然，就在《究元决疑论》里面点名道姓地反驳熊先生，熊先生看后寄来了一张明信片，上面写着：“此文看过，骂我的话不错，夏天我来北京，可否一晤。”我祖父登门看望，两人一见如故，从此成为终生好友。我祖父说熊先生佛法功底太浅，需要学习，熊先生也接受了我祖父的意见。

我祖父当时教课，觉得能力有限，就跟蔡先生说，想请熊先生来北大教学。“熊十力”这个名字大家一听就知道，谁有十力？佛祖有十力。熊先生拿自己当佛祖，口气很大，他从小就这样，是一个狂人和奇才，虽然他连小学都没有读完，但是十几岁的时候家里人问他将来要做什么，他却脱口而出“举头天外望，无我这般人”。他当过兵，当过教书先生，这些经历也历练了他的性格，他出的书叫《熊十力造》，很狂。但是他跟我祖父是两个性格的人，他们能成为好友，真是很奇特。熊先生是个大声说话的人，跟人讨论问题，经常非争个明白，而且争吵的时候，吵不过就打人家两拳，扭身便走，第二天还要找人家，打人的事儿就当没发生。他和著名作家废名讨论佛法问题，大家之前还能听见隔壁吵，后来没声了，结果推门一看，这哥儿俩在地上互相掐着脖子。第二天，俩人又和好如初了，又在那儿讨论问题。熊先生是一个非常有故事的人。1927年到1928年，他跟我祖父在大有庄同住共学，当时熊十力和卫西琴要单独饮食，卫西琴是洋人，这个是自然的，熊十力为什么呢？因为他每天要吃肉，每天吃半斤。熊先生兜里很少揣钞票，因为钞票的大小他不认得，他没有受过正规教育，没有上过小学，所以不装钱。

因为我祖父和熊十力的关系，我父亲认了熊先生做干爹。1940年的时候，我父亲去看望熊先生，熊先生问我父亲：“吃什么有营养？”因为我父亲学生物，就将牛奶、维生素等道理通通讲了一遍。过了一段时间，我父亲又去看他，他正拿牛奶给父亲下面条，还准备了红辣椒，所以熊先生是一个非常简单的人。

我祖父说：“熊先生才气横溢，是不守故常的人”“每出一书，必先以赠我”“先生与我等均相从不离”……他们的思想和性格是完全不同的，但是能够成为好友，就是因为他们和而不同。

我祖父去北大并不是抱着教学的态度去的，而是抱着学习的态度，所以，在北大的这七年，他得出的结论是：北京大学培养了他。

1921年底到1922年间，我祖父受阎锡山、赵戴文的邀请，来山西做演讲，在山西大学、山西国民师范等学校都做了演讲，当时还搞了“自省堂”，外请的第一个人就是我祖父。

他在湖南没出家，回到北京，他写了一篇文章《吾曹不出如苍生何》。辜鸿铭看到他的这篇文章时说：“有心人哉。”胡适之先生在日记里写道：“梁先生这个人将来是要革命的。”

辜鸿铭先生也是一个奇才，号称“东西南北人”。他身在南洋，学在西洋，婚在东洋，仕在北洋。他是中国第一个获得诺贝尔文学奖提名的人，同年提名的还有泰戈尔，那年泰戈尔获奖。他翻译了“四书”中的三部，所以对中国文化向国外的宣传介绍功不可没。辜鸿铭先生举止行为比较古怪，所以非常引人注目，经常有人嘲笑他的辫子，所以碰到嘲笑的人，他总说：“我的辫子在头上，你的辫子在心里。”而且当时他在国外的名气非常大，是用英文演讲收费的第一人，当时梅兰芳先生的京剧票是很贵的，需要一元二角，他却收两块大洋，就这样都供不应求。

他给张之洞做过幕僚和翻译。伊藤博文来见张之洞，张之洞就把辜鸿铭翻译的《论语》送给伊藤博文，对他说：“孔子的道理就像数学家的乘法口诀一样，在过去和当下都一样有用。”当时很多国外的人都慕名来见辜鸿铭，英国的著名作家毛姆想见他，写了封信给他，他却没有搭理，毛姆沉不住气了，过来找辜鸿铭，辜鸿铭一通数落，毛姆很不好意思。

二、新文化运动

我祖父对陈独秀先生的评价非常高。“陈先生是反封建的一位闯将，是新文化运动的急先锋”“陈独秀头脑明晰，笔锋锐利。批判旧派观点，如摧枯拉朽”……他对陈先生的功绩给予了充分的肯定。

还有胡适之先生，我祖父最肯定的就是他的白话文运动。白话文运动是当时新文化运动的灵魂，在新文化运动旧派新派之间，我祖父活在夹缝中，他首先很认可民主科学的观点，但是又对新派全面扬弃中国文化的态度有不同意见，他说："我们是不同的，的确根本不同。我知道我有我的精神，你们有你们的价值；凡成为一派思想的均有其特殊面目、特殊精神。……却是各人抱各自那一点去发挥，其对于社会的尽力，在最后的成功上还是相成的——正是相需的。我并不要打倒陈独秀、胡适之而后我才得成功。……更进而言，不管他同不同，天下人自己都会找对的路。只怕不求，求则得之。不对也好，总会对的。"

"我不认为我反对他们的运动，我不觉得我是他们的敌人，他们是我的敌人，我是没有敌人的。"他又说道："在这个时候，天下肯干的人都是好朋友！我们都是一伙子。"我们可能就是盲人摸象，我们只看到事物的一个方面，我们大家把所有的思想都贡献出来，可能这个大象就呈现给大家了，我祖父其实就是这样，大家都应该自由地表达思想。所以他一辈子都倡导"和而不同"的理念，所以他和熊先生这样性格迥异的人能成为好朋友。他对熊先生一些错误的论点，出书也要说明，所以他交朋友是有原则地交朋友，并不是无原则的，但这个原则的前提也是和而不同。

新文化运动之所以能在北大风起云涌，更有赖于蔡元培先生。我祖父对蔡元培先生的评价非常高，他说："蔡先生一生的成就，不在学问，不在事功，而只在开出一种风气，酿成一大潮流，影响到全国，收果于后世。"

我祖父讲蔡先生对他的关照时说："他对于我讲的印度哲学、中国文化等等自亦颇感兴味，不存成见。这就是一种气度。这一气度完全由他富于哲学兴趣相应而俱来的。换言之，若胸怀意识太偏于实用，或有独断固执脾气的人，便不会如此了。这气度为大学校长所必要的；老实说，这于一个为政于国的人有时亦同属必要吧！"

近年来，有些学者说梁漱溟夸大了蔡元培的功绩，认为他只不过运用了现代大学的精神和理念而已。可是我要问一下，试问这一百年来又有哪位大学校长做到了呢？知道并不代表做到，到目前为止，只有蔡先生做到了。

梁漱溟在北大这七年交出了他的答卷，包括他的成名著作《东西文化及其哲学》。这本书也是在新文化浪潮的环境中被逼出来的。此书一出版就在社会上引起轰动，蒋百里给他的老师写信说：“此亦迩震古烁今之著作。”熊十力说：“在五四运动那个时期，在反对孔学，反对中国古老文化那么厉害的气氛中，梁先生提出未来世界文化是中国文化的复兴这话，是很有胆识的。”直到20世纪30年代仍有这样的“西洋人以梁氏为中国唯一哲学家”的说法。

我非常愿意跟大家分享《东西文化及其哲学》当中的一个段落，每每读起来我都心潮澎湃：

> 我相信凡是人都是会自己去走对的路的，所有的不对都在“我一定要怎么样怎么样”。这就是说，有些人想借某种权利去压下别的意思，推行自己的意见；只信任自己，不信任大家。我以为我们有什么意思尽管可以陈述；但不应该强众从我。因为大家本来都是自己能走对的路，如果真要靠我一个人去纠正大家，即是已足表明此事之无甚希望。不信任人，是最不对的；人在直觉上都自然会找到对上去。所以知识上人格上的错处坏处，都是一时的，结果是终究要对的。用强力干涉，固然错误，忧愁这世界要愈弄愈坏，也是错误。我信人都是好的，没有坏的；最后是任听大家自己去走，自然走对。因此我全无悲观，总觉得无论任何都对。我从来未曾反对过谁的说话。同我极不对的话，都任凭去说，说了有好处的，因为经过了这一步，便可以顺次去走下一步。人都是要求善求真的，并且他都有求得到善和真的可能。这话看似平常，实甚重要。

将近一百年过去了，这句话在当下还有它的生命力。

我讲一下他在北大的事情。第一个要讲的人是李大钊先生。李大钊，字守常，我祖父在给胡适的信里说，“我在北大七八年间，独与守常相好。”而且我祖父放弃出家念头，准备结婚，也是第一个告诉李大钊先生的，李大钊先生说他是遗腹子，没有见过父亲，而且他母亲在他出生不久后也去世了。他是由爷爷奶奶带大的，在他十二岁的时候，爷爷奶奶就给他娶了亲。虽然是娃娃亲，但是两个人的感情非常好。我祖父对李大钊先生的性格也非常了解，他说李大钊“表面上是一个非常温和的人，实际上很激烈”。

我祖父说在他的朋友当中，李大钊、陈独秀、张申府加入中国共产党的事情从来没有跟他说过，也没有想发展他。我祖父说：“看来我是不够格，所以不敢妄称挚友，只敢说是好友。”

1927年，李大钊同志在北京英勇就义，在他被捕的时候，我祖父已经联络章士钊先生出面营救他了，因为章士钊先生认识张作霖的参谋长，说是能“保守常不死”，但是最终也没有改变李大钊同志被绞杀的结果。当时李大钊同志要求用绞刑，不希望被枪决，那个绞架现在被保存在国家博物馆。

李大钊牺牲的消息传到我祖父这儿，在大有庄的祖父立刻赶到了李家探望。当时李夫人躺在床上痛哭流涕，他的长子——十七岁的李葆华呆立一旁。我祖父安慰了二人几句，留下了十块大洋，直奔宣武门的一个庙，寻找李大钊的灵柩。我祖父一看，棺材菲薄不堪，便立刻打电话给章士钊，让大家掏钱，给李大钊换口好棺材。李大钊牺牲以后，北大对李夫人也是关爱有加。北大的档案现有记载，一直到李夫人故去，学校每个月给李夫人五十块大洋。

要讲的第二个人是张申府。他跟我祖父是中学同学，同校不同班，后来我的祖父参加了工作。张申府考上北京大学学数学，出国以后，认识了英国的哲学家罗素，经常把外国哲学的一些文字翻译到国内。我祖父翻译的一些东西也得到了他的支持，他也是中共早期创始人之一。大家不太了解他，只是因为他退党比较早。大概在中共四大的时候，他跟陈独秀大吵一架，离开了中国共产党。他是周恩来的入党介绍人，和刘清扬是革命伴侣，又和周恩来介绍了朱德加入中国共产党，和朱德又介绍了孙炳文加入中国共产党。

祖父有一张同他三位好友一起拍的照片。他曾指着照片说：“这是我同我三个顶好的朋友叶麟、朱谦之、黄庆的照相，他们都是北大的学生，四人年龄皆在二十几岁，差不许多。我们相与并无所谓先生和学生，只是朋友，而且是小孩般的朋友。四人性格思想见解并不相同，几乎一人一个样子，所以议论每多不合，但是总觉得相对是第一乐事。”

冯友兰、顾颉刚、朱自清都是他在北大的学生，由于时间的缘故，这次没时间讲跟他们相关的故事。

三、山西朋友圈

1921年，我祖父受到阎锡山、赵戴文的邀请来到太原，当时山东有个朋友叫王宏一（音），是冯玉祥和阎锡山的朋友。他是山东省的议长，1920年暑假，他邀请我祖父去山东演讲，然后他又把我祖父推荐给阎锡山。

阎锡山是比较重视儒家思想的，但是我祖父又不太认可他的某些思想。阎锡山和赵戴文搞了洗心社，要求人们每天阅读经典，忠于他们，我祖父不是很认可这点，但认为他的部分做法也还是可以的，比如他的村本思想，治理农村的想法，这实际上是中国的一个社会改造的实验。他和赵戴文邀请我祖父讲了大概一个月课，大概在1927年，他又给我祖父发了聘书，聘他做顾问，每月给五百块大洋，一直给到1929年。那年我祖父来太原讲了两次课，冯玉祥当时也跑到太原了，好像就住在晋祠。阎锡山还没跟蒋介石闹掰，但是已经大有态势，再后来汪精卫又把这个局搅得更大了，大家也看到了我祖父发表的文章，他是反对战争的，所以找阎锡山谈了好几次，希望他们不要打。但是，阎锡山也没听进去，辞掉了我祖父。

我再讲一讲他在山西的朋友卫西琴。此人是德国人，后来加入了美国籍，早年学过各种科类，但是都学不好，就音乐拿了博士学位，后来到了法国，他的老师建议他多了解东方文化，觉得他比较适合这一路。他先到了印度和日本，再到了中国。他很喜欢中国的传统文化。

这个人做教育有他的独特理念，对我祖父后来从事教育也产生了很大的影响。卫西琴辞去了太原外语文言学校的所有校工，让学生自己管理生活。他非常注重学生的身体健康，还注重培养学生的头脑精神。所以我祖父参观他的学校时很感慨，因为他的学生都是红扑扑的，精神头倍儿足，气质也很好。卫西琴甚至为了学生的营养，拿出自己的薪资来给大家改善伙食。后来，他在太原跟地方保守派产生矛盾，只好去了北京，跟我祖父在北京同住共学。后来我祖父介绍他到了广东，他后来又离开广东去了日本，再无音信。

我祖父的另一个朋友是山西大学的历史系主任阎宗临。阎宗临是重华书院的第一名，我祖父还专门到旅店看他。因为阎宗临是找老师借了十块钱出来的，我祖父答应免他的学费和住宿费。阎先生1925年来到法国学习，1936年考取了瑞士国家文学博士学位。1937年全面抗战开始，他放弃国外优越的生活，毅然回国。

阎宗临这个人也非常有情有义，他跟后辈说有三个老师对他影响很大，一个是他中学时候的老师，第二个是我的祖父，第三个是他在瑞士时候的教授。

四、祖父与我

1986年的重阳节刚好是我祖父的生日，我们全家在紫竹院合影。

时间是无情的，也是有情的。改革开放初期，西方的一些文艺形式传到中国，第一个让我们年轻人感兴趣的东西就是迪斯科，我还花了十块钱报了一个班，希望能在舞会上独领风骚。报了班回家还得练习，有一天我练习的时候，祖父踱步而来，我问他："你喜欢吗？"他扶了一下眼镜，莞尔说："你喜欢就好。"当时他已经九十三岁了，我父辈那个年龄段的很多人是反感这种音乐的，认为这是资产阶级的靡靡之音，我祖父却对年轻人的举动非常包容。

我和祖父之间也有一个小故事。我跟他一起吃饭，我祖父吃得比较清淡，我老觉得饭清淡，就往我的饭里加酱油。他看在心里，但是他也没说。有一天，他拿了一个科普生活类的书给我，他还把要给我看的页折好，那篇文章的题目叫《吃盐过多等于慢性自杀》。他就是让我自己去学习相关的知识，然后做一个选择。

他还亲自买了一本《青春期卫生》，并包好书皮，将书给了他的两个孙子,一个是我哥,一个是我堂哥。他还写了一个条子,告诉他们如何读。“此书可粗看一遍,再细读之,不必挨次序读,随着遍数的增加,都会慢慢全部通看。收到此书后先交钦元看,此书钦东可以后看。”当时我哥十七岁,钦东十三岁,这就是他对孙辈的一个教育。

刚才主持人也分享了祖父给我的一封信,我还是想给大家再念一遍信的内容:

> 钦宁来信,阅悉,甚好。古训云:“过而能改善莫大焉。”为人要堂堂正正、顶天立地、俯仰无愧,此义亦由你父母给你讲明。我最近给钦东讲不贪是根本,一切贪皆从身体来,有心,有自觉,即有主宰,唯身体之主,自然不贪。祖父手字。

他晚上起夜,看到钦东熬夜看书,我祖父第二天就跟他讲“不贪”的道理,我们往往讲不贪钱、不贪财,实际上,很多东西过了就是贪。

时光荏苒,来到1988年5月份,在他临去世前一个月,他接受了台湾一个杂志的采访,记者问我祖父对台湾和大陆青年有什么嘱托,我祖父沉吟片刻说:“要注重中国传统文化,要读我的《中国文化要义》。”停顿了一下,他说:“要顺应世界潮流。”

谢谢大家!

2017年2月26日

老舍与城市书写

刘大先

刘大先，北京师范大学文学博士，美国哥伦比亚大学访问学者，现为中国社会科学院副研究员，《民族文学研究》副主编，兼中国现代文学馆特邀研究员、中国文艺批评家协会青年委员、中国作家协会会员、中国文学人类学青年理事、中国当代文学学会理事等。

出版著作《现代中国与少数民族文学》《文学的共和》《时光的木乃伊》《无情世界的感情》《未眠书》等，译著有《陈查理传奇》，主编有《本土的张力：比较视野下的民族文学研究》等。曾获第四届唐弢青年文学研究奖、“2013年度青年批评家”称号、中国社会科学院优秀科研成果奖、中国作协年度评论奖等。

振衣千仞岗

濯足万里流

刘大先

2017.5.21.

老舍的城市书写从中国文学整体范围来看是有其特别贡献的，因为传统中国往往被视为“乡土中国”，中国文学是以乡土为根基的，古典中国几乎没有产生出专门以城市书写而出名的诗人、作家。老舍的城市书写带有古典中国向现代中国转型过程中的时代特征和文化变革因素。

感谢这么早来到讲座现场的朋友们。我看到还有很多长辈在这里，这让我心里很惶恐。我不是特别擅长演讲，也不是一个经常舌耕杏坛的大学老师，之前虽然带过研究生，但基本上是坐在圆桌上小范围讨论的课程，很少面对这么多的人。考虑到在座诸位可能有许多人并非文学从业者，大家有着不同的教育和知识背景，所以今天我不是作为一个专家进行演讲，只是作为一个老舍的普通读者，跟大家做一个交流。

为什么会说“老舍与城市书写”这个话题？一般而言，现代文学史的书写中普遍认可的六大家是鲁迅、郭沫若、茅盾、巴金、老舍、曹禺。有意思的是，这六个人里面，前面的四个人都有直接的乡土或乡镇经验，唯独两个人没有，一个是打小在北京长大的老舍，一个是出生在天津官僚家庭的曹禺，并且这些作家里面，有的家族虽然已经败落，但多多少少会受官僚阶级的影响，唯一真正出身底层的只有老舍一个人。1951年，老舍被北京市人民政府授予“人民艺术家”的称号，这是因为他不仅集中书写普通民众的生活，更主要的是他的精神气质、思想观念和价值认同都贴近最底层的人民。现代文学史中，比较擅长写底层经验的有三个作家，一个是鲁迅，一个是咱们山西的赵树理，然后就是老舍。鲁迅写浙江绍兴的鲁镇底层乡民与游民，赵树理写山西农村的农民，老舍写老北京的城市平民，他们以其各自的思想渊源、文化视野、审美趣味和价值追求，构成了三个突出的底层书写类型。

老舍的城市书写从中国文学整体范围来看是有其特别贡献的，因为传统中国往往被视为“乡土中国”，中国文学是以乡土为根基的，古典中国几乎没有产生出专门以城市书写而出名的诗人、作家。老舍的城市书写带有古典中国向现代中国转型过程中的时代特征和文化变革因素。所以,我今天想讲三个问题:一、梳理一下老舍一生的行踪及文学创作;二、谈一下老舍创作当中显示出来的他与城市文化之间爱恨交织的情感结构和这种情感结构与其他同时代作家相比显示出来的独特性及其对后来者的影响;第三、聊一下老舍的这种书写在我们整个20世纪文化中,尤其对当下城镇化进程有什么现实的意义,也就是说,我们今天为什么还要去读老舍?他的作品有什么美学贡献和文化参考价值?

一、老舍行踪及文学创作

首先,我们把老舍的一生先梳理一下,老舍1899年出生于北京西城区小杨家胡同8号。从他家出小杨家胡同往北走就是新街口,再往北就是积水潭,西边就是德胜门。老舍最后自杀的太平湖现在已经被填平了,就在如今新街口豁口到积水潭地铁这个地方,新的太平湖是在原址的旁边。小杨家胡同的位置处于老北京城内城的西北角,老舍在《四世同堂》中写到的祁老太爷一家居住的"小羊圈胡同"就是按照自己家所在的小杨家胡同写的:

> 祁家的房子坐落在西城护国寺附近的"小羊圈"。说不定,这个地方在当初或者真是个羊圈,因为它不象一般的北平的胡同那样直直的,或略微有一两个弯儿,而是颇象一个葫芦。通到西大街去的是葫芦的嘴和脖子,很细很长,而且很脏。葫芦的嘴是那么窄小,人们若不留心细找,或向邮差打听,便很容易忽略过去。进了葫芦脖子,看见了墙根堆着的垃圾,你才敢放胆往里面走,象哥仑布看到海上有漂浮着的东西才敢更向前进那样。走了几十步,忽然眼一明,你看见了葫芦的胸:一个东西有四十步,南北有三十步长的圆圈,中间有两棵大槐树,四围有六七家人家。再往前走,又是一个小巷——葫芦的腰。穿过"腰",又是一块空地,比"胸"大着两三倍,这便是葫芦肚儿了……

祁家的房便是在葫芦胸里。街门朝西，斜对着一棵大槐树。在当初，祁老人选购房子的时候，房子的地位决定了他的去取。他爱这个地方。胡同口是那么狭窄不惹人注意，使他觉到安全；而葫芦胸里有六七家人家，又使他觉到温暖。门外呢，两株大槐下可供孩子们玩耍，既无车马，又有槐豆槐花与槐虫可以当作儿童的玩具。同时，地点虽是陋巷，而西通大街，背后是护国寺——每逢七八两日有庙会——买东西不算不方便。

整个清朝，北京城基本上是一个大兵营，除了皇帝的紫禁城，就是八旗兵的驻所。八旗制度是清兵入关之前建立的军事制度，由满洲人的狩猎组织发展而来，就是把所有满洲壮丁编制起来，战时为兵，平时为民，后来又整编了蒙古八旗和汉军八旗，使之成为多民族混合的社会生活军事组织形式，并发展为清朝的根本制度。八旗包括“上三旗”：正黄、正白、镶黄，由皇帝直接统领；“下五旗”：镶白、正红、镶红、正蓝、镶蓝，由皇家宗室、王公皇子统领。凡是隶属于八旗的民众都叫旗人，他们不能从事其他职业，只能当兵，当然也不用缴税赋与服劳役，而是由政府发给饷银，这就是所谓的“铁杆庄稼”。这种制度在征战时期发挥了很大的作用，但和平时期的效果并不好，一方面旗民分治，造成了旗人的寄生性，另一方面兵有定额，不是所有人都能当上兵，拿到饷银。这部分人又不能干其他工作，因而就产生了许多游手好闲之徒，造成了旗人的普遍贫困化。

为什么要解释八旗制度呢？因为老舍就出身于一个旗人家庭。他的家族属于“正红旗”，老舍晚年一部未完成的小说《正红旗下》，就是以他的家族为原型的，不了解旗人文化背景的人们往往会把这个“正”读作 zhèng，其实应该读作 zhěng，“完整”的“整”的那个读音。老舍的父亲作为正红旗的一个护军，1900 年抵抗八国联军的时候，死在了地安门的战斗当中，当时老舍只有两岁。

父亲死后，老舍家里陷入了极端贫困的状态。直到老舍九岁时，他才在善人刘寿绵的资助下入私塾、上小学和中学。后来，这位刘大叔散尽家产，做了和尚。老舍曾经写过一篇散文《宗月大师》，就是纪念这位刘大善人的。少年的老舍一直生活在小杨家胡同，1918年，他从北京师范学院毕业后，被派任到方家胡同小学当校长。两年之后，他晋升为京师教育局北郊劝学员，又任京师公立北郊通俗教育讲演所所长、北京教职员公会小学部委员等，但是由于他不善官场经营，很快便主动辞去了待遇优厚的职务，重新回到学校教书。1922年，老舍受洗加入了基督教，从北京到南开中学教国文。他最早的一篇小说《小铃儿》就发表在《南开季刊》。此期间，他还在英文夜校和燕京大学补习英文。

1924年，伦敦大学亚非学院需要一个教汉语的老师，老舍就应聘去了伦敦大学当讲师。人在异国，倍感孤独，教书的过程也是一个文学阅读和学习的过程，老舍在这个时候真正意义上开始了他的创作生涯。他陆续写了《老张的哲学》《赵子曰》《二马》等长篇小说，并将它们寄到国内发表。这些早期作品带有幽默风趣的风格和文化比较的色彩，虽然文学成就不是特别高，但读起来非常有意思。这些作品容易读，因此吸引了很多读者，老舍因此迅速成名。

老舍刚工作的时候正是新文化运动风起云涌的时候，开展新文化运动的是陈独秀、胡适、钱玄同等精英人士，老舍基本上游离在新文化运动之外。他的《赵子曰》反映了其与新文化运动的隔膜。主人公赵子曰爱慕虚荣，在学潮中沽名钓誉而被学校除名。在老舍朴素的价值观里，他不太能接受学生不务正业，一天到晚闹革命。这能反映出老舍跟当时最前沿、最先进的那拨知识分子在社会认知和历史观念上是有距离的。老舍本身没有上过大学，所谓的先进知识分子的思想，他是没有的。终其一生，老舍都是一个有强烈民族国家思想的作家。一方面，这受旗人文化保家卫国的集体记忆的影响；另一方面，作为贫困家庭的孩子，老舍的所思所想都跟普通民众站在一起。穷人首先要解决自己的肚子问题，即使他后来在文学界、文化界的地位比较高了，但也从来不是一个像鲁迅一样的启蒙知识分子，而是一个平民知识分子。

在英国教了几年书后，1929年，老舍回国途中，在经过新加坡的时候，在那里当了半年中学教员，创作了一个以新加坡为背景的文学作品《小坡的生日》。1930年，老舍回国后，先后在齐鲁大学、国立山东大学任教。此间，老舍写了很多有影响力的作品，如《大明湖》《猫城记》《离婚》《牛天赐传》《黑白李》《微神》《赶集》等。1934年到1936年期间，老舍创作了《樱海集》《蛤藻集》《我这一辈子》《老牛破车》《骆驼祥子》《张自忠》《断魂枪》《选民》(后改题为《文博士》)等作品。可以说，在山东的六年是老舍一生颇为安逸、创作成果最丰盛的时期。在我个人看来，老舍一生中写得最好的三个作品《骆驼祥子》《断魂枪》《月牙儿》都是此期间的成果。这些作品多是以城市底层贫民的生活为题材，蕴含着国民性批判内容和文化反思的意识。

在青岛的时候，老舍一家住在黄县路的一个两层小楼。去年我去了一次，这里已经改成骆驼祥子博物馆了。当时大学教授的待遇很好，生活优渥，但是老舍笔下的人物很少有上流社会的达官贵人，基本上写的都是北京城中穷苦无依、困顿不堪的平民，从中明显可以看出他的成长经验对创作的影响。辛亥革命后，极少部分旗人贵族可以受到民国政府的优待，像老舍这种普通旗人家庭基本上都处于流离失所的状态。这些人只能当兵，没有别的生存技能，因为无所事事而培养出来的提笼架鸟玩票的娱乐技巧也很难当饭吃。男人主要从事几个无须多少技能的职业，要么是拉车，像《骆驼祥子》里的祥子；要么是当巡警，像《我这一辈子》里的主人公；或者做一些杂的手艺活，比如做裱糊匠。有点曲艺水平的可以下海唱戏，或者写字卖画，比如京戏名角程砚秋、书法大师启功，这都是极少数“成功人士”了；还有一些受过教育的，进入新兴大众媒体当记者，著名的如创办《大公报》的英敛之，落魄的如留学日本回来却无处容身的穆儒丐。20世纪80年代，邓友梅的小说《那五》《烟壶》对这些情况也有所描写。

抗战开始后，老舍别妻离子到了武汉，在“中华全国文艺界抗敌协会”工作。之后，又随“中华全国文艺界抗敌协会”(简称文协)又到了陪都重庆，跟文协的这拨人进行“文化抗战”。老舍一直很爱国，他为了政治需要和意识形态需要创作了一些京剧、鼓词、相声、数来宝、坠子等，供艺人演出，因为这些艺术形式更便于启蒙大众、鼓舞士气。1939年，老舍还到川鄂豫陕宁青甘绥八地做了考察，了解了中国西部和北部的风土人情和战况。同时，他陆续开始了皇皇巨著《四世同堂》的写作。

抗战胜利后，老舍与曹禺受美国国务院的邀请，去纽约讲学一年。他抗战时期创作的《四世同堂》到这时候只出版了《惶惑》和《偷生》两卷，最后一部分《饥荒》是在美国写完的。《饥荒》的原稿在“文革”时候遗失了，前不久才找到英文版全本，重新翻译了回来，刊登在《收获》2017年第1期。老舍在纽约时，住过第五大道的81街，后来搬到了83街，再后来搬到了126街。我是2009年到2011年在纽约访学的时候，住在136街，当时还去寻访过老舍居住的地方，不过没有任何他生活过的痕迹了。老舍完成了为期一年的讲学之后，滞留在了美国。新中国成立后，周总理邀请他回国，可以看出，当时的人民政府比较重视老舍这样有影响力且出身平民的作家。回到了久别的故乡，北京已经成为新中国的首都，老舍自己也觉得新社会万象更新，进入了一个新的生活，欣欣向荣的未来在他面前展开。

1950年4月，老舍找自己在美国的出版代理人，汇来版税五百美元，以此款折成一百匹布，买下了乃兹府大街丰盛胡同10号（现灯市口西街丰富胡同19号）一处四百平方米的小院。老舍一家人就住在这里，现在这里成了老舍故居纪念馆，就在王府井大街往北一点的灯市口西边，大家到北京旅游，可以到这个地方看一看。因为院子里种了柿子树，所以这个小院叫“丹柿小院”。我原来是中国老舍研究会的秘书长，经常到那里参加活动。腊月二十三是老舍的生日，一般热爱老舍的北京读者，还有老舍研究会的学者，都会聚集到丹柿小院一起过小年。

新中国时期，老舍的创作激情比较高涨，他在1950年到1966年期间陆续创作了《方珍珠》《龙须沟》《消灭细菌》《大家评理》《生日》《春华秋实》《茶馆》《神拳》《正红旗下》等各种体裁的作品，其中《龙须沟》和《茶馆》已经成为名作经典。百花齐放、百家争鸣的“小阳春”时代，老舍开始写《正红旗下》，还没有写完，他便于1966年8月24日在北京太平湖投湖自杀了。

这基本上是老舍一生的行踪和写作轨迹，我们发现他都是在城市之间游走，但他所有的写作跟北京都有着密切的关系。

二、老舍城市书写的情感结构与文化批判

在城市书写当中，老舍所显示出来的特性又在哪里呢？这涉及古都北京在近现代中国的变迁，也体现了北京与上海等晚近开埠城市的区别。所有这一切都必须放到19世纪中叶中国社会的转型背景中来看。

中国社会从19世纪中叶开始一直到当下，其实都处于李鸿章讲的“三千年未有之大变局”之中。作为中国近代史开端的1840年的鸦片战争不仅仅是一场军事战争，更是不同的生产方式、不同的文化、不同民族之间的大碰撞。它带来了西方在文艺复兴、工业革命、启蒙运动所产生的价值观念，对传统中国“老大帝国”的农业生产方式、儒教意识形态形成了一个大冲击。经过两次鸦片战争后，中国从上到下都受到极大震动，先进的士人开始“开眼看世界”，意识到大清朝之所以败了，是因为我们没有洋人的坚船利炮，没有强大的实业经济，所以有了后面的自救运动和开创民族工业以及派学生到国外留学、派大臣到国外考察等事件的发生。这段时期的改革在历史学上叫“同治中兴”。同治年间，在以镇压太平天国而兴起的“中兴名臣”曾国藩、左宗棠、李鸿章等人的领导下，这一时期达到了一个短暂的兴盛。这个兴盛期表面上繁荣，经济搞得挺好，实际上，国家的军事、政治、经济还是弱的。1895年中日甲午战争的失败，对当时精英知识分子内心的振动是无法想象的。人们不禁要问，我们也搞了工业，经济也发展了，坚船利炮也造了，为什么还是被一个蕞尔小国打败了呢？问题可能出在制度和思想上。后来，康有为、梁启超等人开展维新运动，他们觉得清政府失败的根源在于制度的问题，后因变法损害到以慈禧太后为首的守旧派的利益而遭到强烈抵制与反对，于是就有了短暂的百日维新。后来，孙中山、黄兴这些革命者则直接提出要推翻清廷的统治，很快就有了1911年的辛亥革命。这中间，清政府也做了一些改革的努力，比如清末新政、预备立宪等，但

正如孙中山所说的“世界潮流浩浩荡荡，顺之者昌逆之者亡”，在彼时中国的情境中，绥靖改良已经无法适应形势的变化，民主共和革命的浪潮已经到来。

这个“世界潮流”实际上就是实现现代性的转型。在这个“古今中西之争”的转型当中，中国社会发生了巨大的变化。原来的中国社会是一个乡土社会，城市和乡村的区别并不大，二者互联互通，“朝为田舍郎，暮登天子堂”，一个农民子弟通过科举考试就可以进朝当官，罢官退休后还可以回到乡村继续耕读的生涯。这种城乡结构使城市与农村的生活方式、生产和消费都密切交融在一起，城乡是一个包含地缘、血缘和文化联系的关系共同体。但是现代城市，尤其是西方启蒙运动和工业革命之后，城乡共同体发生了变化，因为工业社会实行的是机械化的大生产，快速的交通、生产者与消费者的分离将人从原先的地缘、血缘和文化中剥离出来，形成了陌生人组成的城市。这个工业革命后的城市跟原来的乡土熟人共同体的城市有一个很大的不同。

这就是滕尼斯所说的“从礼俗社会到法理社会”的转型，人与文化都被裹挟进来。封建社会，更准确地说是“前现代社会”，人是有自己特定身份的，士农工商有明确的身份划分，人们很难打破身份的区隔，但是工业革命之后，商品社会兴起，身份的流动性增大，形成了一个契约型的社会。这带来了现代社会人与人之间关系的变革，人不是通过地缘、血缘和文化确立自己，而是通过契约界定自己与他人。因而礼俗社会到法理社会的转型，也就是梅因曾经论述过的由身份共同体向契约社会的变化过程。在原先的共同体中，人和自然之间有一种和谐性，但是到了工业社会和商业社会之后，金钱和人的经济属性被突出出来，比如老舍的作品《骆驼祥子》就鲜明地体现出祥子与农民的区别。我们不知道祥子这个人从哪儿来的，可能是从乡村来到城市谋生的，也可能就是一个城市无业游民。他一开始特别健康，“干净，利落，神气”，精气神十足，“很像一棵树，上下没有一个地方不挺脱的”，但是他在城里当了黄包车夫后，将自己的身体作为资本，投入到城市的运营机制当中，他的思维方式已经被金钱的逻辑所左右了，他做任何事情都要精打细算，这跟农民的思维是不一样的。所以，祥子这样的人已经不再是一个与自然未分的自然人，而变成一个单向度的“经济人”。

从文化上来讲，个人主义也是在现代性兴起后被提倡的。从晚清时期到五四运动时期，先进知识分子就一再强调要“新民”和“立人”，其思想核心在于培养具有自由、民主、科学精神的国民和个人。但老舍对个人主义一直有些犹疑，这附着在他对现代城市文明的犹疑之中。祥子在城里遭到兵痞的抢劫，遇到了虎妞和刘四的盘剥、孙侦探的敲诈后，就逐渐堕落，他开始出卖雇主，和军官的姨太太通奸，最后得了梅毒，整天行尸走肉似的给人在红白事上打幡。小说的结尾说：“体面的，要强的，好梦想的，利己的，个人的，健壮的，伟大的祥子，不知陪着人家送了多少回殡；不知道何时何地会埋起他自己来，埋起这堕落的，自私的，不幸的，社会病胎里的产儿，个人主义的末路鬼！”我们会发现老舍在评价个人主义的人和契约社会里的人的时候，在骨子里认同的是集体的身份观念。这又可以回溯到八旗制度家国一体的集体记忆的影响。在八旗制度中，一个人其实是属于集体的，个人对秩序特别尊重，保家爱国是基本伦理，而没有什么反叛精神。这种所谓民族文化的集体记忆，沉淀在老舍的精神和心灵深处，也给后来的老舍在抗战和新中国迅速接受爱国主义和集体主义观念打下了深刻的心理基础。所以，在城市书写的时候，老舍饱含了矛盾的心理，一方面，他追忆着美好的往昔，另一方面，他又竭力批判当下的窳败。这其实是把共同体时代的城市记忆当作一个幌子，来表达对现代城市文明社会的不满。

古时，陶渊明写《归园田居》：“种豆南山下，草盛豆苗稀。晨兴理荒秽，带月荷锄归。道狭草木长，夕露沾我衣。衣沾不足惜，但使愿无违。”他辞官回乡，可以怡然自得地除苗种豆，而并没有把自己从乡土生活中疏离出来。白居易写《东坡种花》：“每日领童仆，荷锄仍决渠。划土壅其本，引泉溉其枯。小树低数尺，大树长丈余。封植来几时，高下齐扶疏。养树既如此，养民亦何殊。”白居易在城里做官，也不妨碍他种花植树，并且由此生发出对待老百姓应该像养树一样顺其自然的感慨。在这里，城市也是自然的，但是，到了现代却不行了。用一个俗套的话讲就是“再也回不去了”，当古典城市文化接受了现代文明的洗礼之后，人再也无法回到人与自然和谐的状态之中了。人从自然中异化出来，他的精神结构、情感结构已经发生了变化。人在现代城市中特别容易出现一种怨羡的心理，生发出对自身不如意的不满，一方面怀念旧日的好时光，另一方面羡慕现代文明的显耀，而无法获得宁静平和的心态。怀旧、嫉妒和怨恨相互交织，这是典型的现代性心理状态。

我们来具体分析一下这个问题。

我在老舍的《四世同堂》里找了一段话：

在太平年月，街上的高摊与地摊，和果店里，都陈列出只有北平人才能一一叫出名字来的水果。各种各样的葡萄，各种各样的梨，各种各样的苹果，已经叫人够看够闻够吃的了，偏偏又加上那些又好看好闻好吃的北平特有的葫芦形的大枣，清香甜脆的小白梨，象花红那样大的白海棠，还有只供闻香儿的海棠木瓜，与通体有金星的香槟子，再配上为拜月用的，贴着金纸条的枕形西瓜，与黄的红的鸡冠花，可就使人顾不得只去享口福，而是已经辨不清哪一种香味更好闻，哪一种颜色更好看，微微的有些醉意了！

那些水果，无论是在店里或摊子上，又都摆列的那么好看，果皮上的白霜一点也没蹭掉，而都被摆成放着香气的立体的图案画，使人感到那些果贩都是些艺术家，他们会使美的东西更美一些。况且，他们还会唱呢！他们精心的把摊子摆好，而后用清脆的嗓音唱出有腔调的“果赞”：“唉——一毛钱儿来耶，你就挑一堆我的小白梨儿，皮儿又嫩，水儿又甜，没有一个虫眼儿，我的小嫩白梨儿耶！”歌声在香气中颤动，给苹果葡萄的静丽配上音乐，使人们的脚步放慢，听着看着嗅着北平之秋的美丽。

《四世同堂》写的是抗战时期，北京沦陷，日军进入北京城里以后老百姓的生活，这是家国败亡的时候。但是在这样峻急、屈辱的亡国奴式的生活场景中，却经常出现大量类似这样的描写，充满着老北京的民俗、生活日常的细节、令人沉醉的风景与人情。老舍在这些描写中灌注着详细、精当、充满感情的精雕细刻，似乎要在国破家亡时刻意强化与留存北京的美好。他是在重庆和纽约写的这个小说，在远方回忆家乡的时候，家乡被他风景化了，显示出了一种“物哀”式的美学，那是对已经逝去东西的眷恋。

在老舍成长时期的现实北京，跟他笔下美好的、充满着宜人风光和宽厚人情的北京并不太一样。实际上，在辛亥革命之后，北京城也陷入了大的混乱当中。1920年，日本新感觉派作家横光利一到中国旅行，在他的《北京与巴黎》中对北京曾经有段议论：

> 与北京一起不住浮现出来的都市，便是巴黎和佛罗伦萨……北京这座都市就跟尸体似的，根本无从分析，即便作出分析，那也毫无意义，无异于让它死去。北京的美便是这样一种如同死亡一般展现在我们面前的美。这与巴黎那种上了年岁的静谧是绝然不同的。……只要一个人不想与恶鬼抗争，那么一进到北京，他身上那些现实世界中的健康之物便会全部丧失殆尽。在这里，比起有精神质地的美来，虚诈的美更具有美的精神。一个人，如果因为疲劳和孤独，或很容易受到诸如此类情绪的侵袭，那么他也许会觉得北京是世界上最美最舒适的都会。这就像一具被敷彩后置放在客厅里、嫣然而笑的尸体般的都会，它那女性气质的壮丽，委实是世界上独一无二的。

北京是一个消费型的城市，不是生产型的城市，住在这儿的都是官僚、学生和市民。在一个日本作家眼中，它美则美矣，却没有活力，缺乏生机。老舍在《四世同堂》里面的许多议论，解释了北京为什么会给人这种感觉：

在满清的末几十年，旗人的生活好象除了吃汉人所供给的米，与花汉人供献的银子而外，整天整年的都消磨在生活艺术中。上自王侯，下至旗兵，他们都会唱二簧，单弦，大鼓，与时调。他们会养鱼，养鸟，养狗，种花，和斗蟋蟀。他们之中，甚至也有的写一笔顶好的字，或画点山水，或作些诗词——至不济还会诌几套相当幽默的悦耳的鼓儿词。他们的消遣变成了生活的艺术。他们没有力气保卫疆土和稳定政权，可是他们会使鸡鸟鱼虫都与文化发生了最密切的关系。他们听到了革命的枪声便全把头藏在被窝里，可是他们的生活艺术是值得写出多少部有价值与趣味的书来的。就是从我们现在还能在北平看到的一些小玩艺儿中，象鸽铃，风筝，鼻烟壶儿，蟋蟀罐子，鸟儿笼子，兔儿爷，我们若是细心的去看，就还能看出一点点旗人怎样在最细小的地方花费了最多的心血。

在老舍看来，民国北京为什么堕落了、死气沉沉了，是因为民族精神的萎靡，没有新的东西给它注入新的活力。书中还借一位诗人钱默吟的口说道：

你温柔，美丽，象一朵花。你的美丽是由你自己吸取水分，日光，而提供给世界的。可是，你缺乏着保卫自己的能力；你越美好，便越会招来那无情的手指，把你折断，使你死灭。一朵花，一座城，一个文化，恐怕都是如此！玫瑰的智慧不仅在乎它有色有香，而也在乎它有刺！刺与香美的联合才会使玫瑰安全，久远，繁荣！中国人都好，只是缺少自卫的刺！

老北京的生活固然精致、典雅，保留古典时代的温情脉脉、从容和谐，这自然是好的，但是在面临现代性竞争的时候，这些东西却是没用的。在帝国主义入侵的时候，在万国竞争的社会丛林当中，国家仅仅有优美是没用的，还得有保护自己的雄强刚健的东西。

如果将这个时候的北京和上海在文学中的形象做一个对比，可以发现北京象征着古典的农业城市，而上海则象征着新兴的现代资本与工业城市；北京的文雅传统在现代性到来的时候，面临着堕落、窳败、腐烂，而上海则充满光、热、力；北京是家国一体，而上海则是断裂性空间。

茅盾在《子夜》的开头有一段著名的话：

> 太阳刚刚下了地平线。软风一阵一阵地吹上人面，怪痒痒的。苏州河的浊水幻成了金绿色，轻轻地，悄悄地，向西流去。黄浦的夕潮不知怎的已经涨上了，现在沿这苏州河两岸的各色船只都浮得高高地，舱面比码头还高了约莫半尺。风吹来外滩公园里的音乐，却只有那炒豆似的铜鼓声最分明，也最叫人兴奋。暮霭挟着薄雾笼罩了外白渡桥的高耸的钢架，电车驶过时，这钢架下横空架挂的电车线时时爆发出几朵碧绿的火花。从桥上向东望，可以看见浦东的洋栈像巨大的怪兽，蹲在暝色中，闪着千百只小眼睛似的灯火。向西望，叫人猛一惊的，是高高地装在一所洋房顶上而且异常庞大的霓虹电管广告，射出火一样的赤光和青燐似的绿焰：Light，Heat，Power！

上海就是这样一个充满各种现代器物和景象、既活力四射又光怪陆离的城市。较之于老舍的北京，上海无疑更有“现代”的气质。然而，我们同时要注意到，古典的、雅致的、不适应时代主潮的老北京可能只是老舍心里的意象，在其他写到北京的作家那里未必如此。

萧乾也出生在北京，比老舍小十一岁，也出身于旗人家庭，只不过他家属于蒙古八旗，父亲在他未出生时就死了，他是自学成才。抗战爆发时，萧乾是《大公报》的记者，1939年，他去了英国，先是在老舍教过书的伦敦大学教书，后来入剑桥大学攻读硕士学位。1943年，他正好有机会做随军记者，因此成了整个二战中欧洲战场上的唯一的中国记者。

他说自己的一生是一场不带地图的旅行，因为他一生跑过很多地方，见证了从波茨坦会议、纽伦堡大审判，到联合国成立等许多重大事件，写了大量的游记。从那些游记和战时报道中，我们可以看到萧乾对中国有一个家国的想象，他意识到自己是一个中国人。他是一个北京人，但是他没有像老舍那样对北京进行浓墨重彩的书写，也没有像老舍那样将北京作为中国的一个隐喻或象征。

沈从文一般被文学史称作"京派"作家，但他是从湖南湘西那样一个在当时属于偏远的地方来到北京的。一个边城的士兵到了北京之后成了京派作家，这是很有意思的事情。沈从文形成了自己独特的美学，他曾经说："这世界或有在沙基或水面上建造崇楼杰阁的人，那可不是我，我只想造希腊小庙。选小地作基础，用坚硬石头堆砌它。精致，结实，对称，形体虽小而不纤巧，是理想的建筑，这庙供奉的是'人性'。"沈从文特别反感现代城市的堕落，他在对湘西故乡的描写中显示了"希腊小庙"般的自然人性之美，而写到城市的时候，则将它塑造成一个压抑欲望的所在。他在《大公报》文艺副刊做编辑的时候，还刊发过冰心的小说《我们太太的客厅》，用以讽刺城市知识阶层，沈从文自己也写过小说《八骏图》，也是讽刺知识分子的作品，他认为城市里的人的人性都被扭曲了。但他写到湘西地方的土匪、妓女、水手时则充满同情与体贴，那些人可能杀人越货，可能偷情卖淫，但他们是自然而然的，他们的人性是完整的，而城市的人性则是片面的、残缺的。可以说，沈从文是以乡土的视角来批评现代城市，而老舍则是从文化视角来批判现代城市的。老舍的批判当中有一种"怒其不争"的心理，他内心里面是认同城市的，而沈从文则不认同。这是二人之间的一个微妙差异。

说起老舍的文化批判，可以举个《猫城记》的例子。这个小说名气不是很大，但是在1932年和1933年连载发表的时候影响特别大。它是一个幻想型的小说，写的是坠机在火星上的"我"被带到猫的国度里的经历。"猫城"实际上就是北京，也就是当时的中国，老舍把现实中的国民党与共产党的论争、苏联的影响、日本人的入侵都搬到了虚构的猫城里，小说中带有悲观情绪。自由主义知识分子对这个作品往往持赞赏态度，但左翼知识分子则是持批评态度。新中国成立之后，这个作品曾一度被压制和批判。老舍是一个基督徒，他的观念里面有一个源自基督教的原罪意识，因而在《猫城记》里面，实际上还有一个“罪恶之城”的原型式的书写，这个就不展开了。

三、老舍城市书写的现代文学史位置和意义

除民族文化和国民性批判之外，老舍心中也充满了对新城市的向往。新中国成立之后，老舍通过话剧《龙须沟》中的城市改造描写表达了对新的、美好的城市文化的向往：“这儿脏，这儿臭，政府看着心里真难受！好政府，爱穷人，教咱们干干净净大翻身。修了沟，又修路，好教咱们挺着腰板儿迈大步；迈大步，笑嘻嘻，劳动人民努力又心齐。”但这其中也充满了矛盾纠结，新的中国、社会主义文化打破了原先城乡一体的文化结构，与此同时，个人空间也被打破了，因为社会主义文化强调的是集体性和新文化实践，温文典雅的传统一度在摧枯拉朽的社会主义改造中被涤荡扫除。这在1956年的话剧《茶馆》中体现得颇为突出，虽然剧中表示了对旧的人清朝、民国的批判，但是其中也充满了对过去人情世故的眷恋和怀念之情，这实际上是老舍作为一个平民作家的特质所在。

我简单梳理一下20世纪以来，在整个北京的书写谱系当中，老舍所处的一个位置。最早的时候，尤其是辛亥革命前后，在报纸杂志上活跃的作家写到北京的时候，就跟我刚才讲的横光利一看到的北京是相似的，穆儒丐可以说是其中的代表。此人也是旗人后代，出身正蓝旗，1905年的时候，他被公派到日本早稻田大学留学，回国不久正赶上辛亥革命。他不可能在民国政府当官，就到了一家报社当编辑记者，同时写小说。1915年，他在小说《梅兰芳》中，将梅兰芳写成是军阀的玩物，得罪了权贵，被赶出北京，到了沈阳。他在沈阳陆续连载了《北京》这个小说，小说当中的北京从官场到普通商人和市民都糟糕透顶，从政治到文化和社会都一塌糊涂。

1923年，穆儒丐在沈阳写的作品中将北京描写得十分不堪，但1937

年，林语堂写的《迷人的北平》则认为北京代表了中国的一切，是泱泱大国的行政中心，是世界上最源远流长、完整无缺的历史文化传统的顶峰，是东方辉煌的栩栩如生的象征。这种对北京的美化中有着应对日本侵略、提升民族自信的潜在背景。而老舍对于北京的书写，则融合了穆儒丐式的批判和林语堂式的赞美，设定了关于北京经典性的文化形象，形成了所谓独特语言特色的“京味文学”传统。他写的多是北京的西北角，在清朝、民国的时候，有句话叫“东富西贵南贫北贱”，这也正好印证了老舍的平民意识和京味文学的底层气质。

京味文学直到1980年还盛行一时，冯骥才、邓友梅、赵大年、刘绍棠等都可以归到这一脉里来。20世纪90年代，王朔特别红，他写出了一种新的“痞北京”，他写的基本是部队大院子弟眼中的北京。正如他自己所说：“北京复兴路，那沿线狭长一带方圆十数公里被我视为自己的生身故乡（尽管我并不是真生在那儿）。这一带过去叫‘新北京’，孤悬于北京旧城之西，那是四九年以后建立的新城，居民来自五湖四海，无一本地人氏，尽操国语，日常饮食，起居习惯，待人处事，思维方式乃至房屋建筑风格都自成一体。与老北平号称文华鼎盛一时之绝的七百年传统毫无瓜葛。我叫这一带‘大院文化割据地区’。”因为新中国成立以后，北京扩建了，已经超出了老舍时代的四九城格局，王朔说的复兴门一带，很多军队大院都在那里，他写的很多人物都是部队大院出来的。前段时间引起热议的冯小刚的电影《老炮儿》，展现的也是大院子弟的形象，而不是老北京混混或胡同串子。

21世纪前后，出现了一位新的京味作家叶广芩。她的家族原先是叶赫那拉氏的后裔。有意思的是，她作为知青去了陕西，此后一直在陕西生活工作，而她的作品绝大部分是关于北京的怀旧式的家族故事。她写的是金家大宅门一个世纪的变迁，尤其是改革开放之后到21世纪以来所发生的变化，包括沉溺于京剧艺术世界在现实中落寞的贵族子弟、门当户对观念下的爱情悲剧、小人作祟中兄弟阋墙的大家庭惨剧、豪门贵族没落和不肖子孙的分崩离析等。叶广芩刻意强调旧日都城在现世商业逻辑下的沉沦没落，认为那是贵族精神的陷落与世俗利益的当道，从思想上来说是延续了老舍式的城市文化批判，但老舍是以平民视角进行写作，她则采用贵族式的怀旧视角进行写作。

通过对北京叙述史的简单扫描，我们可以看到老舍的城市书写在这个过程当中起到了一个承上启下的作用，尤其是影响了后来许多写作者观察城市的角度和对于语言的琢磨和讲究。

那么，除了文学史上的价值之外，在我们这样一个时代，再来谈论老舍这样的作家尤其是他的城市书写，还有意义吗？我刚才说到现代文学经典化的六大家“鲁郭茅巴老曹”，这些人的作品再过个一两百年，还会有人读吗？从文学史来看，读者是很残酷的。比如，唐朝时，几乎识字人都会写诗，经过多年的淘洗，到清朝康熙年间编《全唐诗》的时候，书中还收了近五万首唐诗。但现在，我们一般人也就是读读《唐诗三百首》，不会再读更多人的诗了。像老舍这些人，可能在一二百年、二三百年之后，普通读者就不知道了。我们现在获取资讯特别方便，每年中国都会产生约六千部长篇小说，更别提其他的中短篇、散文小说。虽然有这么多作品出来，但大家顶多知道一点被大众媒体广泛宣传的作品。现在几乎人人都看手机，很少有人读纸质文学作品了。在这样一个信息爆炸而阅读减少的时代，我们可能会问：还有读老舍的必要吗，读他的作品有什么意义呢？

我想说的是，老舍可能再过一两百年或者更长的时间会被遗忘，但是在我们当下还是有意义的，尤其是当代中国正在推进城市化进程的时候。经济学家爱德华·格莱泽写过一本书，叫《城市的胜利》。城市也许最终会战胜乡村，成为未来人类生活的基本空间。老舍在他的城市书写当中，提供了一种有别于此、具有中国特色的思路。我们现在的城市规划，尤其是一些大都市，其实已经没有所谓的橱窗街区了。举例来说，在整个世界范围内的城市发展史上，巴黎是19世纪类似于世界文化首都的地方，而这个文化首都到了20世纪变成了美国纽约，可能中国的北京或者上海是21世纪城市的代表。从建筑史上来说，巴黎和纽约这样的城市是有橱窗街区的。在这样的城市当中，最初的城市规划中，街区和建筑的设立，是以人的身体和目光为标尺的。它的城市街道的宽窄度最初是以马车行驶的宽度来设计的，而街区的距离是以人行走的步伐来设计的，所以一个街区和一个街区之间的距离特别近。人在这样的城市中行走，可以观看到街边商店橱窗里面的商品货物。但是现在，无论到上海还是北京，城市的道路和建筑不是按照人的尺度来设计的，而是按照机动车的尺度来设计的，可能除了步行街，没有什么橱窗街区了。而城市的规模也在日益扩大，靠步行几乎不可能把它走遍。这就是21世纪城市跟以前城市的区别，而这个区别所造成的影响在哪里呢？最根本的一点是人跟城市之间的疏离，人跟城市不再具有肉体的体验，或者说人的肉体体验和情感体验被钢筋混凝土挤压了。而这种挤压其实表征了一种异化了的文化。我这样说并不意味着我是个拒绝发展的保守主义者，而是说在城市的发展中不能片面追求西方启蒙现代性带来的工具理性式的无限发展，一味追求全功能巨型模式的城市文化。

城市的发展折射了文化的路向。老舍的城市书写所体现出来的独特性在于他对传统的城市、乡土中国的城市有一种脉脉的温情。那种在发展中维系文化之根不断绝的潜在欲望，也许就是他的价值所在。老舍对于传统士绅型社会始终持有温情，这个方面体现了老舍始终没有超越普通市民的认识；而其对于现代性都市的批判则比较复杂，既有因为个人经历而形成的对传统文化的理念，继而产生朴素的对变革的反感，也有基督教文化中对“罪恶之城”的批判，同时也有着新的现代规划当中对“美好之城”的想象与塑造。这个“美好之城”也许是在便捷、快速、现代化的进取之中，同时葆有了典雅、温情与传统文化的复兴。

我先讲到这里，希望能和大家交流。

2017年5月21日

漫话红楼美

朱颖原

朱颖原，博士，太原理工大学教授、硕士生导师。山西省宣传文化系统“四个一批”人才，山西省高等学校思想政治理论课教学指导委员会委员。长期致力于哲学、中国传统文化的教学与研究。出版论著《社会主义核心价值观多维研究》等近百万字，发表学术论文数十篇。参加多次教学竞赛。

咏红楼

红颜易老似流水，榆荚芳菲岂久长！
楼里怡红叹春秋，帘内潇湘愁断肠。
梦海棠叶肥花瘦，忆秋菊斗寒傲霜。
美景良辰奈我背，富贵繁华俱沧桑。

朱颖原

我们讲座的题目叫“漫话红楼美”，我从三个层面来解读红楼之美。第一，笔写狂澜，诗融雅俗：《红楼梦》的美学贡献；第二，千红一哭，万艳同悲：《红楼梦》的悲剧审美；第三，个性鲜明，栩栩如生：《红楼梦》的人物性格美。

亲爱的朋友们，非常高兴又一次与大家相聚于文源讲坛，跟大家共享一段美好的时光。今天是中国的传统节日端午节，《红楼梦》里面也有涉及端午节的片段，第三十一回描写了端午节的习俗，“这日正是端阳佳节，蒲艾簪门，虎符系臂”，从此可窥一斑，《红楼梦》真是一部洋洋大观的巨作。

前段时间有个电视节目收视率非常好，那就是《朗读者》，其第一期的主题是“遇见”。“蒹葭苍苍，白露为霜，所谓伊人，在水一方。”这是撩动人心的遇见；“这个妹妹，我曾见过的。”这是宝玉和黛玉的初次遇见。今天我们的遇见也将是一个美好的开始。我相信今天来到讲堂的人都是《红楼梦》的爱好者，喜欢《红楼梦》，才让我们有了这段美丽的邂逅，才有了这段美丽的遇见。感谢能和大家遇见，让我们一起来领略大观园冷风凄雨繁华转头空的悲剧，一起观看大观园儿女本色出演的精彩篇章。

选择讲《红楼梦》是有风险的，因为《红楼梦》太伟大，伟大到我们从任何一个角度去解读都不够；《红楼梦》太普及，普及到在座的任何一个人都可以拿出一段来朗读，甚至背诵；《红楼梦》的研究太深入，深入到研究者大家林立、灿若群星；《红楼梦》的研究太丰富，以至于佳作辈出。我手里有一套丛书，《胡适点评红楼梦》《王国维 蔡元培 鲁迅点评红楼梦》《冯其庸点评红楼梦》《蔡义江点评红楼梦》，周汝昌的《红楼夺目红》《红楼十二层》、刘心武的《揭秘古本红楼梦》《红楼望月》等，数不胜数。在他们面前，我真的很汗颜，不知道从哪里讲起。

明知讲红楼是有风险的，为什么还要冒着风险来呢？因为我实在是太喜欢《红楼梦》了，喜欢了二三十年，也读过好多遍，就如主持人刚才讲的，每个年龄段读《红楼梦》的感受是不一样的。少年时期，我觉得书中的故事情节很热闹，很好玩。随着年龄和阅历的增长，我越来越理解其丰富和深刻的思想性。即便我如此喜欢《红楼梦》，但一定要跟大家声明，这不是我的专业，我是学习哲学的，所以讲《红楼梦》，我的内心是很忐忑的。西方有这样一句话，“有一千个读者，就有一千个哈姆雷特。”套用这句话，有一万个读者就有一万个林妹妹，这真是见仁见智。大家有不同意见的，请随时提出，谢谢！

我们讲座的题目叫《漫话红楼美》，我从三个层面来解读红楼之美。第一，笔写狂澜，诗融雅俗：《红楼梦》的美学贡献；第二，千红一哭，万艳同悲：《红楼梦》的悲剧审美；第三，个性鲜明，栩栩如生：《红楼梦》的人物性格美。

我们的讲座恐怕是挂一漏万，仅希望在有限的时间里和大家共同有所收获。

一、笔写狂澜，诗融雅俗：《红楼梦》的美学贡献

《红楼梦》对中国小说美学的贡献，我们总结为两点。第一，《红楼梦》第一次在中国小说文学当中塑造了一组醒目的“狂人”形象；第二，《红楼梦》打破了极俗的《金瓶梅》，达到了“诗融雅俗”的美学新高度，实现了雅俗共赏的文学境界。

（一）《红楼梦》塑造了一组“狂人”形象

曹雪芹的时代是“忽喇喇似大厦将倾，昏惨惨似灯将尽”的封建末世。有人可能会问，曹雪芹正处于康乾盛世，为什么说它是末世呢？明清之际，中国的封建社会已经走入了它的末世，在所谓的康乾盛世，一个被历史学家甚为诟病的事件就是大兴文字狱，《红楼梦》也在查禁之列。中国的封建末世已经走入了“落日的辉煌”，虽然夕阳无限好，然而已经近黄昏。这时候但凡有点儿思想境界的人，比如宝玉、黛玉，他们的人物形象都不被人喜欢，为什么？因为他们另类。凡是被作者看中的人物都具有一个共性，似傻如狂，都有点儿狂，有点儿傻，有点儿呆，有点儿痴。

曹雪芹本身也有些另类。《红楼梦》又叫《石头记》，这个石头指青埂峰下，那块被女娲漏掉“无才补天”的石头，这块石头后又幻化成宝玉嘴里的那块玉。当然石头也指曹雪芹，“石奇神鬼搏”，时代无情地折磨着这个诗人，但他毫不退缩，以独特的审美视角，对封建叛逆者的狂傲美进行了热情的礼赞。曹雪芹站在历史的潮头，追求尽善尽美的境界，在他的气质当中，既有“仙姝”之雅，又有“村姥”之俗，并巧妙地、不留痕迹地把两种气质焊接在一起，形成了一件完美的艺术瑰宝。

1. 曹雪芹热情讴歌敢于发时代先声的“狂傲美”。曹雪芹留给我们一个巨大的艺术宝库，这部经典的点睛之笔在于曹雪芹塑造了一组闪烁着新时代曙光的狂人形象。大家看曹雪芹笔下的人物，没有一个是完美人物，都有这样那样的问题，但是归根在一起，凡是被作者看中的人物，都有点儿呆，有点儿傻，有点儿痴，有点儿狂，几乎他喜欢的人，都有这样的共性。

比如，贾宝玉毫无疑问是主角，其实他就有点儿傻，有点儿呆，当时有两首《西江月》是描写贾宝玉的：

> 无故寻愁觅恨，有时似傻如狂。
> 纵然生得好皮囊，腹内原来草莽。
> 潦倒不通世务，愚顽怕读文章。
> 行为偏僻性乖张，那管世人诽谤！

还有另一首：

> 富贵不知乐业，贫穷难耐凄凉。
> 可怜辜负好韶光，于国于家无望。
> 天下无能第一，古今不肖无双。
> 寄言纨绔与膏粱，莫效此儿形状！

如果光看这两首词，贾宝玉这个人物形象不堪得很，不仅似傻如狂，而且愚顽怕读文章。而宝玉真正不爱念的是仕途经济的文章，谁跟他说这个他就跟谁急。宝玉之所以喜欢林妹妹，只因两人志同道合，价值观相同，有共同的志趣。比如，第三十二回的一个片段，湘云劝说宝玉："如今大了，你就不愿读书去考举人进士的，也该常常的会会那些为官做宦的人们，谈谈讲讲那些仕途经济的学问，也好将来应酬世务，日后也有个朋友……"宝玉听了，大觉逆耳。接着，袭人夸赞宝钗有涵养、心地宽大，而"林姑娘见他赌气不理，他后来不知赔多少不是呢"。宝玉却说："林姑娘从来说过这些混账话吗？要是他也说过这些混账话，我早就和他生分了！""混账话"就是指仕途经济，考举进士之类的话。宝玉不爱读文章，可是他的天资和悟性很好。在第十七回《大观园试才题对额》中写道："绕堤柳借三篙翠，隔岸花分一脉香。""宝鼎茶闲烟尚绿，幽窗棋罢指犹凉。"而且这么一个不爱读书的人还能"中乡魁宝玉却尘缘"，中了第七举人，但是考上了之后呢？他跟着一僧一道出家了，落得"白茫茫大地一片真干净"。宝玉不爱读文章，但是不等于他念书不好，不等于他不爱学习，关键问题是他为什么不爱学这个东西？到了落日的辉煌，中国的科举制度也已经走向了它的茫茫末日，最初选拔人才的优良机制，这个时候已经变成了禁锢人心、束缚自由的社会机制。

贾宝玉就是这样的个性，似傻如狂，他喜欢的林妹妹，我相信在座也有人不喜欢，而且可能不喜欢林妹妹的还不在少数，为什么？因为她孤芳自赏，目无下尘，显然和周围的人不合拍，贾府里的大部分人是不喜欢她的。当然这和她的经历有关，小小年纪母亲病逝，进入贾府，寄人篱下，第三回《托内兄如海荐西宾 接外孙贾母惜孤女》："步步留心，时时在意。不肯轻易多说一句话，多行一步路，唯恐被人耻笑了去。"她寄人篱下，怕人耻笑，最重要的是她对未来和人生的预期不定，不知道未来的路在何方。"一年三百六十日，风刀霜剑严相逼。"她的前途充满了失望和绝望，这种绝望随着她年龄的增长越来越加剧，一首《葬花吟》写尽了她对周围环境的无奈和绝望。"花谢花飞花满天，红消香断有谁怜？""侬今葬花人笑痴，他年葬侬知是谁？""一朝春尽红颜老，花落人亡两不知。"有人嫌黛玉"尖酸刻薄"，有人嫌她"爱哭""爱使小性"。在我看来，黛玉的美是“娴静时如娇花照水，行动处似弱柳扶风。心较比干多一处，病如西子胜三分”。

还有丫鬟里面的晴雯，心比天高，前八十回中，就有三回以晴雯为主题，第三十一回《撕扇子作千金一笑》、第五十二回《勇晴雯病补孔雀裘》、第七十七回《俏丫鬟抱屈夭风流》，可见作者是比较喜欢甚至钟情这个人物的。她的命运也很悲惨，她喜欢贾宝玉，可是她跟贾宝玉的关系非常纯洁，一点儿污点都没有，所以直至她生命的最后一刻，两人仍然清清白白。她“眉眼之间有点儿像林妹妹”，这是问题的关键，所以当局不喜欢她，她重病后就被撵了出去，很年轻就死了。“心比天高，身为下贱。风流灵巧招人怨，寿夭多因诽谤生，多情公子空牵念。”

还有一个人物虽用笔不多，但我还是要说一下，那就是香菱。其实她本来是甄士隐的女儿，结果正月十五看花灯的时候被人拐走了，后来薛宝钗的哥哥薛蟠强霸了她，成了“屋里人”，后来，因为一个机会，她进入了贾府。第四十八回《慕雅女雅集苦吟诗》中写道，香菱有机会学习写诗了，“苦志学诗，精血诚聚，日间不能作出，忽于梦中得了八句”，写出“一片砧敲千里白，半轮鸡唱五更残”的绝妙诗句，被大家称为“诗痴”“诗魔”。

曹雪芹着墨非常多的人物都有点儿呆，有点儿痴，有点儿不那么合乎常理。但这恰恰是他们存在的方式，是他们的斗争方式，他们用这样的斗争方式去表达他们对友情、爱情、自由、人格的诉求。这些青年人内心渴望自由，渴望爱情的自由、人生的自由。比如贾探春，她说，“我但凡是个男子，必定出去成就一番事业。”这些人物到最后一定是悲剧，而作者却清醒地看到了这些悲剧命运的背后，用大量的笔墨去讴歌这些狂人的心灵美，《红楼梦》是真正的“狂人日记”。曹雪芹用更加委婉、温存的表达方式，强烈哭诉了对精神的自由和爱情的自由的追求，用血泪文字去讴歌这些狂人的心灵美，并且揭示了他们身上“狂飙起天末”的诗意。

2.《红楼梦》独特审美视野形成的原因。时势造英雄，解读曹雪芹的身世和所处的时代，我们可以总结出三个方面的原因。

第一,这是一个天崩地裂的时代,时代造就了一批狂人。当封建社会的滚滚车轮到了明清之际,社会已经发生了巨大变化,新的资本主义生产关系已经开始萌芽,旧的封建势力已经日渐衰微,新旧生产关系的矛盾和冲突已经到了激化的程度。在曹雪芹所生活的时代就出现了思想启蒙的风潮,一方面他们批判几千年来的封建思想,另一方面,他们掀起了具有近代思想解放的民主思潮,带有思想启蒙的性质。比如晚明时期出现的泰州学派,其代表人物有王艮、何心隐、李贽等。

泰州学派是中国历史上一个真正意义上的思想启蒙学派,它发扬了王守仁的心学思想,反对束缚人性,引领了明朝后期的思想解放潮流。创始人王艮,明代哲学家,字汝止,号心斋,泰州安丰场(今江苏东台市安丰镇)人,人称王泰州。泰州学派的影响超过了王守仁的心学,门人上自师保公卿、下逮士庶樵陶农吏,成了晚明显学。李贽深受"阳明学"支流"泰州学派"影响,且以"异端"自居。针对当时官学和知识阶层独奉儒家程朱理学为权威的情况,他贬斥程朱理学为伪道学,提出不能"以孔子之是非为是非"。他的诗文多抨击前七子、后七子复古之主张,认为《西厢记》《水浒传》就是"古今至文"。他认为"真心""童心"是最根本的概念,是万物的本源,自然界是"我妙明真心的一点物相",没有"理",没有物,世上一切物质和精神皆是只存在于"真心"之中。"真心"就是童心、初心,最初一念之本心,即不受外界影响的"我"的心。它们是主宰一切,产生诸相的本源,可称作"清净本源",万事万物、山河大地只是真心的显现物,是真心的因素和成分。

在《红楼梦》第二回《冷子兴演说荣国府》介绍贾宝玉时就可以看出些端倪。

> 说来也奇:如今长了十来岁,虽然淘气异常,但聪明乖觉,百个不及他一个,说起孩子话来也奇,他说:"女儿是水做的骨肉,男子是泥做的骨肉。我见了女儿便清爽,见了男子便觉浊臭逼人!"

第二十回也有相似的观点。

贾宝玉料定天地间灵淑之气，只钟与女子，男儿们不过是些渣滓浊沫而已。

与此相连，宝玉憎恶自己出身的家庭，爱慕和亲近那些与他品性相近、气味相投的出身寒素、地位微贱的人物。这实质上就是他对自己贵族阶级身份的否定。同时，他极力抗拒封建主义为他安排的传统的生活道路。对于封建礼教，除晨昏定省之外，他尽力逃避参加士大夫的交游和应酬；对封建士子的功名利禄、封妻荫子，他也十分厌恶，全然否定，他只企求过随心所欲、听其自然的生活，亦即在大观园女儿国中斗草簪花、低吟悄唱、自由自在的生活。

在我看来，曹雪芹可能在一定程度上受到明清时期启蒙思想的影响。

第二，作者的沧桑经历也酿成了他对“狂傲美”的关注。曹雪芹（约1715年5月28日—约1763年2月12日），名沾，字梦阮，号雪芹，又号芹溪、芹圃，中国古典名著《红楼梦》作者，籍贯沈阳（一说河北），生于南京，约十三岁时迁回北京。曹雪芹出身清代内务府正白旗包衣世家，是江宁织造曹寅之孙，曹顒之子（一说曹頫之子）。曹雪芹的曾祖母孙氏做过康熙帝的乳母，祖父曹寅做过康熙帝的伴读和御前侍卫，后任江宁织造，兼任两淮巡盐监察御史。在康熙、雍正两朝时，曹家祖孙三代四个人主政江宁织造达五十八年之久，家世显赫，有权有势，极富极贵，成为当时南京第一豪门，被天下推为望族。康熙六下江南，曹寅接驾四次。不过，曹雪芹晚生了几年，本人并没有亲历康熙南巡盛事。《红楼梦》第十六回可以为证，原著写到比贾宝玉年长的凤姐都要听赵嬷嬷等长辈的口述去了解那段历史。曹雪芹早年托赖天恩祖德（康熙帝之恩，曹玺、曹寅之德），在昌明隆盛之邦（康雍盛世）、花柳繁华地（南京）、诗礼簪缨之族（江宁织造府）、温柔富贵乡（西园）享受了一段锦衣纨绔、富贵风流的公子哥生活，日子过得心满意足。“每日只和姊妹丫鬟们一处，或读书，或写字，或弹琴下棋，作画吟诗，以至描鸾刺凤、斗草簪花、低吟悄唱、拆字猜枚。”“只在园中游卧，每每甘心为诸丫鬟充役，竟也得十分闲消日月。”他终生都对这段幸福生活记忆犹新，在《红楼梦》开卷第一回《作者自云》中亲切地呼这段生活“梦幻”。

童年的曹雪芹淘气异常，厌恶八股文，不喜读四书五经，反感科举考试、仕途经济。虽有曹頫严加管教，为他请了家庭教师，使他上了几天家塾，但因祖母李氏溺爱，每每都护着小曹雪芹，使小曹雪芹学习并不努力。幸而曹家家学渊深，祖父曹寅有诗词集行世，在扬州曾管领《全唐诗》及二十几种书的刻印，兼管扬州诗局。曹家藏书极多，精本有3287种之多。曹雪芹自幼生活在这样一个丰富的文学美术环境之中，接受父兄教育、师友规训，博览群书，尤爱读诗赋、戏文、小说之类的文学书籍。

雍正六年（1728年），曹家因亏空获罪被抄家，曹雪芹随家人迁回北京老宅，后又移居北京西郊，靠卖字画和朋友救济为生。曹雪芹不负所望，在隐居西山的十多年间，以坚韧不拔的毅力，将旧作《风月宝鉴》“披阅十载，增删五次”，写成了巨著《红楼梦》。

曹雪芹先辈显赫，在雍正年间被抄家而走向破落。作者梦醒之后，重新审视了皇奴家族的可悲命运，新仇旧恨怒涛翻滚，“醉余奋扫如椽笔，写出胸中块垒时”。他更多地倾向于用无所顾忌的“狂傲美”对抗虚伪丑恶的奴性。体现在作品中就是对封建叛逆者的热情讴歌和对卫道士贾政、贾珍、贾雨村之流的批判。

第三，艺术实践发展到能够塑造个性鲜明的狂人形象。大家可能会说，难道在曹雪芹之前就没有狂人吗？实际上，每每到了历史风云际会的紧要关头，都会孕育出一些发时代先声的狂人，比如我们端午节纪念的屈原就是一个狂人，可关于屈原的作品却不是很多。再比如有关李白的诗句“我本楚狂人，凤歌笑孔丘”“李白斗酒诗百篇，长安市上酒家眠。天子呼来不上船，自称臣是酒中仙”等诗句又是何等的傲气。但文学对他们太吝啬了，几乎找不到一篇像样的文字再现他们的风姿。这是因为，文学的发展有其内在的规律性，艺术美的历程总是呈现明显的阶段性。当楚辞开创中国抒情诗的光辉起点，当唐诗如丽日中天般照亮中国诗坛的时候，中国小说文学才刚刚萌发，当时的社会生活、艺术实践、审美要求远远没有复杂到、热烈到呼唤小说巨匠、产生小说巨著的地步，所以，屈原、李白一类的"狂人"形象就不可能由他人经过艺术的典型化出现在史诗般的小说之中。随着文学的发展，文人参与对民间文学的整理，小说作家对人物形象的再塑造的可能性越来越大，能够根据自己的生活体验和审美理想来进行艺术构思，再现典型的人物形象。

因此，曹雪芹在天崩地裂的时势、历尽沧桑的人生以及艺术发展的因素的作用下，共同成就了他独特的审美视角，实现了对封建叛逆者"狂傲美"的礼赞。他将生活灌注到他所塑造的那些"狂人"形象中，使他们醒目地屹立在中国古代小说人物画廊里，照亮了中国小说的天空。

让我们再一次怀着眷恋的心情对这些如傻似狂的人物做一番概貌性的回顾。贾宝玉行为怪癖，秉性乖张，无故寻愁觅恨，动辄口出狂言，人称"混世魔王""无事忙"。林黛玉常使小性，稍不如意就闹得不可开交，从小爱哭，天下无双。她能哭得"花魂点点无情绪，鸟梦痴痴何处惊"，她还将花儿葬了，"未若锦囊收艳骨，一抔净土掩风流，质本洁来还洁去，强于污淖陷渠沟"，这简直是少有的"疯狂念头"。

晴雯性情刚烈，是块"爆炭"，身为下贱，心比天高，有时比林黛玉还难对付。她把扇子撕了一大块，却大笑，"我也乏了，明儿再撕吧"。直到临死，还是一副"狂样子"，采取强烈的不能再强烈的方式，向贵族公子表达自己的感情。

然而，这些"狂人"的性格内涵是气势磅礴的，他们痛斥封建礼教的声音，震撼着贾府辉煌的宅邸；他们的聪明才智像明亮的蜡烛映照着社会的肮脏和腐败。他们携手并肩的友情和爱情使那些汲汲于名利的"乌眼鸡"们显得渺小；他们牺牲了自己的青春甚至生命敲响了封建制度行将就木的丧钟。

当然，由于时代和认识的局限，曹雪芹的笔端不时流露出"人生空幻"的淡淡阴云，笔下的人物均没找到出路，只有"好一似食尽鸟投林，落了片白茫茫大地真干净”的结局。瑕不掩瑜,唯其如此,才显得更真,这些只属于那个时代,也仅属于曹雪芹。

(二)《红楼梦》达到了诗融雅俗的美学新高度

真正的艺术美应该是雅俗兼备,融为一体的,但达到这样的境界不是一蹴而就的,同样体现了艺术自身发展的过程。

1. 中国小说发展剪影。长期占据中国封建社会文学圣坛的是“韵律文学”,诗经、楚辞、汉乐府、唐诗、宋词等都属于韵律文学;而小说则难登大雅之堂,被认为是“雕虫小技”。真正“有意为之”的小说要算唐人小说,它挣脱了六朝小说的鬼神氛围,日渐靠向世俗人生,使小说的“俗”日渐得到人们的重视。但它受到来自两方面的牵引力:一方面,冀求仕进的封建文人以文章去追求权贵,沽名钓誉,使小说脱离生活的土壤,染上统治者所喜爱的畸形的、带“霸气”的雅;另一方面,诗词修养较高的文人,根据自己的审美情趣,把小说诗化,创作出一些婉转流畅、雅逸高华的作品,如《红楼梦》。《红楼梦》第一回写道:“至于才子佳人等书,则又开口文君,满篇子建,千部一腔,千人一面,且终不能不涉淫滥。”“之乎者也,非理即文,大不近情,自相矛盾。”当小说处于它的幼年时,它既无力抵抗带有霸气的“雅”,又受制于光芒万丈的唐诗,结果小说进一步靠拢世俗生活的手脚就被束缚住了。当明清商品经济逐渐发展,社会生活日益庞杂,人们的审美要求更加功利化的时候,小说迈向世俗生活的步伐开始加大,它有了更广阔的题材,赢得了更多的支持,受到了正在兴起的市民阶层的喝彩,至此,中国韵律文学所带有的超群飘逸的高雅气派开始让位于更加平易近人、更为自由开放的世俗文学。于是,一股追求“俗”的势力应运而生,出现了“极摹人情世态之歧,备写悲欢离合之致”的宋明话本小说。这一类小说不讲高级纯正和精美,一味满足市井小民的粗俗口味,彻底否定传统的“雅文学”,即反对合理的诗意提炼和加工。完成俗对雅的否定的登峰造极的作品可算是《金瓶梅》,它是小说史上的一部奇书,它描绘的生活画面、刻画的人物形象,几乎将诗情和雅趣扫荡一空,用赤裸裸的市民意识去亵渎儒学正统的圣坛,去摇撼封建思想体制的根基,用特殊的艺术手段争得特殊的艺术地位。对此，人们毁誉不一，我们不去评论，但可以肯定的是，《金瓶梅》完成了对雅的“前无古人后无来者”的否定。物极必反，否定之否定是事物发展的规律，从《金瓶梅》到《红楼梦》期间的一百四十年时间，时日匆匆，曹雪芹汲取了前人的经验教训，在新的美学高度上，将雅俗熔为一炉，达到雅俗共赏的目的。

2. 曹雪芹“诗融雅俗”的宝贵艺术经验。我们可以将其提炼为以下两个方面。

第一，从生活画面上看，雅俗纷呈。《红楼梦》的艺术视野十分开阔，从衙门到娼门，从书斋到村野，从殡仪到婚礼，既有“花柳繁华之地、富贵温柔之乡”的奢华，又有茅檐草舍的粗俗寒酸，万象如云，交织着形形色色的生活经纬。其实，《红楼梦》更像一部电影，它用了蒙太奇的方法，把很多画面剪辑在了一起；而且他善于把表面看起来没有什么关联的画面巧妙地连接在一起，比如《红楼梦》有两个片段，一个是大场面，第十八回元妃省亲那一段，竭尽奢华之能事，紧接着就是袭人探家，袭人的母亲病了，她回去探望，宝玉也跑到袭人家。这样富贵奢华、典雅贻荡的元妃省亲的大场面之后来了一个袭人探家的小场面。这两个场面的衔接是有意图的，他把看上去没有什么关系的东西衔接在了一起，让人们明显地看到社会的贫富悬殊，痛感社会的不公。

第二，从人物性格风貌上看，雅俗交融。《红楼梦》中描写的人物众多，但个个生机勃勃、生动鲜活，这是因为作者将他们放在各自的生活圈子里，让每一个人都散发着世俗原野的气息，体现着艺术的典型化色彩。

我们来比较两段文字，分析林黛玉和茗烟两个人物。这两段描写的是贾宝玉去祭祀的场景，一次是祭祀王夫人的丫鬟金钏，还有一次是祭祀晴雯。

野祭金钏简要的情节是王熙凤过生日，宝玉一溜烟跑出来，也不带侍从，只带了个茗烟，所以才有了茗烟的一段话。他恭恭敬敬地磕了头，而且说了一段有趣的小孩话。

我茗烟跟二爷这几年,二爷的心事,我没有不知道的。只是今儿这一祭祀,没有告诉我,我也不敢问。只是受祭的阴魂虽不知名姓,想来自然是那人间有一、天上无双、极聪明清雅的一位姐姐妹妹了。二爷的心事难出口,我替二爷祝赞你:你若有灵有圣,我们二爷这么想着你,你也时常来望候望候二爷,未尝不可。你在阴间,保佑二爷来生也变个女孩,和你们一处玩耍,岂不两下里有趣?"说毕,又磕了几个头,才爬起来。

茗烟的俗话、俗情被写得非常可爱、生动、有趣。

另一段同样是祭祀,是宝玉祭祀晴雯的场景。当林黛玉听到宝玉的《芙蓉女儿诔》之后,来了一段即兴点评。

满面含笑,口内说道:"好新奇的祭文,可与曹娥碑并传了。"宝玉听了,不觉红了脸,笑答道:"我想着世上这些祭文都蹈于熟滥了,所以改个新样,原不过是我一时的顽意,谁知又被你听见了。有什么大使不得的,何不改削改削。"黛玉道:"原稿在那里?倒要细细一读。长篇大论,不知说的是什么,只听见两句,什么'红绡帐里,公子多情,黄土垄中,女儿薄命。'这一联意思却好,只是'红绡帐里'未免熟滥些。放着现成真事,为什么不用?"宝玉忙问:"什么现成的真事?"黛玉笑道:"咱们如今都系霞影纱糊的窗槅,何不说'茜纱窗下,公子多情'呢?"宝玉听了,不禁跌足笑道:"好极!是极!到底是你想的出,说的出。"

这时候的林黛玉没有爱哭的特点,没有使小性子,体现得体贴入微,通情达理,合情合理,表现出了一种高雅的美。

章回	第43回　不了情暂撮土为香	第78回　痴公子杜撰芙蓉诔
简要情节	宝玉野祭金钏焙茗(茗烟)的即兴祝词	宝玉读罢悼晴雯的《芙蓉女儿诔》,黛玉的即兴点评
人物风貌	平时:焙茗(茗烟)是地道的俗人、野性子 此刻:心弦受到震动,爬在地上磕头,说一番发自肺腑的话	平时:黛玉高雅具有诗人气质,但有些刻薄、小性 此刻:满面含笑,对文章给予肯定并提出中肯的建议
点评	俗话、俗情写得生动有趣,体现了一种“滑稽”美	黛玉体贴入微、通情达理,显示出“崇高”美

在曹雪芹笔下没有百分之百的雅人,也没有百分之百的俗人,他总是把来源于世俗生活的人物性格加以艺术典型化,达到雅俗交融、精彩纷呈的效果。

曹雪芹对中国小说美学的贡献是巨大的,他所塑造的封建叛逆者的“狂傲美”不但在当时独树一帜,而且影响着近现代的进步思潮,他所达到的诗融雅俗的艺术境界在今天仍然是文学的追求。曹雪芹以求真求善求美的笔调,开创了一条金光灿烂的现实主义创作之路。

二、千红一哭,万艳同悲:《红楼梦》的悲剧审美

《红楼梦》是一位艺术天才用了十年时间,用了全部心血所创造出来的艺术瑰宝。《红楼梦》是一部悲剧,是曹雪芹血泪的结晶。作者在开篇说:“满纸荒唐言,一把辛酸泪。都云作者痴,谁解其中味?”奠定了这部作品的悲剧基调。

(一)《红楼梦》悲剧的美学特征

鲁迅在《再论雷峰塔的倒掉》中说:“悲剧是将人生有价值的东西毁灭给人看。”这是我看到的对悲剧最令人信服的解释。

1.《红楼梦》之前的悲剧作品。在曹雪芹之前,人们往往习惯把人

分为“好人”“坏人”，双方激烈斗争，坏人毁灭了好人，于是悲剧产生了。这一类作品的美学特征是将“有价值的人”毁灭给人看，流于简单和程式化；而《红楼梦》则不落此套，“洗旧翻新”。

2.《红楼梦》的悲剧意识主要体现在三个方面。

第一，曹雪芹眼中“有价值的东西”是指敢于突破封建思想的羁绊，争取平等、自由的思想和言行。第三十二回《诉肺腑心迷活宝玉 含耻辱情烈死金钏》中有一段描述，湘云借机劝宝玉留心“仕途经济”大事，说：“如今大了，你就不愿意去考举进士，也该常常会会这些为官做宦的，谈讲谈讲那些仕途经济。”宝玉说这叫混账话，并宣称：“林妹妹从来说过这些混账话吗？要是他也说这些混账话，我早和他生分了。”黛玉听了这话，不觉又喜又惊，又悲又叹。

第二，曹雪芹眼中的人是复杂的、现实中的人。曹雪芹并不认为“好人”一切皆好，“坏人”一切皆坏。人所处的环境中，时刻交织着各种社会关系的经纬，每个人都同时受到来自许多方面的社会力量的制约。

在第四十二回《蘅芜君兰言解疑癖 潇湘子雅谑补馀香》中，薛宝钗的一段话对此就有所体现。

> 你当我是谁，我也是个淘气的。从小七八岁上也够个人缠的。我们家也算是个读书人家，祖父手里也爱藏书。先时人口多，姊妹弟兄都在一处，都怕看正经书。弟兄们也有爱诗的，也有爱词的，诸如这些《西厢》《琵琶》以及“元人百种”，无所不有。他们是偷背着我们看，我们却也偷背着他们看。后来大人知道了，打的打，骂的骂，烧的烧，才丢开了。所以咱们女孩儿家不认得字的倒好。男人们读书不明理，尚且不如不读书的好，何况你我。就连作诗写字等事，原不是你我分内之事，究竟也不是男人分内之事。男人们读书明理，辅国治民，这才是好……最怕见些杂书，移了性情，就不可救药了。

薛宝钗的这段自白说明，任何人都不可能生活在单一的社会关系中，像薛宝钗那样的皇商家庭，也无法将子女与外界隔绝。那些在后人看来具有启蒙思想的书籍在当时就是“异端邪说”。正统的、非正统的各种思想就会发生激烈冲突，有的人便“被移了性情”，如宝玉、黛玉，他们勇于追求自由、向往平等；而有的人就“丢开了”，比如薛宝钗就自觉接受正统的思想和价值取向。

第三，曹雪芹展示了“人生价值”两种情形的毁灭。一种是“梦醒了无路可走”的毁灭，一种是“睡梦之中”的毁灭。

“梦醒了无路可走”的毁灭就是经过了一种比较自觉的抗争之后走向了毁灭。比如，宝玉、黛玉、晴雯就属于这一类。黛玉“焚稿断痴情”，“苦绛珠魂归离恨天”泪尽而亡，宝玉“落了片白茫茫大地真干净”，晴雯“俏丫鬟抱屈夭风流”。

“睡梦之中的毁灭”是绑在旧制度的战车上一起滚下深渊的殉葬式的毁灭。例如，王熙凤和花袭人。

王熙凤身上有许多邪恶的、贪婪的、无情的、“无价值”的东西，她做了许多坏事，“弄权铁槛寺”。但这个人物身上也有一些有价值的东西，可是这些东西刚刚探头，她就自觉地将其毁灭掉了。

章回	第12回　王熙凤毒设相思局	第13回　王熙凤协理宁国府
有价值	或多或少带有维护女性尊严的自卫的成分	希望大显身手，这对歧视妇女的封建礼教算是一种挑战
无价值	拒绝贾瑞是因为自己身份高贵，贾瑞是“癞蛤蟆想吃天鹅肉”	对权力的疯狂追求，展示了狂妄自大。“那凤姐素日最喜揽事，好卖弄能干。”
手段	设计反击，显示当家少奶奶的淫威：“几时叫他死在我手里，他才知道我的手段。”	“凤姐自己威重令行，心中十分得意”并“弄权铁槛寺”贪财枉法

当一种缺乏自觉的有价值的东西微露端倪的时候，王熙凤并不需要借助外来的势力就调动自己身上的邪劲，扼杀了“有价值的东西”。

花袭人在十九回《情切切良宵花解语 意绵绵静日玉生香》中有一个片段。

> 袭人冷笑道：“我一个人是奴才命罢了，难道连我的亲戚都是奴才命不成？定还要拣实在好的丫头才往你家来。”

这本来是被压迫奴隶的正义呼声，很有价值；但由于花袭人心头已经形成的“甘心为奴”的思想，使这一番充满反抗精神的言辞也在她嘴里走了调，她不过是借机要挟宝玉罢了。

> 袭人笑道：“咱们素日好处，再不用说了。但你要安心留我，不在这上头。我另说出三件事来，你果然依了我，那就是真心留我了，刀搁在脖子上，我也是不出去了。”

花袭人的悲剧在于她灵魂深处虽然还隐藏着奴隶的泪迹，但当这些合理的、有价值的思想和念头刚刚骚动不安的时候，另一个死心塌地地愿意与封建结盟的念头就迫不及待地将这些正义的呼声压抑下去。

所以，薛宝钗、王熙凤、花袭人等人物的毁灭是睡梦之中与封建制度一起滚下深渊的毁灭。

（二）《红楼梦》悲剧的特点

1. 在相当广泛的范围内，《红楼梦》把被封建统治者颠倒的“真假”重新正过来。正如第五回揭示的“假作真时真亦假，无为有处有还无”。第十八回《皇恩重元妃省父母 天伦乐宝玉呈才藻》，对于垂古今未有之旷恩，元妃却说：“当日既送我到那不得见人的去处，好容易今日回家，娘儿们这时不说不笑，反倒哭个不了。一会子我去了，又不知多早晚才能一见！”说到这句，不禁又哽咽起来。

乌进孝是宁府黑山村庄头。第五十三回中写道，他岁末赶了一个多月路程进京交租，向贾珍诉苦说："年成实在不好。"贾珍看了乌进孝送上了的租单，不满地说："真真是又教别过年了。"又议论到荣府这几年添了许多花销的事，又不能添些银钞产业，倒赔了许多，"不和你们要，找谁去！"一面忙展开单子看时，只见上面写着：

> 大鹿三十只，獐子五十只，狍子五十只，暹猪二十个，汤猪二十个，龙猪二十个，野猪二十个，家腊猪二十个，野羊二十个，青羊二十个，家汤羊二十个，家风羊二十个，鲟鳇鱼二个，各色杂鱼二百斤，活鸡、鸭、鹅各二百只，风鸡、鸭、鹅二百只，野鸡、兔子各二百对，熊掌二十对，鹿筋二十斤，海参五十斤，鹿舌五十条，牛舌五十条，蛏干二十斤，榛、松、桃、杏穰各二口袋，大对虾五十对，干虾二百斤，银霜炭上等选用一千斤、中等二千斤，柴炭三万斤，御田胭脂米二石，碧糯五十斛，白糯五十斛，粉粳五十斛，杂色粱谷各五十斛，下用常米一千石，各色干菜一车，外卖粱谷、牲口各项之银共折银二千五百两。外门下孝敬哥儿姐儿玩意：活鹿两对，活白兔四对，黑兔四对，活锦鸡两对，西洋鸭两对。

表面上看，富贵奢华的大家庭的存续是靠皇恩浩荡，实际上是靠乌进孝等农民供养。《红楼梦》出色地恢复了"真假"的本来面目。

2. 打破"团圆主义"，指出"白茫茫大地真干净"的结局。虽然"千古文章未尽才""书未成，芹为泪尽而逝"，但曹雪芹在前八十回已经艺术地揭示了整个悲剧不可逆转的发展趋势，"好一似食尽鸟投林，落了片白茫茫大地真干净"。他没有用大团圆来自欺欺人，而是生动地展示了"百足之虫，死而不僵""一年三百六十日，风刀霜剑严相逼"的社会情势，表现了新生力量的相对弱小和腐朽势力的仍旧强大，给那些"梦醒了无路可走"的人物定下了必然毁灭的基调。

三、个性鲜明，栩栩如生：《红楼梦》人物性格美

鸿篇巨著《红楼梦》，人物繁多，个个栩栩如生。那么，《红楼梦》中究竟写了多少人物呢？一种说法，清朝嘉庆年间，姜祺统计书中共四百四十八人。也有说，民国初年一部《红楼梦人物谱》，共收九百八十三人。不拘泥具体有多少，但有一点可以肯定，那就是人物众多，且个性鲜明。我们就一些典型的人物做简单的巡礼。

（一）从人物风貌描写看

人物风貌包括外貌、服饰、语言。

第三回《托内兄如海荐西宾　接外孙贾母惜孤女》是人物集中出场的章回，大量的人物在这一回做了基本的交代，也奠定了每个人物的基本基调。有的着墨很少，如贾母、贾家三姐妹；有的则浓彩重墨，如王熙凤、宝玉、黛玉等。

1. 贾母。描写贾母只用了“鬓发如银”“抱住”“搂入怀中”“心肝儿肉”“叫着大哭”等词，用笔寥寥，却把老祖宗至高无上的地位、气派描写得淋漓尽致。

> 黛玉方进入房时，只见两个人搀着一位鬓发如银的老母迎上来，黛玉便知是他外祖母。方欲拜见时，早被外祖母抱住，搂入怀中，心肝儿肉叫着大哭起来。当下地下侍立之人，无不掩面涕泣，黛玉也哭个不住。一时众人慢慢解劝住了，黛玉方拜见了外祖母。

2. 迎春、探春、惜春。接着三姐妹出场，书中对人物只做了简单的外貌描写。重点是其钗环裙袄，三人皆是一样的妆饰。

> 不一时，只见三个奶嬷嬷并五六个丫鬟，簇拥着三个姊妹来了。第一个肌肤微丰，合中身材，腮凝新荔，鼻腻鹅脂，温柔沉默，观之可亲。第二个削肩细腰，长挑身材，鸭蛋脸面，俊眼

修眉，顾盼神飞，文彩精华，见之忘俗。第三个身量未足，形容尚小。其钗环裙袄，三人皆是一样的妆饰。

这个时候，迎春、探春、惜春三个人物都没有隆重地登场，所以穿着皆是一样的。

3. 黛玉的初步状写。这一回中顺便对黛玉做了初步的刻画。不知道大家是否注意过，整部《红楼梦》几乎没有过对黛玉的外貌描写。

众人见黛玉年貌虽小，其举止言谈不俗，身体面庞虽怯弱不胜，却有一段自然的风流态度，便知他有不足之症。因问："常服何药，如何不急为疗治？"黛玉道："我自来是如此，从会吃饮食时便吃药，到今日未断，请了多少名医修方配药，皆不见效。那一年，我三岁时，听得说来了一个癞头和尚，说要化我去出家，我父母固是不从。他又说：'既舍不得他，只怕他的病一生也不能好的了！若要好时，除非从此以后总不许见哭声，除父母之外，凡有外姓亲友之人，一概不见，方可平安了此一世。'疯疯癫癫，说了这些不经之谈，也没人理他。如今还是吃人参养荣丸。"贾母道："正好，我这里正配丸药呢。叫他们多配一料就是了。"

这段描写奠定了林黛玉这个人物的基本特征。言谈不俗，身体怯弱。

4. 王熙凤。在这一回中，王熙凤的出场是重头戏。

一语未了，只听后院中有人笑声，说："我来迟了，不曾迎接远客！"黛玉纳罕道："这些人个个皆敛声屏气，恭肃严整如此，这来者系谁，这样放诞无礼？"心下想时，只见一群媳妇丫鬟围拥着一个人从后房门进来。这个人打扮与众姑娘不同，彩绣辉煌，恍若神妃仙子：头上戴着金丝八宝攒珠髻，绾着朝阳五凤挂珠钗，项上戴着赤金盘螭璎珞圈，裙边系着豆绿宫绦，双衡比目玫瑰佩，身上穿着缕金百蝶穿花大红洋缎窄褙袄，外罩五彩刻丝石青银鼠褂，下着翡翠撒花洋绉裙。一双丹凤三角眼，两弯柳叶吊梢眉，身量苗条，体格风骚，粉面含春威不露，丹唇未起笑先闻。黛玉连忙起身接见。贾母笑道，“你不认得他，他是我们这里有名的一个泼皮破落户儿，南省俗谓作‘辣子’，你只叫他‘凤辣子’就是了。”

黛玉正不知以何称呼，只见众姐妹都忙告诉他道：“这是琏嫂子。”黛玉虽不识，也曾听见母亲说过，大舅贾赦之子贾琏，娶的就是二舅母王氏之内侄女，自幼假充男儿教养的，学名王熙凤。黛玉忙陪笑见礼，以“嫂”呼之。这熙凤携着黛玉的手，上下细细打谅了一回，仍送至贾母身边坐下，因笑道：“天下真有这样标致的人物，我今儿才算见了！况且这通身的气派，竟不象老祖宗的外孙女儿，竟是个嫡亲的孙女，怨不得老祖宗天天口头心头一时不忘。只可怜我这妹妹这样命苦，怎么姑妈偏就去世了！”说着，便用帕拭泪。贾母笑道：“我才好了，你倒来招我。你妹妹远路才来，身子又弱，也才劝住了，快再休提前话。”

这熙凤听了，忙转悲为喜道：“正是呢！我一见了妹妹，一心都在他身上了，又是喜欢，又是伤心，竟忘记了老祖宗。该打，该打！”又忙携黛玉之手，问：“妹妹几岁了？可也上过学？现吃什么药？在这里不要想家，想要什么吃的，什么玩的，只管告诉我，丫头老婆们不好了，也只管告诉我。”一面又问婆子们：“林姑娘的行李东西可搬进来了？带了几个人来？你们赶早打扫两间下房，让他们去歇歇。”

说话时，已摆了茶果上来。熙凤亲为捧茶捧果。又见二舅母问他：“月钱放过了不曾？”熙凤道：“月钱已放完了。才刚带着人到后楼上找缎子，找了这半日，也并没有见昨日太太说的那样的，想是太太记错了？”王夫人道：“有没有，什么要紧。”因又说道：“该随手拿出两个来给你这妹妹去裁衣裳的，等晚上想着叫人再去拿罢，可别忘了。”熙凤道：“这倒是我先料着了，知道妹妹不过这两日到的，我已预备下了，等太太回去过了目好送来。”王夫人一笑，点头不语。

之所以引用这么长一段话，是为了分析王熙凤的与众不同。出场阵势与众不同：未见其人先闻其声，一群媳妇丫鬟拥着；穿着打扮与众不同：彩绣辉煌，恍若神仙妃子；人物神态与众不同：身量苗条，体格风骚，粉面含春威不露，丹唇未启笑先闻；性格特征与众不同：老太太口中的“风辣子”，自幼假充男儿教养；语言与众不同：阿谀逢迎（“天下真有这样标致的人物，我今儿才算见了！况且这通身的气派，竟不象老祖宗的外孙女儿，竟是个嫡亲的孙女，怨不得老祖宗天天口头心头一时不忘。”这几句话表面是赞扬林妹妹，其实是奉承老祖宗贾母），逢场作戏（这熙凤听了，忙转悲为喜道：“正是呢！我一见了妹妹，一心都在他身上了，又是喜欢，又是伤心，竟忘记了老祖宗。该打，该打！”）；做事与众不同：八面玲珑（携黛玉之手、嘘寒问暖），权力集中（安排行李、随从的人、发放月钱、安排裁制新衣）。整段文字行云流水，一气呵成，把王熙凤独特的个性展现得淋漓尽致。

5. 贾宝玉。对宝玉的着墨篇幅很大，光行头就有两身。

一语未了，只听外面一阵脚步响，丫鬟进来笑道：“宝玉来了！”黛玉心中正疑惑着：“这个宝玉，不知是怎生个惫懒人物，懵懂顽童？”倒不见那蠢物也罢了。心中想着，忽见丫鬟话未报完，已进来了一位年轻的公子：头上戴着束发嵌宝紫金冠，齐眉勒着二龙抢珠金抹额，穿一件二色金百蝶穿花大红箭袖，束着五彩丝攒花结长穗宫绦，外罩石青起花八团倭锻排穗褂，登着青缎粉底小朝靴。面若中秋之月，色如春晓之花，鬓若刀裁，眉如墨画，面如桃瓣，目若秋波。虽怒时而若笑，即瞋视而有情。项上金螭璎珞，又有一根五色丝绦，系着一块美玉。

黛玉一见，便吃一大惊，心下想道：“好生奇怪，倒像在那里见过的，何等眼熟！”只见这宝玉向贾母请了安，贾母便命：“去见你娘来。”即转身去了。一时回来，再看已换了冠带，头上周围一转的短发都结成小辫，红丝结束，共攒至顶中胎发，总编一根大辫，黑亮如漆，从顶至梢，一串四颗大珠，用金八宝坠脚。身上穿着银红撒花半旧大袄，仍旧带着项圈、宝玉、寄名锁、护身符等物，下面半露松绿撒花绫裤，锦边弹墨袜，厚底大红鞋。越显得面如傅粉，唇若施脂，转盼多情，语言若笑。天然一段风韵，全在眉梢；平生万种情思，悉堆眼角。看其外貌最是极好，却难知其底细。

……

却说贾母见他进来，笑道：“外客没见就脱了衣裳了，还不去见你妹妹呢。”宝玉早已看见了一个袅袅婷婷的女儿，便料定是林姑妈之女，忙来见礼。归了坐细看时，真是与众各别。

宝玉看罢，笑道：“这个妹妹我曾见过的。”贾母笑道：“又胡说了，你何曾见过？”宝玉笑道：“虽没见过，却看着面善，心里倒像是远别重逢的一般。”贾母笑道：“好，好！这么更相和睦了。”

宝玉便走向黛玉身边坐下，又细细打量一番，因问：“妹妹可曾读书？”黛玉道：“不曾读书，只上了一年学，些须认得几个字。”宝玉又道：“妹妹尊名？”黛玉便说了名，宝玉又道：“表字？”黛玉道：“无字。”宝玉笑道：“我送妹妹一字：莫若‘颦颦’二字极妙。”探春便道：“何处出典？”宝玉道：“《古今人物通考》上说：‘西方有石名黛，可代画眉之墨。’况这妹妹眉尖若蹙，取这个字岂不美？”探春笑道：“只怕又是杜撰。”宝玉笑道：“除了《四书》，杜撰的也太多呢。”

此处对宝玉的外貌着墨很多，以显示宝玉在贾家不同寻常的地位。宝玉与黛玉的初见用心有灵犀来形容（黛玉想：“好生奇怪，倒像在那里见过的，何等眼熟！”宝玉则是直抒胸臆：“这个妹妹我曾见过的。”)。他走到黛玉身边坐下,细细打量,问名字,起表字,紧接着发起狂病。

> 因又问黛玉:“可有玉没有?”众人都不解。黛玉便忖度着因他有玉,所以才问我的。便答道:“我没有玉。你那玉也是件稀罕物儿,岂能人人皆有?”宝玉听了,登时发作起狂病来,摘下那玉就狠命摔去,骂道:“什么罕物!人的高下不识,还说通灵不通灵呢!我也不要这劳什子!”吓的地下众人一拥争去拾玉。贾母急的搂了宝玉道:“孽障!你生气要打骂人容易,何苦摔那命根子!”宝玉满面泪痕,哭道:“家里姐姐妹妹都没有,单我有,我说没趣儿;如今来了这个神仙似的妹妹也没有,可知这不是个好东西。”

另外,贾宝玉在不同人面前的形象截然不同。在脂粉队里,谈吐自如,神采飞扬,但一说见他父亲,他就像换了个人似的。以第二十三回《西厢记妙词通戏语 牡丹亭艳曲警芳心》中的片段为例来看,贾宝玉在贾母面前喜欢得无可不可,他父亲叫他,“像打了个焦雷”“扫去兴头”“脸上变了颜色”“扭股儿糖”“死不敢去”“一步挪不了三寸”,在父亲面前,连连答应“是”,父亲让走,慢慢地推出去,还不忘向金钏儿笑着伸伸舌头,接着一溜烟地去了。淘气、可爱、好玩的宝玉形象跃然纸上。

> 如今且说贾元春,因在宫中自编大观园题咏之后,忽想起那大观园中景致,自己幸过之后,贾政必定敬谨封锁,不敢使人进去骚扰,岂不寥落。况家中现有几个能诗会赋的姊妹,何不命他们进去居住,也不使佳人落魄,花柳无颜。却又想到宝玉自幼在姊妹丛中长大,不比别的兄弟,若不命他进去,只怕他冷清了,一时不大畅快,未免贾母王夫人愁虑,须得也命他进园居住方妙。想毕,遂命太监夏守忠到荣国府来下一道谕,命宝钗等只管在园中居住,不可禁约封锢,命宝玉仍随进

去读书。

贾政，王夫人接了这谕，待夏守忠去后，便来回明贾母，遣人进去各处收拾打扫，安设帘幔床帐。别人听了还自犹可，惟宝玉听了这谕，喜的无可不可。正和贾母盘算，要这个，弄那个，忽见丫鬟来说："老爷叫宝玉。"宝玉听了，好似打了个焦雷，登时扫去兴头，脸上转了颜色，便拉着贾母扭的好似扭股儿糖，死不敢去。贾母只得安慰他道："好宝贝，你只管去，有我呢，他不敢委屈了你。况且你又作了那篇好文章。想是娘娘叫你进去住，他吩咐你几句，不过不教你在里头淘气。他说什么，你只好生答应着就是了。"一面安慰，一面唤了两个老嬷嬷来，吩咐"好生带了宝玉去，别叫他老子唬着他。"老嬷嬷答应了。

宝玉只得前去，一步挪不了三寸，蹭到这边来。……

宝玉只得挨进门去。原来贾政和王夫人都在里间呢。……

贾政一举目，见宝玉站在跟前，神彩飘逸，秀色夺人，又看看贾环，人物委琐，举止荒疏，忽又想起贾珠来，再看看王夫人只有这一个亲生的儿子，素爱如珍，自己的胡须将已苍白，因此上，把素日嫌恶宝玉之心不觉减了八九。半晌，说道："娘娘吩咐，说你日日外头游嬉，渐次疏懒工课，如今叫禁管你和姊妹们在园里读书写字。你可好生用心习学，再如不守分安常，你可仔细着！"

宝玉连连的答应了几个"是"。王夫人便拉他在身旁坐下。他姊弟三人依旧坐下。……

……贾政道："究竟也无碍，又何用改。只可见宝玉不务正，专在这些浓词艳赋上作工夫。"说毕，断喝一声："作孽的畜生，还不出去！"王夫人也忙道："去罢，去罢，只怕老太太等你吃饭呢。"宝玉答应了，慢慢的退出去，向金钏儿笑着，伸伸舌头，带着两个嬷嬷一溜烟去了。

这段文字十分传神，把宝玉的形象再次展现了出来。

6. 宝玉眼中的黛玉，再次衬托黛玉的性格。

> 两弯似蹙非蹙笼烟眉，一双似喜非喜含情目。态生两靥之愁，娇袭一身之病。泪光点点，娇喘微微。闲静似娇花照水，行动如弱柳扶风。心较比干多一窍，病如西子胜三分。

关键词：泪、弱、娇、病、愁。

7. 薛宝钗。薛宝钗在第四回《薄命女偏逢薄命郎　葫芦僧乱判葫芦案》中出场。

> 寡母王氏乃现任京营节度使王子腾之妹，与荣国府贾政的夫人王氏，是一母所生的姊妹，今年方四十上下年纪，只有薛蟠一子。还有一女，比薛蟠小两岁，乳名宝钗，生得肌骨莹润，举止娴雅。当日有他父亲在日，酷爱此女，令其读书识字，较之乃兄竟高过十倍。自父亲死后，见哥哥不能依贴母怀，他便不以书字为事，只留心针黹家计等事，好为母亲分忧解劳。

此处虽着墨不多，却重点刻画了宝钗的懂事、善解人意、贤淑持重，对薛宝钗有了初步的交代。第七回《送宫花贾琏戏熙凤　宴宁府宝玉会秦钟》中描写道：

> 只见宝钗家常打扮，头上只挽着簪，坐在炕里面，伏在几上，和丫鬟莺儿正在那里描花样子。

薛宝钗家常打扮、谦和待人（见到周瑞家的满脸堆笑、问好、让座），即使对待佣仆也谦恭有加，并不厌其烦地介绍冷香丸极其烦琐的制作过程。

(二)从诗词歌赋看人物特征

《红楼梦》被称为“文备众体”,诗词曲赋、歌谣谚语、匾额楹联、灯谜酒令等应有尽有,无所不包。和四大名著中的其他名著不同的是,《红楼梦》的诗词曲赋等是小说的有机组成部分,对人物性格的刻画、人物命运的交代、时代风貌的反映是十分重要的。但从人物的刻画上看,大观园里的人物在年龄、环境等方面基本相似,要表现其独特的个性并不是一件容易的事情。专门研究《红楼梦》诗词的人很多,蔡义江先生重点研究《红楼梦》诗词,蔡先生讲,这里面每个人的诗词只符合他的性格,“按头制帽,诗即其人”。

以《秋爽斋偶结海棠社》为例,海棠诗社诸方所咏,黛玉的风流别致,宝钗的含蓄浑厚,湘云的清新洒脱,都自有个性,互不相犯。作者对小说中各个人物进行赋诗时,不仅考虑每个人独有的特点,还考虑到其为人行事以及身世经历。潇湘子绝不同于蘅芜君。宝钗“淡极始知花更艳”,不但是咏白海棠的佳句,更是符合她为人寡语罕言、安分顺时、素朴淡雅、洁净无华的特点,遇到旁人见怪的事情,她能浑然不觉,因而博得贾府上下一致夸赞。湘云的“也宜墙角也宜盆”,表面上看是称赞白海棠处处相宜,但也道出了她父母早亡、寄人篱下(叔父之家)的适应生存的经历。

> 一时探春便先有了,自提笔写出,又改抹了一回,递与迎春。因问宝钗:“蘅芜君,你可有了?”宝钗道:“有却有了,只是不好。”宝玉背着手,在回廊上踱来踱去,因向黛玉说道:“你听,他们都有了。”黛玉道:“你别管我。”宝玉又见宝钗已誊写出来,因说道:“了不得!香只剩了一寸了,我才有了四句。”又向黛玉道:“香就完了,只管蹲在那潮地下作什么?”黛玉也不理。宝玉道:“可顾不得你了,管他好歹,也写出来罢。”说着走在案前写了。
>
> 李纨道:“我们要看诗了,若看完了还不交卷是必罚的。”宝玉道:“稻香老农虽不善作却善看,又最公道,你就评阅

优劣，我们都服的。”众人都道：“自然。”于是先看探春的稿上写道：

斜阳寒草带重门，苔翠盈铺雨后盆。
玉是精神难比洁，雪为肌骨易销魂。
芳心一点娇无力，倩影三更月有痕。
莫谓缟仙能羽化，多情伴我咏黄昏。

大家看了，称赏一回，又看看宝钗的道：

珍重芳姿昼掩门，自携手瓮灌苔盆。
胭脂洗出秋阶影，冰雪招来露砌魂。
淡极始知花更艳，愁多焉得玉无痕。
欲偿白帝凭清洁，不语婷婷日又昏。

李纨笑道：“到底是蘅芜君！”说着，又看宝玉的道：

秋容浅淡映重门，七节攒成雪满盆。
出浴太真冰作影，捧心西子玉为魂。
晓风不散愁千点，宿雨还添泪一痕。
独倚画栏如有意，清砧怨笛送黄昏。

大家看了，宝玉说：“探春的好。”李纨终要推宝钗：“这诗有身分。”因又催黛玉。黛玉道：“你们都有了？”说着提笔一挥而就，掷与众人。李纨等看他写道是：

半卷湘帘半掩门，碾冰为土玉为盆。

看了这句，宝玉先喝起彩来，只说：“从何处想来！”又看下面道：

偷来梨蕊三分白，借得梅花一缕魂。

众人看了也都不禁叫好，说：“果然比别人又是一样心肠。”又看下面道是：

月窟仙人缝缟袂，秋闺怨女拭啼痕。
娇羞默默同谁诉，倦倚西风夜已昏。

众人看了，都道：“是这首为上。”李纨道：“若论风流别致，自是这首，若论含蓄浑厚，终让蘅稿。”探春道：“这评的有理，潇湘妃子当居第二。”李纨道：“怡红公子是压尾，你服不服？”宝玉道：“我的那首原不好了，这评的最公。”又笑道：“只是蘅潇二首还要斟酌。”李纨道：“原是依我评论，不与你们相干，再有多说者必罚。”宝玉听说，只得罢了。

再有史湘云作的两首咏白海棠诗。

其一

神仙昨日降都门，种得蓝田玉一盆。
自是霜娥偏爱冷，非关倩女亦离魂。
秋阴捧出何方雪，雨渍添来隔宿痕。
却喜诗人吟不倦，岂令寂寞度朝昏。

其二

蘅芷阶通萝薜门，也宜墙角也宜盆。
花因喜洁难寻偶，人为悲秋易断魂。
玉烛滴干风里泪，晶帘隔破月中痕。
幽情欲向嫦娥诉，无奈虚廊夜色昏。

众人看一句，惊讶一句，看到了，赞到了，都说：“这个不枉作了海棠诗，真该要起海棠社了。”

从上述文字，大家可以看出曹雪芹艺术修养之高，“按头制帽，诗如其人”，用心塑造每个人物形象。李纨评论黛玉“风流别致”，宝钗“含蓄浑厚”，可见二人在风格上绝不相同。李纨、探春推崇宝钗，独宝玉偏爱黛玉，评诗的分歧也表现了各自的立场、爱好和性格。湘云的诗写得跌宕潇洒，也与她的性格一致。值得注意的是，这些诗多半“寄兴寓情”各言志趣，甚至暗含人物的归宿。探春诗中“芳心一点娇无力，倩影三更月有痕”使人联想到风筝谜语中“游丝一断浑无力”江边离别、孤帆远去的命运；宝钗诗的寓意尤为明显，从“珍重芳姿昼掩门，自携水瓮灌苔盆”中可以看出她恪守妇德，对自己身份的矜持，“胭脂洗出秋阶影，冰雪招来露砌魂"都与她的结局有关,丈夫不归、不再修饰容貌的冷落孤寂是她最后的结局。"淡极始知花更艳"写出她罕言寡语、安分随时,笼络人心得到上下的夸赞。宝玉诗中"出浴太真冰作影,捧心西子玉为魂"可看出他对薛、林二人的评价。宝钗曾被宝玉比为杨贵妃,则"冰作影"写出她是服用"冷香丸"的"雪"姑娘,内心冷漠无情恰如"冰"人。"病比西子"的黛玉,以"玉为魂",点明黛玉就是"绛珠仙子"。宝玉"晓风不散愁千点,宿雨还添泪一痕"写出宝玉一生不忘黛玉的心事。黛玉诗中的"碾冰为土玉为盆"是对她冰清玉洁性格的写照,"月窟仙人缝缟袂"则暗示其青春夭亡,丧服由月窟仙人缝制的结局。"秋闺怨女拭啼痕"暗喻"绛珠还泪"的宿命。湘云的"自是霜娥偏爱冷,非关倩女亦离魂"一句,暗喻和丈夫卫若兰婚后不久就分离的结果,第二首中的"花因喜洁难寻偶,人为悲秋易断魂"则暗示其日后过着牛郎织女般的"白首双星"的生活。当然,这还表现了湘云"英豪阔大宽宏量"。"也宜墙角也宜盆"一句说明她处境艰难,却能顺应环境,随地而宜。

《红楼梦》中的诗词曲赋能举例子的地方实在太多了,因为时间关系,我们无法将更多的诗词曲赋拿来和大家一起讨论。如果有时间,我们可以单独讨论其中的诗词曲赋。

希望通过今天的解读,能够抛砖引玉,给大家一个向往的红楼,愿意回去重读红楼,那么,我的目的就达到了。

端午节到了,祝大家端午安康,万事顺意!谢谢!

【参考文献】

①何永康.红楼美学[M].太原:北岳文艺出版社,1991.

②胡适.胡适点评红楼梦,[M].北京:团结出版社,2004.

③王国维,蔡元培,鲁迅,王国维 蔡元培 鲁迅点评红楼梦[M].北京:团结出版社,2004年版.

④冯其庸.冯其庸点评红楼梦[M].北京:团结出版社,2004.

⑤蔡义江.蔡义江点评红楼梦[M].北京:团结出版社,2004.

⑥蔡义江.红楼梦诗词曲赋评注[M].北京:北京出版社,1979.

⑦周汝昌.红楼夺目红[M].北京:作家出版社,2004.

⑧周汝昌.红楼十二层[M].太原:书海出版社,2005.

⑨刘心武.揭秘古本红楼梦[M].北京:人民出版社,2006.

⑩刘心武.红楼望月[M].太原:书海出版社,2005.

⑪王蒙.王蒙活说红楼梦[M].北京:作家出版社,2005.

对许多大家的作品和观点多有参考,未及列尽,十分抱歉和感谢!

2017年5月28日

人皆可以为红学家

——漫话《红楼梦》研究

欧阳健

欧阳健，知名水浒学家、红学家，现为山西大学文学院教授。

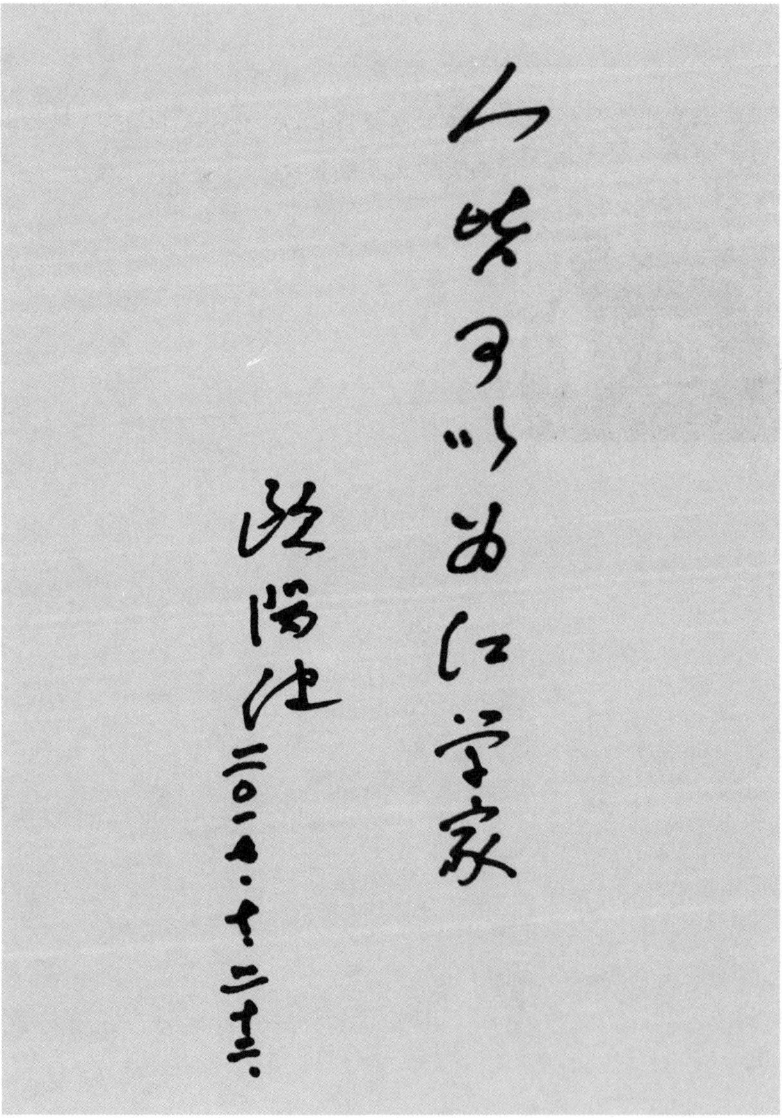
人皆可以为红学家
欧阳健
二〇一四·七·二十六

既然是“可以为”，意味着大多数人暂时还不是，但将来有可能成为红学家。

有人也许会说，我可没有那么大的野心，我不想成为红学家。不是有句话吗？“不想当将军的战士，不是好战士。”我们可以套用一下，不想当红学家的读者，不是好的《红楼梦》读者。孟子说：“人皆可以为尧舜。”尧舜是圣人，比红学家档次高很多。毛主席也说：“六亿神州尽舜尧。”我们说“人人可以为红学家”，有什么不对呢？有些人把红学的门槛定得很高，把红学殿堂讲得很神圣，我们也不要妄自菲薄，不要把红学看得那么神秘，误以为自己没有什么资格去闯一闯。

来到文源讲坛，我感到诚惶诚恐，文源讲坛创造了一个我和大家见面的机会，我十分感激。我先讲讲我和山西的缘分。

首先，我来讲讲我和山西大学的缘分。2003年到2005年三年间，山西大学文学院刘毓庆院长邀请我给研究生上课，最后一次讲课是2005年10月20日，昨天，我又在山西大学蕻中学院讲了一堂课，这恰好是我离开山西大学十二周年。

山西人民出版社的阎卫斌先生是我的知音。2005年，在他的帮助下，我出版了《古代小说作家简论》《古代小说版本简论》《古代小说与历史》《晚清小说简史》，2008年出版了《中国小说史略批判》，最近又出版了《红潭犀照录》。

今天在座的听众大多数都是新朋友，彼此之间还不了解，但《红楼梦》让我们聚在了一起。

今天来，我想跟大家讲讲肺腑之言。我讲话是没有顾忌的，在山西大学讲课的时候，我对学生声明：“你们不要把我的话当作真理来听，你要有批判的眼光，审查的眼光，仔细判断话里是不是有陷阱，是不是有毒素，如果有，你要加以反驳和抵制；如果反驳不了，抵制不了，可能它才是对的。”

今天我也请大家用批判的眼光来听今天的讲座，我讲的题目是《人皆可以为红学家》。人人可以做红学家和人人可以成为红学家是不一样的。

一、人皆可以为红学家

既然是"可以为"，意味着大多数人暂时还不是，但将来有可能成为红学家。

有人也许会说，我可没有那么大的野心，我不想成为红学家。不是有句话吗？"不想当将军的战士，不是好战士。"我们可以套用一下，不想当红学家的读者，不是好的《红楼梦》读者。孟子说："人皆可以为尧舜。"尧舜是圣人，比红学家档次高很多。毛主席也说："六亿神州尽舜尧。"我们说"人人可以为红学家"，有什么不对呢？有些人把红学的门槛定得很高，把红学殿堂讲得很神圣，我们也不要妄自菲薄，不要把红学看得那么神秘，误以为自己没有什么资格去闯一闯。

近年来流行一种说法，叫"草根红学"。什么叫"草根"？大概是说，非官方、非主流的东西。代表官方的、主流的就是精英；非官方、非主流的，那就是草根。从个人身份来看，草根既不在研究机关，也不在高等学校，这些人有自己的职业，研究《红楼梦》不过是业余爱好。从学术观点来看，大多数的草根红学家和主流红学家的观点有些不同。什么是主流红学的观点？主流观点认为《红楼梦》是曹雪芹的自传。

如何评价草根红学现象呢？1995年，大红学家周汝昌先生在《北大学报》登了一篇文章，叫《还"红学"以学——近百年红学史之回顾》。他认为红学是门特殊的学科，文化内涵极丰富，文化品位极崇高，需要第一流的专家来通力协作，方能愉快胜任；但一流学者不肯以"一部小说"作为研究目标，红学遂落于低层次人士之手，于是就造成了"红学悲剧"。当然，周先生这样讲的时候，把自己也包括在了里面，或许有点儿谦虚的意思。现在的人说得就更玄了，说要把门槛抬高一点，不要让我们把事情搞黄了。按照这个逻辑，红学是"显贵者"的专利，"卑贱者"是不能插足的，这是目前主流红学对草根红学的态度。

我想起了毛主席的观点。毛主席是最支持“小人物”的，他认为“小人物”有创新精神，“小人物”最没有包袱，最不受传统的拘缚；而“大人物”有时倒可能成为学术发展的障碍。况且世界上没有天生的第一流，所以我觉得，作为草根红学家，我们要提高学术自信和道路自信。

二、我为什么支持草根红学

首先，我也是非官方、非主流的，若不是偶然的机缘混进专业队伍，我可能比在座的诸位还要“草根”。《红潭犀照录》开篇第一句话便是：“没有上过大学的欧阳健，凭着发表于《学术研究》1979年第2期的《柴进·晁盖·宋江》、《群众论丛》1980年第1期的《〈水浒〉为“市井细民写心”说》、《学术月刊》1980年第5期的《重评胡适的〈水浒传考证〉》三篇论文，1980年以‘同等学力’的资格，参加了中国社会科学院招收研究人员的正式考试，被江苏省社会科学院录取为助理研究员，就此告别竹篱茅舍的乡村教师生涯，走上以古代小说为方向的专业研究之路。”到现在为止，我在所有表格上填的文化程度都是“初中毕业”，因为我确实只读到初中毕业，后来虽读过业余高中，读过函授，但都没有拿到证书。我在大学里面当教授，但没有高等学校教师资格证书。因为《高等教育法》规定，只有本科毕业才有资格考取资格证书。我之所以进入高校队伍，是在1980年时，中国社会科学院在全国招考科研人员，报名要求是“本科或同等学力”，正是因为我发表的三篇论文，让我有资格参加考试，后来，我才有机会进入大学。如果1980年不走这一步，我可能还在苏北当乡村教师。我的第一篇文章《柴进·晁盖·宋江》落款是“一九七九年一月二日于於金湖县塔集中学”，这篇文章在当年三月份就发表于《学术研究》杂志了。那时候良好的风气是我支持草根红学的心理动因。

其次，从学术角度看，我发现草根红学有主流红学不具备的三大特点。

第一，高度的热忱、无比的执着。专业人员有任务指标，有限定的任务量，而草根们都有自己的正业，我认识的草根红学家，有的是企业家，有的是工人，有的是农民，读《红楼梦》只是业余爱好，但是他们对《红楼梦》着迷了，全身心地沉醉其中，不为名，不为利，不为评职称，不为拿项目，纯粹因为热爱。我今年七十七岁了，年纪大了，接受新事物比较慢。我知道微信还不到一年，知道微信有"群"还不到半年。机缘巧合，我进了几个与红学相关的"群"，居然获得了前所未有的体验。其中一个群叫"红米沙龙"。望文生义，"红米"大约是"红迷"，一群迷恋《红楼梦》的人聚在一起神聊。他们多是普通爱好者，但其中也有专业研究者。还有一个群叫"草根说红楼梦"。就《红楼梦》研究来说，他们的成果是不入红楼梦学会的法眼的，成果不可能发在《红楼梦学刊》，所以大家要聚在一起，相互交流，相互支持。还有一个群叫"非胡适红学燎原联盟"。与"红米沙龙"与"草根说红楼梦"相比，这个群有鲜明的旗帜——"非胡适红学"。这些群的群主也好，成员也好，热情高得惊人，他们每天晚上都有讲座，一讲就是一两个小时。他们从研红中学到广博知识，努力追求对《红楼梦》的真解，这种精神是可敬可佩的。

第二，草根红学需要刻苦阅读，深入钻研，不是浅尝辄止。现在一些大学生、研究生、博士生，他们心里没有题目，以敷衍的态度对待学问，浅尝辄止。草根红学不一样，神州万里，卧虎藏龙，真人高人，不可小觑。大同有位张义春先生，写过一本书叫《红学那些人》，里面也提到过我，说我是"一生傲岸苦不谐"，侯忠义先生为我写序，说"傲岸"是实，"不谐"则未必，他认为我不乏知音者、不乏同情者和支持者。他认为用"不愁天涯无知己，只需傲岸天地间"来评价我似乎更为确当。我这个人是有点臭脾气，从来不迷信名家，买东西基本不买名牌，但我从来不敢在两种人面前有一点"傲岸"。

一种是年轻人。不要看他们年轻，他们的潜力无可限量。在年轻人面前，不要自以为是，好为人师。我昨天在山西大学说，十二年过去了，年轻人成长了。当年的学生有的已做了老师，今天在座的同学那时大约还在读小学。我们当然老了，记性不好了，应该退出历史舞台了。另一种是基层的学者。我在江苏社科院工作了很多年，为了了解施耐庵，我到了兴化、大丰、江阴、张家港，当地搞地方史搞方志的同志的学问真是不得了,和他们一谈,就知道自己的浅薄了。他们的渊博是我所不及的,在他们面前,你只有恭恭敬敬地做小学生。草根红学家对《红楼梦》文本的解读极细,对《红楼梦》材料的了解极多。海阔天空,一枝一叶,他们都关注到了,我没有他们知道得多。

第三,他们激活了地方文化的研究,创造了丰富的副产品。有人说这些草根红学家大多是胡说八道,理论站不住脚,没有道理,不要理他们。比如《红楼梦》到底是谁写的?顾景星、冒襄、吴梅村、洪昇、李渔等,答案不一。我们知道,过去人读书是为了考状元,到了清朝末年,科举制被废除了,读书人只好进新式的学校。新式学校办学讲四书五经已经没有用了,于是就开始编文学史教材。教材按朝代编,每朝选几个人,选几篇作品,一首杜甫诗就可以讲一堂课。《红楼梦》怎么讲?讲一学期也讲不完,只好各人讲各人的。所以,像顾景星这样的人物,根本没有资格进教科书,不要说大学生,就连教授专家也不知道他。王巧林通过研究,证明顾景星是《红楼梦》的作者。顾景星是很有学问的,他编了一本《黄公说字》,比陈廷敬的《康熙字典》还要早;即使不承认顾景星是《红楼梦》的作者,但研究《黄公说字》不是已经把顾景星研究透了吗?

三、对话——红学的起点

(一)《红楼梦》的时代和主题

一个《红楼梦》爱好者,如果想成为红学家,从哪里开始?从哪里入门?首先,要将"话题""论题"区别开来。话题是没有学术价值的,我们只有超越话题这个层次,进入"论题",才进入了红学的门槛。

什么叫论题?我先问一个问题,红学是怎么来的?我们看《西游记》,孙悟空一路降妖斗魔,很吸引人,看完了也就完了;《红楼梦》也很好看,也很吸引人,但是一看书就产生了疑问。疑问是从书中发现的,比如《红楼梦》里,女娲炼石为了补天,补天是什么意思呢?补什么天呢?由谁来补天呢?这个问题关系到了《红楼梦》的主题,如果你稍微读得认真一点,你就会关心这个问题,并想找出自己的答案。

还有,疑问是从红学著作里面看出来的。别人的红学著作一大堆,一年中论文发了一千篇，著作出了一百部；一百年下来，就有十万篇论文，一万本著作。但你先看到哪篇论文哪本书，这就有很大的偶然性。昨天在山大开讲座互动时，有学生问我，你对“吴梅村的本”怎么看？冒辟疆会不会是作者？我就对他说，你这个孩子很年轻，问这样的问题说明你关心红学，你介入红学了，产生疑问了，但这个疑问不是从根上产生的，从中间拿一段出来讲，是讲不清楚的。

那么，有疑问就产生了论题。什么叫论题呢？我认为论题就是对话。这次山西人民出版社给我出的书是《红潭犀照录》。商品的卖点在于主流红学对不同观点的“围剿”。比如拍表现台风的电影，漫天狂风、天崩地裂的场景是最好看的；但对于当事人来说，最重要的是台风过后的重建。所以，我更看好的是本书的最后一章《对话有益》。对我的“围剿”已经过去了，要研究红学就要对话，如果大家看这本书，我建议看最后一章，可能会有所启发。

那么，怎么对话呢？和谁对话呢？我认为要和两个人对话。

第一，和作者对话。假定作者是曹雪芹，我们要和曹雪芹对话。书里有一句很有名的诗：“满纸荒唐言，一把辛酸泪。都云作者痴，谁解其中味。”《红楼梦》中写的事迹荒唐，讲的道理可能也荒唐，这样就意味着《红楼梦》有无限的解。“一把辛酸泪”，为什么这个泪会辛酸？“都云作者痴”，一个“都”字，可以想象在作者动笔的时候，很多人不以为然。“谁解其中味”，谁能理解书中的意味呢？每个读者在研究过书以后，都说自己知道这是什么意思。我到社科院以后，收到一封从贵州寄来的挂号信，他说自己找到了《红楼梦》唯一正确的答案，希望提供往返的路费，这样他就来当面告诉我。我问文学所的领导，这该怎么办呢？那时候我还没有“误入白虎堂”，没有研究《红楼梦》，我也不好回答，就这样过去了。但实际上，研究者研究这个问题，谁都以为自己的对，但是别人不以为你对，这就是红学。我们要跟曹雪芹对话，揣摩曹雪芹的心理，通过书里的一字一句去领会它、揣摩它，所以《红楼梦》是读不完的，这是一个对话，和曹雪芹的对话。

第二个对话，就是和红学界对话。这个问题正是现在草根红学最需要解决的问题。什么叫红学界？自有红学以来，就有这么一个界，就有一伙人在这儿研究红学，有人一辈子就研究一本书，吃的就是《红楼梦》这口饭；当然，有人是兼职的。那么，红学界是什么状况呢？我们开座谈会开了一半，好些人发了言，你从外面跑进来说“我要发言”，从何说起呢？你不知道别人讲了一些什么，有过什么争论，矛盾在哪里，焦点是什么，你就要公布一个新发现，别人只能哄堂大笑，或者置之不理。所以你必须先坐下来，耐心地、静静地听别人讲了些什么，然后你才能找到插嘴的余地。如果你找到这个余地，你插了一句嘴，让别人留意了，让别人听下去了，就说明你进入红学界了，为什么呢？因为你讲出了值得别人倾听的话语。

红学界现在有什么问题呢？第一个是曹雪芹的时代和《红楼梦》的主题。《红楼梦》研究出现了两种“曹雪芹观”(我们权将“曹雪芹”当作作者的代名词)，一种观念认为曹雪芹是康熙年间的人，一种观点认为曹雪芹是乾隆年间的人。从知人角度看，可把作者分成“曹家”和“非曹家”。

有一部分人，他们认定《红楼梦》作者是明末清初的人，认为《红楼梦》是一部民族主义的作品，作者的动机是反清复明。这一观点的祖师是大名鼎鼎的蔡元培，他认为《红楼梦》是政治小说，他认为那些在明朝做官的人投靠了清朝后，其余人对这些人很不满意，并加以讽刺和揭露。他们认为《红楼梦》表现了强烈的时代感，应该是反清复明的主题。而认为曹雪芹是乾隆年间人的学者，对《红楼梦》的看法有两个，一是痛悼家族衰落，一是揭发宫闱秘史。还有人认为，曹雪芹的很多朋友都是满族人，甚至说《红楼梦》是“满族文学”。曹雪芹是最早投降满族的，曹家是个包衣。包衣就是奴才的意思。考证曹雪芹奴才的身份对《红楼梦》研究有什么好处呢？你说《红楼梦》反封建，但他的家族是心甘情愿做汉奸的人，这不是往自己身上抹黑吗？所以有关《红楼梦》的论题大都相距十万八千里，交叉重叠，一句话两句话根本说不清。但你可以按照你的知识结构去琢磨，看看哪一种思路更贴近，这就是《红楼梦》的时代和主题。

这里还有一个《红楼梦》的总纲问题。这个问题是1954年提出来的。很多人认为第五回《游幻境指迷十二钗　饮仙醪曲演红楼梦》是总纲，金陵十二钗的判词是总纲；又有人认为第四回《薄命女偏逢薄命郎　葫芦僧乱判葫芦案》是总纲。读者对两个总纲理解不一样，会导致《红楼梦》有多个主题，如政治主题、反封建主题，或者爱情主题。

其实《红楼梦》有浅层和深层两层主题，通过浅层的故事把深层的故事演绎出来。你把《红楼梦》改编成电影、电视连续剧，你只能按爱情故事来演。所以一般人看到的还是“天上掉下个林妹妹”般的爱情故事。

这个爱情故事也是有讲究的。比如贾宝玉是泛爱主义，见一个爱一个，当然，贾宝玉是以一种“暱而敬之”的态度，不是亵渎她，不是玩弄她，他只是爱得很广，但最后做了“任凭若水三千，我只取一瓢饮”的选择，从泛爱到专一。贾宝玉为什么会定情于林黛玉呢？林黛玉和薛宝钗有什么不同呢？贵州大学的曲沐先生是我的好朋友，他认为宝黛的最大差别是物质和精神的差别，现实和理想的差别。宝钗是看重物质的，看重现实的；黛玉是看重精神的，看重理想的。曲沐先生把话题变成了一个论题。

(二)《红楼梦》的版本与《红楼梦》文本

应该读什么《红楼梦》？这个问题好像很奇怪，还有不同的《红楼梦》吗？比如，我们现在在山西省图书馆，我说麻烦你给我借本《红楼梦》来，如果你马上就跑，说明你读《红楼梦》还没有入门；如果你问要借哪一个版本的《红楼梦》？再具体一点，问借哪个出版社的版本？能够这样一问，说明你是内行了。版本是所有学问的门径，不光是红学，你研究任何学问，首先要找对版本；找不对版本，一上来就会吃亏。版本要找原本，不能找那后来的本子，更不能找伪造的本子。

现在国内大概有一百多种《红楼梦》的版本，有的写“曹雪芹著”，有的写“曹雪芹、高鹗著”，有的写的是“曹雪芹、无名氏著”，我和曲沐、陈年希、金钟泠先生整理的花城版《红楼梦》，题的是“曹雪芹著”，就没有“高鹗著”。有人问，这有什么不同吗？题“曹雪芹著”是我们确信《红楼梦》从头到尾都是曹雪芹写的；如果题"曹雪芹、高鹗著"，就是说后四十回是高鹗续的，前面还有高鹗的篡改。

回到《红楼梦》的创作过程，我们不问学术界的争论，姑且把问题推回到原点：曹雪芹所在的那个时代没有电脑，没有钢笔，只有毛笔，他写的《红楼梦》的稿子就是曹雪芹自己的稿本。这个稿本是最权威、最可靠的。如果现在能找到曹雪芹的《红楼梦》稿本，那就什么都解决了。可惜这个稿本没有保存下来。中国的四大发明之一就是印刷术，曹雪芹写好以后，他并没有马上去刻印，个中原因，我们不得而知，反正若干年以后，有人把这个稿本抄录出来，抄本开始在市面上流行。有人根据抄本再抄一次，有了"再抄本"。我们知道，人抄书再认真也会有错。错有几种情况，一种是心不在焉，字写错了；有的是眼睛看花了，漏了一行；还有人自以为很高明，他认为原稿不对，自作聪明把原本改了，这就出现了版本上的差异。后来，有书商认为这其中能产生经济效益，就拿来刻印成书，印出来以后大受欢迎，于是普及开来了。所以，要普及非印刷不可，靠抄本是不能广泛流传的。

《红楼梦》流传以后，有人用抄的方式来表达对此书的喜爱。他是根据抄本来抄，还是根据刻本在抄？大家知道，现在还有不少人在抄《红楼梦》。曾经有一个老先生因为爱《红楼梦》，就拿宣纸抄《红楼梦》，从头抄到尾，还办了展览。有人在象牙上刻，有人在玉石上刻，这就带来了复杂的版本关系，出现了稿本、抄本、印本等多种版本。稿本不存在了，是抄本在前，还是印本在前？有人说，当然是抄本在前，不抄怎么印呢？但是，印出来以后，还是有人抄的。这就带来了两种版本，一种是程本，1791年，程伟元整理出来的本子；后来又出现了脂砚斋的本子。一说，脂砚斋是曹雪芹的亲人，他帮曹雪芹抄改，帮曹雪芹提意见。但是脂砚斋的本子是1927年流出来的，在这之前没有任何人知道脂砚斋，那么脂砚斋的本子到底是不是原本？

我们知道，中国有《三国演义》《水浒传》《红楼梦》几大名著。《三国演义》中著名的人物是诸葛亮，罗贯中不写《三国演义》，人人也都知道诸葛亮；施耐庵不写《水浒传》，人人也知道宋江；但曹雪芹不写《红楼梦》，大家就不知道贾宝玉。因为贾宝玉是曹雪芹创造的，是他心灵的结晶。《红楼梦》中的每一个字都来自曹雪芹的心血。《红楼梦》是曹雪芹的专利，后人没有资格去改动曹雪芹的一个字。

现在有些人很可笑，他把所有《红楼梦》的版本都找出来，这个字这个版本好，那个字那个版本好，自己当家做主拼凑了起来。而我们的任务是在这些版本当中，认定哪个本子是接近曹雪芹的原本，认定以后，就要坚决排斥其他的本子。所以，这个争论是带有本质性的。

讲得具体一点，就是两个问题。第一个，后四十回到底好不好？有的人对后四十回深恶痛绝，说大家最好不要看，但是我告诉你，后四十回是相当不错的。《红楼梦》中最感人的章节是什么？我认为《林黛玉焚稿断痴情》的部分是《红楼梦》中最好的章节。如果没有这一回，《红楼梦》就不存在。如果《红楼梦》只有八十回，就不会流传。前面写的就是吟诗、喝酒，没有激烈的情节冲突。后四十回不但是必要的，而且还是很不错的。

从事实上看，程伟元当时到处搜集《红楼梦》的版本，搜来搜去只搜到前八十回。他认为，既然有一百二十回的回目，那后四十回应该也写好了，只不过书的后半部分容易丢失、磨损。他到处找，找到一些残缺的部分，还把缺少的部分加以补写，这就是后四十回的问题。

还有一个问题，就是前八十回到底有没有被高鹗篡改。这里我举个尤三姐的例子。在程本里面她是一个贞烈的女子，她追求美好的爱情，当柳湘莲对她产生怀疑，要退婚的时候，她以自杀来表明心迹。脂砚斋的本子把尤三姐写得和尤二姐一样，她本来就很糟糕，后来又自作多情想嫁给柳湘莲，柳湘莲识破了她的本来面目，她无地自容，羞愧自尽了。怎么来判定哪个版本是真的呢？从一点就可以分辨出来：当贾琏想对尤三姐进行调戏的时候，尤三姐的泼辣态就把他镇住了。这么一个贞烈的女子，偶尔做出一些出格的行为，贾琏才会收敛。所以，前八十回的优劣问题就是一个大问题。

总之，两种观点分歧的实质体现在两个方面：第一是后四十回的评价；第二是前八十回文本的优劣。研究《红楼梦》的人折腾了近一个世纪，终于将"高鹗伪续"之说抛弃了，但仍不肯把《红楼梦》后四十回的"著作权"也归于曹雪芹，请问，那"无名氏"怎么知道程伟元要刊刻《红楼梦》全书，急忙续成后四十回，并通过"鼓担"送到程伟元手中的呢？明明意识到错了，却不情愿承认一百二十卷全本《红楼梦》统出于曹雪芹之手，目的是为了坚守"庚辰本"是曹雪芹生前的最后一个改定本的意见。

研究不是表态，是要有自己的论据，要有自己的论证方法。这是怎么对话的问题。

四、如何做一个好的红学家

在座的有些人已经是红学家了，有些人很可能变成未来的红学家。做一个好的红学家，我觉得要坚持三大原则。

1. 包容性原则

我发现，世界上没有两个完全相同的红学家。红学家少说有一百个，多说有一千个，但没有两个是完全相同的。但是他们也有相同的一面，因为他们面对的是同一个问题。所以他们往往是你中有我，我中有你。世界上最大的怪事是什么呢？在红学界，你既不能反对某个红学家，也不能拥护某个红学家。因为当你拥护某个红学家时，反对那个红学家的人听到了，就要对你"急"。因为，《红楼梦》中的矛盾分歧太尖锐太复杂了。

静下心来想一想，《红楼梦》中蕴含着博大的精神、复杂的问题，喜欢《红楼梦》的人又那么多，产生各种各样的观点是很自然的。谁也不能包打天下，要有包容不同意见的气量。在红学领域，你可以不赞同别人的观点，却不要轻易断言别人是"奇谈怪论"，是"异端邪说"。多一种说法，多一种可能，为研究提供多向度、多层面的思维。另外，你在提出自己的"新见"时，同时要尊重别人的"新见"，承认他们有探索的权利。还要从自己的圈子中跳出来，从更高处、更大处综合关照所有观点，从中寻找线索与轨迹。

这里讲我的两种体会，一种是主编的思维，一种是老师的思维。主编思维是主编在拿到稿件时，不是只看稿件对不对，而是要看能不能自圆其说。只要能自圆其说，就能让他发表。1992年，我在《明清小说研究》中搞了一个"《红楼梦》大讨论"，向全国所有的红学家发了约稿信，明知道对方反对自己，也请他写文章。我亲手责编了三篇指名道姓反对我的文章，连里面刻薄的话都没有删。这就是主编思维。老师的思维则是一个人做了老师，对待不满意的学生的作业，光骂一通是不行，需要慢慢指导他，鼓励他，一步一步引他走向成熟。我们对待不同观点，就要有这样的心态。

草根红学对主流红学的冲击基本上是有成效的，但为什么不成气候？因为他们坐不到一起，一谈就崩了，然后不欢而散，拂袖而去。千万不要以自己的观点为标准，去判断对方的是非。要看这个观点的合理性在什么地方，存在的问题在哪里。如果你把问题解决了，就离成功近了一步。

尤其不要企求最后的"胜利"。侯忠义先生老跟我嘀咕，这个东西争论了二十多年了，怎么就不承认呢？后来我想通了，这个问题没有最后的胜利，对立面永远是长期存在的。《红楼梦》的对话要进行一千年，要进行一万年。这是包容性的原则，符合时代精神。

2. 一贯性原则

我们做学问要有始有终，表里如一，前后如一。王夫之说过："德必有邻，修德者不恃邻；学必会友，为学者不恃友；得道多助，创业者不恃助。不恃也，乃可恃也。故曰：'一人行则得其友。'言致一也。"红学不是战场，不需要战略战术，不需要声东击西。红学打的是明牌，所有底牌都是公开的，要遵循一贯性原则，不要左右逢源，不要各取所需，不要采取双重标准。有些研究者对于两种互相对立的文献材料，不是看哪个有效，哪个无效，而是实用主义，各取所需。胡适是典型的实用主义者，他说《红楼梦》是作者的自传，他先找到袁枚的书进行证明，书中表示，乾隆年间的人承认，曹寅之子曹雪芹是《红楼梦》的作者。胡适后来看了《雪桥诗话》，又认为曹雪芹是曹寅的孙子，因为这个说法更符合他的需要。因为在《红楼梦》中，贾政是次子，做过员外郎，他的儿子是贾宝玉，曹寅的二儿子曹頫也做过员外郎，他的儿子就是曹雪芹，所以胡适认为，贾宝玉就是曹雪芹，《红楼梦》就是他的自传。

他已经发觉了一个矛盾，袁枚说曹雪芹是曹寅的儿子，《雪桥诗话》说曹雪芹是曹寅的孙子，既然袁枚的观点错了，那就应该把它删掉。但是胡适却没有删，因为《雪桥诗话》中光说曹雪芹是曹寅的孙子，却没有说《红楼梦》是曹雪芹写的。如果在法庭上，你出示的两个证据互相矛盾，怎么办？证据只能取一份，没有任何一个法官会认为这个证据里面这句话需要，那个证据里面那句话需要。

从版本来说，程本和脂本是水火不相容的。现在很多《红楼梦》的版本拿程本做底本，又根据脂本来改了，这个本子就有问题了。我们的花城版《红楼梦》是以程甲本为底本的，绝不理会后出的脂本，这保持了《红楼梦》的高度纯洁性，符合一贯性原则。

3. 继承性原则

红学不是从今天开始的，也不是从我开始的，是一代代继承下来的。你在用材料做分析的时候，要先知道材料是哪里来的，是怎么发现的，是否可靠确凿，能不能放手应用？这个很重要。现在很多人有这个问题，一看材料很好，马上就开始使用。当年南京有一个人得到一个“靖本”，觉得这个本子比脂砚斋的本子更有效，并在上面做了批语，后来这个本子不见了，很多人仍用这个批语来做文章。这个本子到底可靠不可靠？信的人认为可靠，不信的人说不可靠。你认为不可靠，就不要理它。所以继承性原则第一条，就是这个材料是从哪里来的。

第二条，观点是哪里来的。台湾有个叫黄一农的人，他是美国天文学的博士，毕业后回到台湾当了天文学院士。台湾没有高倍望远镜，没有观象台，他就将注意力转到《红楼梦》里来了，并利用计算机、网络、云计算进行“E考据”，一下子发了二十三篇文章。他用电脑扫描别人的材料，将其变成自己的，从来不说这个材料是从哪里来的，观念是从哪里来的。

我只是继承了前人的东西，只是发现了新的材料，提出了新的观点。

五、非胡适文学的问题

“胡适红学”自1921年发轫，至今快一百年了。以自传说为核心、以家世与版本考证为支柱的“胡适红学”控制了大陆的文坛，但在台湾却没有市场。大陆是反胡适的，但赞成胡适的红学观点；台湾是拥胡适的，但不主张胡适的红学观点。这就要求红学界求同存异，取长补短，要把成果推向社会，造成更大的影响。

我曾经提出一个倡议，每个研究红学的人要多看，多交流，这样就可能形成一个合力，一方面取得更大的共识，另一方面也有更好的交流。所以我认为应该形成一个长期互相交流的机制，筹备出版一些丛书和刊物。山西的文化了不得，有好几个《红楼梦》的版本都是从山西流出去的，山西人应该有这样的使命感，重振山西的雄风，做红学的领军人，把全国非胡的人士联络起来，想办法探索出来一条出路。

谢谢大家！

2017年10月22日

第二辑　历史·争鸣

中国白酒前世今生大揭秘

王文清

王文清，酒史专家，省部级劳动模范，中国国际酒文化联合会副主席兼秘书长，中华养生酒文化研究院副院长，山西财经大学晋商研究院研究员，山西省文物局晋商文化、酒文化专家，三晋文化研究会专家，中国白酒祖庭博物馆研究员，山西省老酒收藏文化协会顾问，山西省收藏家协会酒文化顾问，晋商文化宣讲团副秘书长。著有《汾酒史话》《汾酒源流》《国宴汾酒》《万里茶路与中国白酒》等酒史作品。

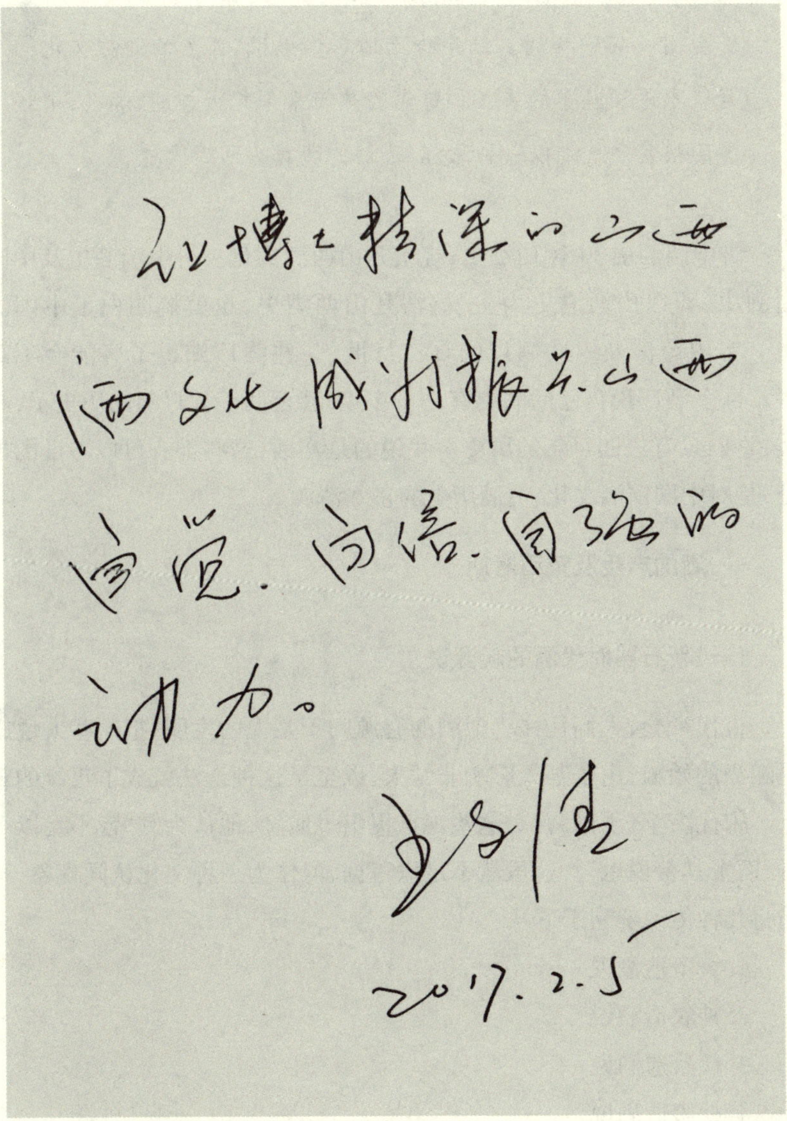
让博大精深的山西酒文化成为振兴山西自觉、自信、自强的动力。

[illegible]

2017.2.5

中国文化讲究"人法地,地法天,天法道,道法自然",酒就是粮食的魂魄,其中凝聚着多少中国人的态度。我们在祭祀大典上看到过,中国人无论面对祖先,还是面对生杀和未来,都会用一杯一杯的美酒祭告天地。如果说,西方的酒神文化是以水果酒轻盈的香气和饱满的热情来祭祀天神的,那么,中国的粮食酒就是以一种深沉、透彻的魂魄去回馈天地。

讲中国酒史、中国白酒史,绕不开山西酒文化。讲中国酒史及中国白酒史,要以山西酒史为主,搞清楚山西酒史,也就搞明白了中国酒史。本内容涉及一些酒厂的真实身世,一些酒厂知道了可能会不高兴。许多酒厂说自己的酒史有一千多年,甚至两千五百年的历史了,其实,它们只有三四百年的历史。我说的是实话,这些都有可以考证的出处,是对中国白酒文化、白酒历史的正本清源。

一、酒的产生及黄酒时期

(一)新石器时代酒的起源说

古代社会,人们往往将酿酒的起源归于某人的发明,把这些人说成是酿酒的始祖,由于某人影响非常大,以至于这种说法就成了正统的观点。宋代窦苹《酒谱》曾对这些观点提出过质疑,他认为其"皆不足以考据,而多其赘说也"。这虽然不足以考据,但作为一种文化认同现象,不妨将几种传说罗列于下:

1. 黄帝造酒说
2. 神农造酒说
3. 仪狄造酒说
4. 杜康造酒说
5. 猿猴造酒说
6. 上天造酒说

7. 自然成酒说

“清醠之美，始于耒耜。”无粮难成酒，寻找酒的源头首先要探寻原始农业之源。中国酒文化发源于原始社会后期新石器时代的仰韶文化时期。这个时期有了农业，有了粮食，有了谷物酒。

（二）夏商周时期

进入夏商周后，山西地区成为我国最早将霉菌和酵母菌应用于酿造的中心地区之一。这一时期，农耕规模和粮食产量迅速提高，制酒工艺有了很大发展。此时，“国之大事，在祀与戎”。酒已成为社会祭祀、庆功、国宴的必需品。酒是王室、贵族的专享品，老百姓是不能享用的。

在周代富足的农业经济和发达的文化基础之上产生的西周礼乐文明，对当时的酿酒、饮酒技术产生了重大而深远的影响。此时，酒业所出现的新特点为中国酒文化奠定了两个方向，一是用曲发酵的工艺。从古至今，用曲发酵一直是中国黄酒、白酒与用菌种发酵的洋酒生产工艺和风味特征的根本区别。二是酿酒、饮酒被纳入了法制化、礼仪化的轨道，减少了酒的负面作用。

（三）魏晋南北朝时期

进入魏晋南北朝，中国最先进的酿造技术是山西的桑落酒技术。当时，山西桑落酒和桑落酒酿造技术就传播到了全国各地，成为了中国酒界老大，成为山西先进酒技术薪火相传过程中的角色。

北魏时期的史籍记载了一位善酿者的姓名，这个人就是著名酒工刘白堕（有的文献称其为刘堕）。刘白堕，河东人，酒工出身，曾前往北魏都城洛阳开坊酿酒，所酿美酒轰动一时，被酒界视为一绝。郦道元《水经注·河水注》记载：“置河东郡，郡多流杂，谓之徙民……平阳民有姓刘名堕者，宿擅工酿，采挹河流，酝成芳酎，悬食同枯枝之年，排于桑落之辰，故酒得其名矣。然香醑之色，清白若滫浆焉。别调氛氲，不与他同，兰薰麝越，自成馨逸。方土之贡选，最佳酌矣。”桑落酒酿制成功后，很快便在当时的酿酒业声名鹊起，成为河东酒业中的一朵奇葩。

北魏杨炫之《洛阳伽蓝记·法云寺》亦载:“市西有延酤、治觞二里,里内之人多酝酒为业。河东人刘白堕善能酿酒。季夏六月,时暑赫晞,以罂贮酒,暴于日中。经一旬,其酒味不动,饮之香美而醉,经月不醒。京师朝贵多出郡登藩,远相饷馈,逾于千里;以其远至,号曰‘鹤觞’,亦名‘骑驴酒’。”据说,当时皇宫里的达官贵人都把桑落酒作为重礼相互馈赠,并送到很远的地方,因交通不便,拿到手的酒就像鹤从千里之外带来的礼物一般,因而又有人给此酒起了个雅号,名曰“鹤觞”。

刘白堕酿造的桑落酒十分讲究时令节气。贾思勰称:“十月桑落,初冻则收水,酿者为上。”河东人刘白堕所酿桑落酒色美味醇,对此,《水经注·河水注》中有美誉:“香醑之色,清白若滫浆焉。别调氛氲,不与他同。”《洛阳伽蓝记》中也有“饮之香美而醉,经月不醒”的文字。这些既有对桑落酒颜色、清浊和味道的直接描写,又有对其酒劲的肯定和形容。

北朝时期所酿米酒,酒度依然低下,酒液在夏季不宜长存,长途运输十分困难。而刘白堕解决了米酒因酒度过低而导致酸败的难题,酒质得以长期稳定,因而能够携带远行。同时,刘白堕所酿米酒,酒精含量大幅度提升,能够让人少饮辄醉。在古代,酒度高低是判断酿酒优劣的一个重要指标,酒度越高,酒质则越好,酿造难度也越大。刘白堕酿造的酒就达到了当时的最高酒度。《洛阳伽蓝记》卷四还这样记载:“永熙年中,南青州刺史毛鸿宾赍酒之藩,逢路贼,盗饮之即醉,皆被擒获,因复名‘擒奸酒’。游侠语曰:‘不畏张弓拔刀,唯畏白堕春醪。’”这段记载恰好证实,刘白堕酿造的酒有高出常酒的酒精度,以至于那些强盗按常规饮酒,便醉得不省人事。

山西美酒被酒界专家称为中国酒界的“常青树”“活化石”,杏花村汾酒酿造史则是中国酿酒史的缩影。汾酒的酿造史在我国正史中记载得最早也最多。关于汾酒前身——“汾清”酒的最早记载是在《北齐书》中。《北齐书》卷十一载:“河南康舒王孝瑜,字正德,文襄长子也。初封河南郡公,齐受禅,晋爵为王。历任中书令、司州牧。初,孝瑜养于神武宫中,与武成同年相爱。将诛杨愔等,孝瑜预其谋。及武成即位,礼遇特隆。帝在晋阳,手敕之曰:'吾饮汾清二杯,劝汝于郰酌两杯。'其亲爱如此。"帝王如此推崇此酒,自然引起朝野对汾清的喜爱。汾清酒是今天汾酒的前身,汾酒是载入《二十四史》的唯一国家名酒。

以上讲的都是黄酒,酿黄酒要用发酵和压榨技术。黄酒的酒精度数低,只有几度。

二、白酒的产生

进入唐代,山西汾阳出现了一种叫"干和酒"的酒。干和酒是如何出现的呢?

一是为了提高酒精的度数,在拌料时将用水量减至最少,将液态酒醅变革为固态酒醅,即只要酒醅不松散即可,也就是干料搅拌,山西人将搅拌的动作叫作"和"。当时的酒工都没文化,人称"糟腿子",就称这种酒为"干和酒"。

二是由于用干和制法的酒醅用水量极少,无法压榨取酒,酒工从道士们炼丹提炼水银、花露水的蒸馏器中得到启发,也利用蒸馏汽化的方法提取出了酒精,这种方法将蒸馏器率先引入制酒业,蒸馏酸败了的黄酒和发酵成熟的酒醅。因酒精比水提前汽化,汽化的酒精遇冷凝结成露流出,就成了酒精度极高的酒。此时,酒已经从黄酒的几度成了白酒的几十度。需要说明的是,此时,白酒出现了,但当时还不叫白酒,叫烧酒、露酒、火酒、汗酒、滴酒、细酒。进入清末民国,为区别于洋酒,这种酒又被称为土酒。

唐代时,因干和酒的酒质有了保证,长途运送或长期保存也不再酸败,使得干和酒在全国的销量大涨,口碑更好。但此时,干和、蒸馏这两项技术还未在全国大规模传播,各地还没有掌握这种技术,这使山西干和酒变得更神秘了。

干和酒制法的创新是对汾清酒技术的伟大变革,也是山西对中国酒业做出的重大贡献,在中国酒业发展中有划时代的意义。

唐代的干和酒是我国最早使用蒸馏技术生产的一种酒,距今已有一千三百余年历史,是中国蒸馏白酒的源头。比明代李时珍的"元代说”早了五百年。

另一款酒是羊羔酒。羊羔酒产生于汉代，兴盛于唐宋，元时畅销海外。羊羔酒是源自汾阳的一种酒，用粮食加羊肉发酵而成是其独特之处。山西人创造性地将肉类与粮食结合，提取营养物的新酒体，是中国滋补保健酒的始祖。

在干和烧酒成名的同时，干和烧酒的再制品竹叶青酒也同样赢得了盛誉。从战国始有的竹叶青酒最早将中药材等植物配置到制酒工艺中，是中国养生酒的开山鼻祖。

那么，中国各地白酒是如何发展起来的？

中华文脉在儒家，中华酒脉在汾酒。自杏花村酿出中国第一甑白酒起，该地的酒至今已绵延了一千三百年，汗漫天下，汾酒文化已演变成白酒的根祖文化，具有跟洪洞大槐树相媲美的象征意义，在山西形成“南有大槐树，北有汾酒根”的根祖文化现象。中国的许多名酒、不出名的酒、失传了的酒，都与山西有关。这些是明代大槐树移民与明清及民国时期晋商的功劳。

明清之际，以汾酒为代表的山西酒在全国普及，其主要有三点原因：

1. 山西烧酒技术的成熟；

2. 明代，山西移民遍布全国，明清时期，晋商步履遍及全国；

3. 明清之际，黄河多次决口，为治理黄河，统治者采用“束水攻沙”技术，种植大量高粱，用其秸秆进行治水，大量高粱为酿酒提供了原料。

汾酒真正走向全国，通过晋酒外销、技术扩散、异地设坊和酒曲垄断等环节，形成一次历时长久、规模空前的晋酒大进军、大拓展、大渗透。这一过程主要发生在明清两代和民国时期，更确切地说，是始发于明代，盛行于清代，延续于民国时期。伴随着晋商的脚步，杏花村酒技走向全省，走向全国，走向世界，香飘天下。

著名酒专家周恒刚先生在《制酒古典今译》一文中曾明确提出：“白酒（烧酒）是由黄酒演变而来的。”可以肯定的是，是否有黄酒生产背景、是否用陶器发酵生产白酒，是中国白酒历史的一块"试金石"。没有黄酒背景、不用陶器发酵而生产的白酒，一定是后来者。现在有许多白酒企业说自己的酒史有几千年，是白酒的鼻祖，但这些白酒企业从来没有用陶缸发酵的方法生产过酒，所生产的白酒也不是从黄酒演变过来的。山西是中国白酒文化广泛传播的发源地，是名副其实的酒源、酒乡、酒都。

晋商经营传播以汾酒为代表的山西白酒，主要有四种方法：一、把山西生产的白酒贩运到各地；二、把山西酒师请到全国各地，仿汾酒制法酿酒，中国有许多名酒因此与山西汾酒有了亲缘关系；三、垄断全国烧酒大曲的经营；四、教会当地人做酒。

三、各地的酒是怎样从山西传播到各地的

（一）陕西西凤酒

陕西省的酿酒史非常悠久，和山西酒的历史一样。仰韶文化时期，当地人就已掌握了初步的酿酒技术，而且宋代以前，陕西地区也出现过不少国家级名酒，但都属于米酒或者黄酒。陕西白酒则是源于山西白酒，有来自陕西官员、陕西政府部门、陕西白酒企业的介绍或当地史书记载为证。

清乾隆三年（1738年）九月，陕西巡抚张楷奏报："山右（即山西）富商，亦群至陕省，广收麦石，大夥开踩，民间糊口之粮，悉耗为无用之曲。"

乾隆三年十月十一日，川陕总督查郎阿在《为曲坊之禁实有裨民事奏折》中说："查陕省本地造酒之家，非若他省之有名佳酿，可以四处发行，不过本地零星沽饮。……至若咸阳、朝邑开设曲坊，伊等并不自己造酒，只踩成曲块发往外省。每年晋豫客商预先持银来陕定造，盈千累万，骡负船装，每年耗费之麦，不下数十万石。"山西农业大学尹二苟先生在《清乾隆初年禁酒史考探》一文中认为，"他省之有名佳酿"即指"山西汾酒"。

乾隆初年，陕西本地的白酒业非常薄弱，不仅没有"可以四处发行"

的名酒，而且白酒生产也仅仅供“本地零星沽饮”。以上奏折说明，陕西是当时的制曲大省，而且曲块也是由山西商人投资“定造”并经营的。川陕总督在奏折中丝毫没有提及陕西、四川白酒，说明在乾隆初年，陕西、四川的白酒业应该还不是很发达。

《凤翔县志》有“山西客户迁入，始创西凤酒”的说法。1958年，陕西省工业厅编写、轻工业出版社出版的《西凤酒酿造》一书开篇就指出：“西凤酒产于陕西凤翔、宝鸡一带，以凤翔县柳林镇所产最为著名。据了解凤翔县城西街原昌顺振作坊在明代万历年间以前即行开业，一说西凤酒过去为山西人所经营，至明代万历以后山西客户陆续返籍，则由当地人经营这种酒，以后逐渐发展到各县，故推测西凤酒可能是山西汾酒传来的。”由这个资料可以推出：山西商人在陕西不仅投资酒曲，而且把山西汾酒的生产工艺带到了凤翔县城，设店酿酒，并逐渐推广到各县，提升了各地酒的品质。

山西汾酒传到陕西后将地缸发酵改为窖池发酵。所谓窖池发酵就是掘地为窖，将原料堆积其中，让其自然发酵。这显然比购买大量的地缸埋入地下的成本低。尝试使用地窖代替地缸是节约成本的情理中的事。清香型汾酒发酵与浓香型酒发酵，两者之间并没有一条不可逾越的天然鸿沟。只要条件具备了，二者可以互相转化。而这个转化条件就是对待土壤细菌的态度。清香型白酒切忌使用陈年老缸和破缸，要千方百计减少土壤细菌对酒醅的影响；而浓香型白酒强调百年老窖，要千方百计强调土壤细菌对酒醅的影响。陕西白酒在窖池内壁敷一层泥皮，而且每年要更换一次，这明显受到了山西汾酒工艺的影响。但毕竟是用窖池发酵，酒醅与泥皮接触，受泥土细菌的影响要大一些，所以陕西白酒的风格在清香型和浓香型之间，比浓香型酒清，比清香型酒浓，发展成凤香型白酒。

（二）四川酒

清代时，四川就流行着“皇帝开当铺，老陕坐柜台。盐井陕帮开，曲酒陕西来”的民谣。山西汾酒技术在陕西发展成了独具特色的陕西白酒，陕西白酒传播到了四川，又产生了今天的浓香型白酒。

1. 泸州老窖

据1958年轻工业出版社出版的《泸州大曲》记载，明末清初，泸州舒姓武官在陕西略阳（现西凤酒厂附近）担任军职，他十分欣赏当地曲酒，曾多方探求酿酒技艺和设备。清顺治十四年（1657年），他解甲归田时，用竹篓装上略阳大曲的酒母、曲药、泥样等材料，聘请当地酒师，一起回到泸州，开设舒聚源酒坊，依照凤翔白酒工艺制曲酒，这就是泸州的第一个酿酒作坊，即泸州老窖酒厂的前身。1959年，轻工业出版社出版的《泸州老窖大曲》所载亦是这样。略阳距凤翔不远，略阳大曲无疑是由凤翔西凤酒发展而来。到乾隆二十二年（1757年），这一酒坊所产曲酒已闻名遐迩。

同治八年（1869年），温宣豫从泸州舒聚源酒坊饶天森（陕西人，先为舒聚源酒坊酿大曲酒的技师，后继舒聚源自营大曲酒坊）手中买下大曲酒老窖，建温永盛糟房。《修补泸县志》载："以高粱、小麦合酿者曰大曲，清末糟户十余家，窖老者尤清冽，故在大曲酒之前，特加'老窖'二字。"泸州酒的工艺是对从汾酒工艺演变而来的西凤酒的进一步演变。

2. 剑南春

剑南春酒的前身为绵竹大曲酒。据安徽人民出版社1994年出版，汪福宝、庄华峰主编的《中国饮食文化辞典》和绵竹县政协文史委征集的文史资料表明，绵竹大曲酒作坊是清代康熙年间由陕西三原县人朱煜开办的大曲酒作坊。朱煜将西凤酒酿法与当地酒法相结合，生产出新型大曲酒，其所产大曲酒浓郁醇厚、滋味悠长，深受消费者喜爱，于是口碑相传，声誉渐隆，由他开创的酿酒家业也在后世传承中得到了继承和发扬。光绪年间，朱氏酿酒作坊已传给后代朱天益经营，因此，作坊改名为"天益老号"。四川绵竹酿造曲酒所用的母糟和曲药就是从陕西运来的，宜宾的曲酒作坊多为陕帮所开。1951年5月，以"朱天益""积玉鑫""裕川通"等老牌作坊为主，共同成立了国营绵竹县酒厂，这个厂就是现四川省绵竹剑南春酒厂的前身。这些老作坊传承下来的古窖池便成了今天剑南春酒坊遗址。1958年，绵竹大曲正式被命名为剑南春。

3. 五粮液

五粮液是采用陕西酒工艺酿造的。清道光年间，陕西酒商来到宜宾筑窖酿酒，以高粱、大米、荞麦、麦子等几种粮食为原料，酿造出一种味长而醇香可口的杂粮酒，即五粮液的前身。1948年，重庆《大公报》印行、1986年巴蜀书社重新出版的周询著的《蜀海丛谈》描绘了清末民初川南酒坊的兴盛，“川省川膏土沃，民物殷富，出酒素多，糟坊到处皆是，私家烤酒者尤众。”“酒则各邑各乡，几于家家皆能烤酿，真是一种最普遍之农民副业。”陕帮人为酿出质量更高的曲酒，于高粱之外，加入其他粮食混合试酿。几经实验，其味醇美，无以名之，谓为杂粮酒。1908年，做贩盐生意的邓子均开办“吉昌”土酒作坊。1911年，他购买了陕西人的温德丰酿酒作坊，后更名为利川永酒坊。1928年，利川永酒坊老板邓子均又以红粮、大米、糯米、麦子、玉米五种粮食为原料，酿造出了香味纯浓的杂粮酒。宜宾团练局局长雷东垣举办家宴邀请社会名流，席间，当地举人、团练局文书杨惠泉认为，称此酒为“杂粮酒”实属不雅，此酒色、香、味均佳，又是用五种粮食酿成的，集五粮之精华而成玉液，何不更名为五粮液？从此，“五粮液”因此得名。

4. 全兴大曲

据成都市地方志编纂委员会编、方志出版社2010年出版的《成都市志》记载，明末清初，王姓晋商从陕西凤翔府来到成都开店，自酿自卖酒品。乾隆五十一年（1786年），王姓三代孙在成都东门外锦江沿岸的水井街大佛寺旁府河开了酒坊，从山西老家请来酿酒师傅酿酒。传说，大佛寺里有一海眼，一全身大佛压镇其上，王氏兄弟遂将“全身佛”三字倒念，给酒坊取名为“福升全”烧坊，酒坊最初按山西汾酒工艺酿制烧酒。道光四年（1824年），“福升全”更名为“全兴成”，酒名也改为“全兴酒”。1924年，酒坊所酿酒称为“全兴大曲”。1950年，“全兴成”等酒坊改建为成都酒厂，并沿用其传统技术酿酒，仍称“全兴大曲”。1989年，易厂名为四川成都全兴酒厂。

5. 沱牌酒

清末，酒商李明方开设泰安酒坊酿制白酒。李明方之子李吉安在射洪城南柳树沱开办了前肆后坊自产自销的金泰祥酒店。成都酒师郭炳林受射洪金泰祥酒店李吉安的聘请，将陕西酒酿艺带入射洪，酒名为“金泰祥大曲酒”。金泰祥酒坊生意日盛，名声大噪，前来沽酒者络绎不绝，门前大排长龙。店主制若干小木牌，上书“沱”字，并编上序号，发给当天排队但未能购到酒者，次日凭“沱”字号牌可优先沽酒，此举深受酒客欢迎。民国初年，清代举人马天衢乘酒兴写下门联“沱泉酿美酒，牌名誉千秋”，并分别取门联第一个字，将酒命名为“沱牌曲酒”。新中国成立后，泰安酒坊和金泰祥酒店组建成国营射洪沱牌曲酒厂。

6. 丰谷酒

四川绵阳，古称绵州。绵州自古盛产美酒。清康熙十七年（1678年），陕西酒师王秉政来到绵州铜牟镇兴隆沟（今绵阳丰谷镇），在当地富乐烧坊酿酒工艺的基础上，运用山西汾酒、陕西西凤酒的秘技，潜心数年，创建了天佑烧坊。王秉政去世后，王发天恪遵父训，对天佑烧坊的配料、制曲、酿制、出酒、品味、定级等工序都躬身亲为，从严把关，使得天佑烧坊美酒继续在整个川西北地区保持着良好声誉。民国期间，天佑烧坊生意兴隆，并与变陆丰烧坊、源鑫烧坊合并，逐渐以高端瓶装酒热销全国。新中国成立后，酒坊更名为国营绵阳市酒厂。

7. 涪陵潞酒

据四川《涪州志·物产志》记载：“道光六年（1826年），山西人来涪州经营山西潞酒。”四川盛产名酒，潞酒能在此打开局面，说明潞酒本身品质上乘、晋商精明强干。明清时期为晋商辉煌之时，那时晋商遍及全国。而潞商携带着家乡的潞酒走遍大江南北，让潞酒走向了中国很多地方，尤其是把潞酒带到了川蜀之地，并占据一席之地，这是非常不容易的。至今，与潞酒有着渊源的“百花潞酒”仍为涪陵三宝之一。民国时期，涪陵潞酒成了当地配制酒的代表。“山西潞酒”“大陆春百花潞酒”“红花潞酒”“涪陵潞酒”等名酒一时名声大噪。

当今四川浓香型酒工艺是从山西、陕西传过去的。陕西白酒的生产工艺传到四川后，再次出现了一些工艺上的突破，如强调百年老窖，原料由高粱发展为五谷杂粮，使用混蒸混烧的续渣法工艺等。四川浓香型白酒可以被称为汾酒的"富三代"。不过，这个"富三代"是最近一百年才富起来的，在此之前，这个"富三代"的实力是很弱的。清代，四川酒的产量不高，名气不大。民国《泸县志》记载，泸州老窖大曲发展到清末，年产量不过十吨左右。而今日五粮液的前身宜宾杂粮酒，在当时产量少得可怜。四川众多名酒事实上都是在抗日战争时期才真正发展起来的，并在新中国成立后才渐次形成规模。

（三）贵州茅台酒

酱香型白酒诞生于贵州省仁怀县茅台镇。茅台镇原本只是赤水河边的一个小渔村，到清康熙年间，山西、陕西盐商云集茅台镇，使之发展成一个繁华小镇。于是，山西商人就把山西汾酒的技艺传播到了茅台村。

1939年7月，中国国民经济研究所出版了一套"西南丛书"，其中的第二册为《贵州经济》。《贵州经济》中《茅台酒之沿革及制造》一章中记载："在满清咸丰以前，有山西盐商郭某，来到茅台地方，仿照汾酒制法，用小麦为曲药，以高粱为原料，酿造了一种烧酒。陕西盐商宋某、毛某先后改良制法，以茅台为名，特称曰茅台酒。"这个记载证明，茅台镇白酒的源头是山西汾酒。茅台镇白酒吸取了山西汾酒工艺和陕西白酒工艺的精华。山西人在茅台镇开始酿制烧酒的时间是"满清咸丰以前"。

1947年，时任贵州省建设厅厅长的何辑五编著出版了《十年来贵州经济建设》一书，书中载："黔中业盐者，多为秦晋商人……当时盐商由山西雇来酿酒技工，仿汾酒酿造方法，设厂酿酒，用以自奉，并不外售。至咸丰年间，因秦晋商人歇业还乡，即将所设盐号及茅台酒厂，售予本省先贤华桎坞先生继续经营，仍沿用成义酒坊名称。"该记载与《贵州经济》的记载一致。这个资料表明，咸丰年间是茅台镇白酒历史发展的分水岭。在此之前，山西商人成立了成义酒坊，用汾酒技术制造白酒，并把咸丰年间盐号业务和制酒业务全部出让给了贵州本地人。

清同治八年（1869年），华问渠的祖父华联辉创办成裕烧房，后改为成义烧房。光绪五年（1879年），仁怀县城三官楼石荣霄（本姓王，石家养子）与家门好友集资创办第二家私营茅酒厂，取名荣泰和烧房，系把两个股东的名字和一个股东的盐号名各用一字。1929年，贾、周、赖三家集资开办恒昌私营茅台酒厂，到1941年，贾、周两股东把股权转让与赖永初，让其独家经营，恒昌私营茅台酒厂改名为恒兴酒厂。1951年秋，仁怀县人民政府将成义烧房、荣和烧房、恒兴酒厂合并为茅台酒厂，后正式更名为贵州省茅台酒厂。

山西酿酒技术落户贵州，并产生了贵州酒，是中国发达地区的先进酿酒工艺技术与落后地区自然资源禀赋创新结合的产物。它的产生和发展再次证明了中华文明发展中的一个常见形态，即由发达地区先进文明向落后地区推演，在相互融合中形成新的生长点，进而促进了当地的进步，又增进了总体文明的发展。

（四）河北衡水老白干

清代，山西人在河北开烧锅者众多，并将山西酒酿技艺传授于当地人，又通过当地人将山西酒技艺传播到外地。《三联生活周刊》2012年第12期王恺文的文章《中国白酒的文化密码》中说："北方是清香型白酒的天下，衡水老白干这种地方的名酒不脱清香型的影子。"

明永乐十五年（1417年）五月，山西平阳、大同、广灵等府州县民迁于冀州。当时明初移民所建聚落在河北约有两万四千五百个，在衡水地区则有二千五百余个，移民所建聚落约占当时的一半左右，其中山西移民占百分之九十以上，这些移民中的酒师在当地以开设酒坊谋生，又吸引大批晋商来此经营各业。在山西移民和山西商人的影响下，衡水的酿酒业再度兴起，衡水酒的质量比原来更高了。《衡水县志》记载："治内十八家烧锅，所酿之酒绵甘异常，尝售于运河两岸。"衡水十八酒店将山西制酒工艺与当地酒技结合，进行创新，各有千秋，各家酒坊制作工艺与用料也有不同。十八家酒店中名声最大的是德源涌酒店。嘉靖三十二年（1553年），西关滏阳河上正在建"狮桥"，那里的工匠常到附近的德源涌酒店聚饮，因该酒采用山西干酿技术，该酒也被叫做"干酒"，后称"老白干酒"。衡水解放后，当时的个体酿酒作坊收归国有，成了冀南行署国营制酒厂的前身。

（五）北京二锅头

前门外粮食店胡同内山西赵氏三兄弟创建的源升号酒坊是二锅头酿酒工艺的发源地。清康熙十九年（1680年），来自山西临汾杜村“源升号”的赵存仁、赵存礼、赵存义三兄弟原本以卖粮为生，后为了保存粮食开始酿酒。在蒸酒时，他们将用作冷却器的锡锅内第一次放入凉水冷却流出的酒称作“酒头”，第三次换入锡锅里的凉水冷却流出的酒称为“酒尾”。“酒头”和“酒尾”做其他处理，只取第二次换入锡锅里的凉水冷却流出的酒，因其口味最为香醇，所以称其为“二锅头”，二锅头工艺自此诞生。随着前门商业的繁华，酿酒厂因糟味比较大，只好迁到了永定门。1949年4月，中央税务总局、华北酒业专卖公司在北京召开首届酒业经营管理会议，决定对酒实行专卖，停止私人经营，同时决定在北京建国路正式成立华北酒业专卖公司实验厂。5月，该厂收编了“源升号”“同泉涌”“景泉茂”“永和成”等十余家的老烧锅和人员，华北酒业专卖公司实验厂在北京东郊八王坟组建完毕。同年9月，实验厂生产出第一批白酒，定酒名为“红星二锅头”。华北酒业专卖公司实验厂后改名为国营北京酿酒厂。

明洪武年间，山西人迁到顺义县牛栏山镇（今北京市顺义区牛栏山镇）建史家口村。山西人善于经商，利用便利的水路舟楫，建成酒坊和粮食、白酒集散码头，促进了当地的物资交流和经济发展。牛栏山镇始建于明洪武元年（1368年），此地烧锅鼎盛时期约始于清康熙年间。据康熙年间《顺义县志》记载，牛栏山酒肆坊“铺店亦数百家”。民国时期的《顺义县志》这样记述：“造酒是工者，百余人，受雇于治内十一家烧锅，所酿之酒甘洌异常，为平北特产，销售邻县或平市，颇脍炙人口，而尤以牛栏山之酒为最著。”20世纪初，牛栏山镇较有名气的烧锅有两家，一为公利烧锅，一为富顺成烧锅。后来从公利号烧锅中又分出了义信号烧锅和魁胜号烧锅。至此，牛栏山一带共有四家烧锅，均为前店后厂模式。其中公利号烧锅最大，有四个甑筒；富顺成号次之，有两个甑筒；义信号和魁胜号则各有一个甑筒。20世纪50年代初期，政府将公利号烧锅与富顺成烧锅合并，组建为牛栏山酒厂。

（六）内蒙古酒

1. 河套酒

山西代县阳明堡人刘缸房世家从乾隆五十二年（1787年）开始至咸丰八年（1858年），在内蒙古土默川一带置办酒业并以此发迹。从山西代县到绥西河套二份子，沿途都有刘字号的店铺和土地。刘字号在城镇的店铺有包括酿酒在内的六陈行，在农村的店铺主要有油酒坊。清代至民国时期，刘家酒业带动了内蒙古河套地区的酿酒业和酒店业的发展。民国时期，河北人在陕坝镇开的隆记缸坊以糜子为主料，用汾酒技术生产清香型白酒。1952年，当地政府整合河套酿造资源，成立了地方国营陕坝制酒厂。这就是河套酒业的前身。

2. 金骆驼酒

“先有复盛公，后有包头城。”包头市的白酒最早也是由山西乔家经营的老字号“复盛公”在包头开设六陈行的酒坊发展而成的，乔家“复”字号创造了包头制酒业的辉煌。1951年，公私合营，当地政府在“复”字号原址上，将数家缸坊进行改造，成立了地方国营包头制酒厂。包头现在的内蒙古骆驼酒业股份公司生产的“金骆驼”等白酒就传承了包头烧酒的工艺。

3. 蒙古王酒

1921年，有位太谷人在通辽办起宝增泉酒坊，以酿酒为主，兼营榨油和做粉条。1928年，一位叫党行洲的业主接手经营宝增泉酒坊，改叫“义庆号”。1932年，义庆号又由柴佐卿开办的东泰隆货栈接管，人称东泰隆货栈西烧锅。新中国成立后，当地政府接管了西烧锅，并将其改名为通辽烧酒制造厂。

4. 凉城鸿茅药酒

鸿茅药酒的基酒也是用山西制酒法改进酿制的。《凉城县志》记载，清乾隆四年（1739年），山西榆次名医王吉天行医至鸿茅古镇，收购了一家白酒酿制缸坊，融入山西汾酒制酒法，制成基酒，再用该酒将自家历代秘传的中草药秘方浸提，制成了功效卓著的鸿茅药酒。

5. 太仆寺旗草原白酒

锡林郭勒盟太仆寺旗在清代已有酿酒业，其酿酒技艺是由山西人传入的。据《察哈尔省通志》载，1934年间有“小烧锅两家”，到1949年已有八家，同年在旧烧锅基础上建成察哈尔盟宝昌酒厂。酒厂继承传统工艺，运用汾酒酿造技术，选用优质高粱、玉米为原料，以麸曲和多种菌种制成酒母，经清蒸配醅、低温发酵、七甑蒸馏、掐头去尾、按质陈贮、精心调味等工序酿制而成，被当地人称为“闷倒驴”。

6. 宁城老窖

清康熙年间，来自山西的一个富商来到宁城建酒坊。由于酒坊烧制的酒品味优良，得到了周围人的喜爱。后来，山西人在当地开的烧锅越来越多，当地人也开始投资烧锅业。民国年间，宁城一带比较有名的酒作坊有隆盛泉、天聚泉、景泰泉、裕成泉、合承永、万成、永义魁烧锅。1958年，宁城县政府在隆盛泉酒坊的基础上，成立地方国营八里罕糖酒厂。1964年，八里罕糖酒厂更名为八里罕酒厂，专产白酒，人称“宁城老窖”。

（七）湖北黄鹤楼酒

将山西杏花村汾酒制作工艺带到汉口的人是河北束鹿人李大有。清乾隆年间，李大有到山西汾阳杏花村学了多年做酒工艺，后到汉口关圣祠做酿酒生意，坊名为“李大有”。依照山西杏花村汾酒的酿制作法，李大有生产出具有武汉特殊品质风味的清香汾酒。为了创品牌，他特地将此酒称为“汉汾酒”。因是河北人开设的糟坊，汉汾酒又被称为“北直帮”汾酒。宣统年间，李大有辞世，糟房更名为“老大有”，后又恢复其名为李大有汾酒厂。李大有在武汉的成功经营吸引了河北老乡竞相效仿，于是汉正街上段逐渐形成了酿酒集中区。

清道光年间，河北束鹿县人刘峰青将山西汾阳老天成酒坊搬迁至武汉，开起了北直烧锅老天成糟坊。刘峰青先后在汉口经营了七个糟坊，每个糟坊名前都用了“天成”两个字，分别是“天成祥”“天成仁”“天成新”“天成益”“天成宏”“天成永”“天成德”。1952年，“老天成”等几家糟坊联营,建成武汉酒厂,沿用传统工艺,沿用传统工艺,继续生产汉汾酒。1992年,武汉酒厂易名为黄鹤楼酒厂。

(八)湖南酒

明末清初,山西汾酒进入湘潭,逐渐开拓了比较大的市场。这时山西人传播到武汉的汉汾酒已经声名鹊起,于是汉汾酒的工艺很快被引进到了湘潭,酿出了湘潭人的汾酒,当地人称之为“湘潭汾酒”“湘汾酒”,后改名为“潭州大曲”。

(九)江苏酒

1. 洋河酒

江苏洋河古镇,始于汉,兴于唐,盛于明清。明清时有山西、陕西、山东、河南等九省商人在洋河镇设立会馆。当时有十五家大糟坊竞酿佳酒。山西白姓商人在此开办糟坊,他从老家请来酒师酿酒,味胜群坊,其酒香甜醇厚,声名更盛。到雍正年间,该酒已行销江淮一带,颇受欢迎。《泗阳县志》载:“洋河大曲,据传唐代已享盛名,明代更是名闻遐迩,可以考证的历史有四百余年。当时,有山西、山东、安徽等九省客商在洋河设糟坊酿酒。”20世纪30年代,山西、山东等籍人士在当地开办了“广泉聚”“广全泰”(俗称北滩糟坊)“广庆德”“广丰园”和“逢泰”“祥泰”(亦名聚源泳糟坊)“泉泰”“康泰”等酒坊。1949年7月,淮海贸易三分公司整合“广泉聚”“广全泰”“逢泰”“祥泰”等几家私营糟坊为淮海贸易三分公司洋河糟坊。1949年11月,该糟坊更名为地方国营洋河酒厂。

2. 双沟酒

《泗洪县志》载:“清雍正十年(1732年),山西太谷一位酿酒师贺全德路过双沟镇,办全德糟坊,以杏花村酿酒方法,结合当地酿造技艺,酿得双沟大曲。”1950年,泗洪县人民政府以全德糟坊为基础,联合镇上其他几个酒坊,成立了地方国营宿县专员公署双沟酒厂,并把厂址搬到了县城青阳镇,易地生产双沟大曲。后来,原安徽省副省长陈荫南(当时泗洪县属安徽省管辖)建议时任厂长曹永生将双沟酒厂迁回双沟镇。1951年,双沟酒厂重回双沟。

3. 汤沟酒

北宋年间，山西酿酒名师黄玉生惹上官司遭到追杀，逃难至汤沟。此后，他在当地名士汤福新家中办起了糟坊，并以自己的名字为其命名——“玉生糟坊”。从此，汤沟镇酒兴盛起来，该地鼎盛时有十三家糟坊。在十三家糟坊中，以玉生糟坊最为出名。明天启年间，汤沟镇有“玉生”“香泉”“天泉”等糟坊三十多家，汤沟酿酒达到鼎盛。1924年，民国政府实业部将玉生糟坊更名为义源永记酒厂。1952年，政府联合七家糟坊在香泉井旧址上成立了公私合营汤沟酒厂。

（十）江西酒

1. 樟树四特酒

清光绪年间，娄德清在江西樟树镇满洲街成立了娄源隆酒店。初期，娄源隆酒店采用传统的小曲酿造的工艺蒸馏白酒，虽然酒质优于镇上其他酒店的酒，但还是没有从根本上产生差别，因此，酒店的经营也没有太大的发展。为了改变这种局面，娄德清全面融合了山西汾酒和湖北汉汾酒的工艺，独创南北合一的酒型，即融合北方汾酒（以高粱为原料，大曲发酵）和当地土酒（以稻谷为原料，小曲、药曲发酵）两种工艺，酿出了优质白酒。为打造自己的品牌特色，防止假冒白酒出现，娄德清先在酒缸和酒坛贴上两个“特”字，后来，他又在大鹏商标上设计了四个“特”字，以示特优，人们称其酒为“四特酒”。1952年，樟树市国营烟酒专卖公司成立，娄德清赎买了娄源隆酒店，筹建了樟树酒厂。

2. 赣州章贡酒

明清之时，南迁的山西人在赣州创办酒坊，带动了当地酿酒业的发展，至民国时期，赣州最有名的酒坊为万源酒栈。1952年1月，国家将“万源”“文翰阁”“老大成”三家酒栈合股经营，创办了国营赣州酿酒厂。

3. 南昌酒

清代，南昌酒业分为汉汾和丁烧酒业，其酒商亦分为北帮和本地南帮。北帮酒商大都从山西、武汉运来原酒再稍做加工后进行出售；而本地南帮则多用作坊自酿丁烧酒，即丁坊、杂酒、土烧和土高粱酒。后来，本地南帮引入北帮酒技，当地的土高粱酒质量大大提高。

民国前期，南昌的酿酒业兴旺发达，直到1936年，全市酿酒作坊达四十余家。抗战爆发后，南昌酿酒业急剧衰落。1949年初，南昌酿酒业仅存永泰祥、复吉、义成、源兴、仁昌、万美全等酒坊，这些酒坊用汾酒技术生产回笼汾酒。1952年，政府合并永泰祥等八家酒坊，在广润门永泰祥酒坊原址成立南昌酿酒厂。

（十一）甘肃酒

1. 天水酒

清康熙年间，一樊姓晋商向秦州长途贩运汾酒。他的孙子辈掌握了山西汾酒的酿造方法后，于乾隆年间，在大城东仓巷（今共和巷）挖窖建厂，取字号为“元兴恒”，按山西汾酒的配方就地酿造白酒，人称东门烧锅酒。后来山西人到秦州开的烧锅渐渐多了起来，先后开设的烧锅有十四家，以“裕涌祥”“永顺隆”“全盛昌”“元兴玺”“永贞吉”等字号最富盛誉。当时，秦州的酿酒业是本地较大的行业。1952年，秦州的酿酒业实现公私合营，“裕涌祥”等十户烧锅合并为地方国营天水市酒厂。

2. 金徽酒

道光初期，山西人在徽县办起隆盛丰烧坊，以汾酒工艺酿制白酒，其味清洌爽口，香甜醇正，时人称徽酒为“徽汾”。同治元年（1862年），陕西人张胡在徽县创办万盛魁烧坊。后来张胡将万盛魁烧坊转让给李秀实，改名为永盛源烧坊。光绪元年（1875年），永盛源烧坊所产大曲酒成为省内外响当当的名酒。清朝末年，徽县白酒酿造业极盛，全县有大小烧坊数十家，烧坊中以“永盛源”“宽裕成”“全隆聚”“三合公”“恭信福”等家酒质最佳，影响最大。1941年，抗日前线，汽油严重短缺，国民党第八战区（甘肃、绥远、宁夏及青海一带）、第二战区在徽县兴办酒精厂，以白酒提纯酒精代替汽油，国民党先后在县城、伏家镇、泥阳兴办酒精厂四个，进一步刺激了徽县白酒业的发展。到新中国成立前，全县仍有三十三家白酒烧坊。1951年9月，人民政府在旧城石桥村原恭信福烧坊旧址上办起了第一家国营徽县酒厂，利用传统工艺生产徽酒。1954年，人民政府又在栗亭侯家坝原永盛源烧坊旧址办起地方国营侯家坝酒厂。1959年4月，徽县酒厂亦迁入侯家坝，两厂合并。1965年1月，徽县酒厂自侯家坝迁入伏家镇，成为今天金徽酒业前身。

（十二）青海互助青稞酒

乾隆年间，山西人将杏花村的酿酒技术传入青海互助县威远镇后酿制成青稞酒。在威远镇酿造业的发展史上，经营烧酒业年限最长的、最负盛誉的酒坊是六合凝烧坊。六合凝烧坊是由几家山西商人合资兴办的。烧坊刘姓老掌柜从山西老家请来技术精湛的酒大工和曲大工，专门生产青稞酒。后来，这家烧坊又被转让给了一位曹姓晋商，更名为文玉合烧坊。至1929年，威远镇的烧酒坊发展到了十多个，有“天佑德”“义合永”“永胜和”“义兴成”“文玉合”“永庆和”“聚顺合”“统顺德”“长丰和”“兴义德”等。其中最有名的就是山西人于清乾隆年间创办的天佑德烧坊。1951年，互助县政府在天佑德等烧坊的基础上组建了互助酒厂。1956年，酒厂又迁至西宁市小桥，更名为西宁市互助酒厂。1959年，互助县又在原址上重建了互助酒厂。

（十三）新疆奇台酒

乾隆二十二年（1757年），各地人口陆续迁入奇台，四路商贾接踵而至，山西汾阳杏花村酒师也来到新疆奇台县建烧锅。山西人张氏在北斗宫巷挂牌开张“杏林泉”，其酒入口香醇，余味悠长，堪称酒中上品。

杏林泉酒作坊等三家酒坊的生意兴隆，好酒远近闻名，于是吸引了大批山西商人云集奇台北斗宫，形成了一个开办烧酒作坊的高潮，正印证了民间流传的“山西人的本事，买卖人的窝”的说法。山西人在古城先后开了“德胜昌”“万裕隆”“永兴泉”“义兴和”“宝兴泉”“大醴泉”等酒坊，这样北斗宫巷就形成了以山西人为主体、以酿酒为主业的工商业集中地。光绪十五年（1889年），奇台烧酒作坊已发展到十三家，晋商占八家，年销烧酒八万多公斤，销往外蒙古科布多、乌里雅苏台及甘肃等地。到光绪末年，古城奇台烧坊达二十多家。

（十四）福建厦门丹凤高粱酒

北宋时期，厦门已有酿酒业。清代则以酿制黄酒、桔酒、烧酒驰名。1920年时，当地酒坊运进北方高粱和大曲，按山西烧酒传统方法制成高粱酒，成为福建佳品，与春生堂的药酒同时畅销海外，遍及南洋各地。约1950年，设于厦门后江埭的晋源酒厂老板杨亚姜特聘天津酿酒名师刘金凯来厂指导，用传统的固态发酵法酿制清香型曲酒。1956年，政府将十一个酒坊和两个曲酒厂合并，组建成厦门市酿酒厂，继承传统工艺，生产清香型丹凤高粱酒、春生酒及固本酒等酒品。

（十五）台湾酒

清末民初，厦门酒坊的一些酒师为了逃难离开厦门到达金门，将清香酒酿制方法传入金门。台湾金门高粱酒与汾酒同属一种香型。在台湾人看来，汾酒"是金门高粱酒的本尊，是酒中之大有地位者"。台湾金星娱乐实业股份有限公司总经理王伟忠著的纪实文学《我住宝岛一村》一书中记述："有些汾酒老师傅1949年跟着部队撤退，金门的坑道里湿冷，激起了他们的思乡之情，便用高粱搭配当地由花岗岩中渗出的好水酿出了金门高粱酒，喝了祛风寒，他们透过高粱酒的清香味抚慰思乡的孤独心。"

明代山西大槐树移民与明清晋商将山西酒和山西酿酒技术在全国南延北伸，东传西渐，衍生出门类众多的香型和品牌，奠定了当今中国白酒的产业格局，山西白酒是中国白酒的祖庭。

山西酒技术的传播是一条条沿着相邻省份逐步传播的路线。

山西——陕西——四川——贵州，从这条线可以看出香型的变化规律，正是从清香至凤香，从浓香至酱香的逐渐过渡，这是山西酿酒技术在传播过程中根据地域文化而发展变化的。

山西——河南——湖北——湖南——江西——浙江——福建，从这条线可以看出，白酒随着地域文化的变化融入了江南的"柔绵"风格。

山西——河北——山东——天津——北京——内蒙古——东北三省，白酒沿着这条线路逐渐形成了北方地区"老白干"香型的风格。

2017年2月5日

山西商人在扬州

韦明铧

韦明铧，文化学者，一级作家，扬州市有突出贡献的中青年专家，扬州市老艺术家协会副主席，扬州大学美术与设计学院、鉴真佛教学院特聘教授。出版著作六十余种，主要有《扬州文化谈片》《扬州戏曲史话》《二十四桥明月夜》《玉人何处教吹箫》《世界发现扬州》《风从四方来——扬州对外交往史》等。荣获国家图书奖、华东图书奖、华东田汉戏剧理论奖、中国曲艺最高奖——牡丹理论奖。

感恩晋商

感恩山西

揚州韋明鏵

二〇一七年三月廿二日

在几十年的文化研究生涯中，我发现山西和扬州的关系非常密切，尤其在明清两代，晋商在文化、经济两方面对扬州做出了非常大的贡献，留下了宝贵的财富，所以，作为一个扬州人，我对晋商充满了敬意。

尊敬的山西父老乡亲，我是来自江苏扬州的文化研究者韦明铧。长期以来，我一直担任扬州文化研究所负责人，在几十年的文化研究生涯中，我发现山西和扬州的关系非常密切，尤其在明清两代，晋商在文化、经济两方面对扬州做出了非常大的贡献，留下了宝贵的财富，所以，作为一个扬州人，我对晋商充满了敬意。

同时，我也觉得晋商留下的财富在今天还没有得到充分的重视，扬州历史上那么多辉煌的事情都离不开晋商做出的贡献，今天，我怀着感恩和忐忑不安的心情，向山西的父老乡亲朋友们做个汇报。

一、山西商人在扬州的遗迹

这些年来，我对扬州的盐商做过一些研究，扬州盐商又称“两淮盐商”。我们这里所说的两淮盐商，主要是指在江苏省沿海淮河两岸的入海处淮河以南和以北部分的产盐区，其管理机构在扬州。看过《红楼梦》的人都知道，林黛玉的爸爸林如海就在扬州做两淮盐运使，两淮盐商就等于扬州盐商，因为它的管理机构在扬州，所以我在二十年前写了《两淮盐商》。

十年前，我又写了《风雨豪门》，主要介绍扬州盐商留下的老房子和会馆等，这也是我们研究那段辉煌历史的一个门禁和依据。这两本书里面都谈到了晋商在扬州的活动和留下的遗址。

明代中叶，晋商从三晋大地千里迢迢跋涉到两淮地区，可以说是远离自己的亲人故土，到一个陌生的南方去开拓自己的新视野，这段时间，晋商到底留下了什么还能找得到的遗迹呢?

因为各种各样的原因，晋商和徽商、赣商相比，晋商留下的东西最少。我把我掌握的东西给大家做一个汇报。

第一个是山陕会馆。扬州的山陕会馆比聊城的山西会馆规模小得多,不知道是后来修缮形成的状态,还是当初就这样,其历史可以追溯到明代中叶。现在再去那里,会馆的大部分建筑已经不存在了,我父亲那辈人在这里面还看到过戏台,戏台里面能唱戏,但是,这里被扬州居民改成了一个小酒坊。这个建筑前面有个牌子,上面写着"扬州市文物保护单位",级别不高,是市级的,但是扬州市文物保护部门对这个建筑却很重视,因为它几乎是晋商在扬州留下的最重要的遗迹。

山陕会馆是山西商人和陕西商人在扬州建造的同乡会,一是联络乡谊;二是商量一些商业方面的事情;三是南来北往的山西人经过扬州的时候,都可以在会馆里面听到自己的乡音,找到自己的老乡,可以暂时住下来,有吃有穿,是招待山西老乡的招待所。

从现在的山陕会馆里面看外面,也能看到一些晋商的痕迹。这个地方的墙后面有个石碑,这个石碑对山西人来讲特别亲切,因为上面写着"山陕会馆地基北墙界",足以证明这是当年晋商用钱买下的地皮。

这个会馆就在扬州最出名的老街东关街上,那个地方非常繁华,过去也是盐商聚集的地方,有钱人才到这个地方,可以看出晋商当年是腰缠万贯的富商集团。

会馆的很多东西我们现在已经看不到的,这里现在只剩下门楼了。

第二个建筑是古三义阁。山西人到了什么地方,通常要建关公祠、关帝庙,在扬州也建过好几处,最后建的这处保留至今。扬州繁华街道国庆路东边有一条小街,往东走到顶端,就会发现一个古老的建筑,这个建筑就是古三义阁,扬州人也非常喜欢这个地方。目前该建筑的损坏情况比较严重,只剩下了大门楼,现在是扬州市的历史建筑。自从晋商退出扬州后,这个房子就不归山西人管了。明清时期,扬州大街上到处可以听到山西话。

晚清时期,晋商所建造的古三义阁竟然变成了一个宣传天主教的地方。清代末年,中国南方掀起了一系列的反对洋教的斗争,中国人将其称为"教案"。在南方,拉开教案序幕的地方是扬州的三义阁。三义阁在清代末年被法国的传教士用来收养被抛弃的婴儿,帮助中国穷人养他们的孩子。后来不知道怎么回事，有人在街上散发传单，上面说三义阁害了很多中国孤儿，把中国孤儿的眼睛取出来制成药水，还说照相机就是用中国小孩的眼睛制成的，所以外国人很坏，看起来是收养中国孤儿，实际上是残害中国孤儿。这个话是四川来的哥老会说的，当时中国人积贫积弱，就以为中国的落后是洋人造成的，所以集体抗议赶走了法国人。这样的话，南方长江流域第一场反洋教斗争就揭开了序幕。这一斗争是在晋商留下的建筑里面发生的。

以前书上称这个斗争为"中国人民自发反对帝国主义文化侵略"，现在这个说法带有狭隘的民族主义情绪，天主教只是宗教而已，现在我们不是已经承认他们的合法性了吗？为什么一百多年以前他们是非法的呢？这也算是三义阁后来的一段传奇。

第三个给大家介绍的是流经扬州城的一条古老的河，河有一个漂亮的名字——小秦淮河，河旁边有很多文人、歌女，有夫子庙，这条河在清代的风情和南京秦淮河很相似。在清代，山西临汾人亢家沿着这条河建造了"百家房"。这条河很漂亮，扬州在太原以南，所以扬州已经是桃红柳绿时，太原的春天才姗姗来迟。扬州的小秦淮河在三百年前被山西晋商所有。亢家在扬州十分兴盛，造了几华里的一个大园林，但是他们为什么突然离开了扬州，而且杳无音讯？这是一个谜。关于这一点，我在书里也做了一些探讨。

二、山西商人为什么到扬州来

山西人为什么千里迢迢到扬州去呢？在山西和江苏之间隔着淮河和秦岭，两个地方的文化背景和社会人情风俗相差很大，一般山西人不会因为蝇头小利到扬州去冒险，正像扬州人也不会轻易离开家乡到山西来创业一样，现在交通很方便，我们坐飞机从南京到太原也要一个多小时，以前只能坐船、骑马，为什么他们还要到这里呢？

盐在今天并不是一个稀奇的物品，街上居民区最小的商店也会卖盐，但是当时山西人为什么跑到扬州去经营盐业呢？盐这个东西虽然现在看起来不稀奇，但是在历史上，它是被朝廷管的，盐是专卖的。老百姓可以一天不吃饭,却不能一天不吃盐,因为盐是人的必需品。中国主要有三种盐,一种是海盐,在海边把海水晒干以后形成的盐;第二个是池盐,江淮地区在几百万年以前是大海,所以挖到一定程度就会出现盐;第三个是井盐,四川以盛产井盐著称。

扬州的盐,或者说两淮的盐就是海盐,那个地方海水比较丰富,所以盐的产量特别丰富。

为什么晋商要到扬州去?朱元璋建立明朝,明朝的版图不像现在中国的版图一样广大,朱元璋时代的版图的最北部就是山西和陕西,换句话说,在山西和陕西的更西部就是少数民族住的地方,就是明朝的敌人。所以明朝为了保障人民的生命安全,要在山西和陕西的边境驻扎大量的军队,以保护大明朝的安全。军队打仗的时间很少,养兵千日才用兵一时,更多的时间是和平时代,因此,朝廷不得不花很多的粮草来养军队。这个情况延续到明代中叶,有个大臣就向朝廷提出建议,让大地主或者大商人替朝廷把粮草运到边防,供给军队,然后朝廷给他们一个叫作“盐引”的证书,他们可以凭着盐引到海边取盐,卖了赚钱,这样的话既减轻了朝廷的负担,也给商人带来了发财的机会。朝廷很快同意了这个建议。这个政策推广以后,首先响应明朝政府的商人就是山西和陕西的财主。这两个省离边界最近,本来家庭的粮草就吃不完,就把多余的粮草就近运到部队去,换取朝廷的盐引,然后到两淮地区去做盐商。

山西大商人最初把粮草送给军队,但他们对做盐商没有思想准备,他们不知道盐这个东西能带来多么巨大的利润,所以在很长一段时间,晋商大财主本人并不到扬州去,他仅仅派他的管家、手下的伙计打理扬州的生意,他们甚至瞧不起盐商,所以长期以来,晋商财团的第一把手是不到扬州去的。这也就为后来晋商不能长期留在扬州埋下了伏笔。

用粮草换盐引的制度叫“开中制”,最早去扬州的是山陕商人的伙计和管家,但是过了很多年,大家发现这种方法也有弊病,一个是能够向陕西和山西供奉粮草的人不可能是扬州人,其他人也不可能从别处将粮草运到山西,所以这个政策推开以后,响应的也只有晋商和秦商,再加上运粮路上有一定损耗,很多州县的地方官“雁过拔毛”,给山西的财主商人们带来了利益的损失,所以大家怨声载道。明代中后期,朝廷出台了新的政策,商人财主不再将粮草运到边境,而是把钱交给当地政府,当地政府给商人下一个文书,这下就可以到扬州去做盐商了。

这个政策推出以后,徽商就特别拥护,因为他们钱多,没处投资。徽州在安徽省南部,那个地区地少人多,到处都是山,养不活那么多人,所以徽州人长期以来就养成了一个习惯,家里四五个儿子,把老大养在家里,等老二、老三长到十二三岁的时候就把他们送出去,他们做几年伙计就会独自开店。随后他们就会投资一个能够挣大钱的行业。因此,明清两代流传一个叫“无徽不成镇”的俗语,徽州人会做生意,一个乡村很快就变成一个繁荣的市镇,所以,扬州若没有徽州人,这个地方就不可能成为一个经济中心。

恰好这个时候,明朝政府下了这个政策,徽商非常高兴,没过多久,他们的数量很快就和山西商人、陕西商人的总和相等了。原来扬州有八大商帮的领袖,徽州人来了以后,力量上升得很快。明朝灭亡,清朝建立,使盐商遭到了很大的打击。当时,扬州有一个武将忠于明王朝,不愿意和清朝合作。因此,清军攻打了扬州。在这场大屠杀之下,山西人和陕西人都卷着自己的铺盖,携带着自己的细软回到了故乡,因为他们的家在故乡。

徽州人到扬州时就是伙计,成为商人后,他们在扬州娶妻生子,这是他们和山西商人大不同的地方,因此,他们也只能安心在扬州生活了。山西人不一样,他们本来在山西已经成功了,到扬州也不是心甘情愿去的,现在发生战争,还有生命危险,何不回老家呢?他们对扬州没有过多的留恋,而安徽人是把他们的家安在扬州了。

清朝建立以后,清政府也开始发展经济。康熙时期,经济是最发达的,扬州城经过十日大屠杀之后,很快辉煌起来,变成当时全世界人口超过五十万的十大城市之一,这时候第二批徽州人又去扬州了,因为徽州地少人多,他们没地方住。而山西人重新回到扬州的数量却很少,因此,清代上半期,徽商的数量大大超过晋商,晋商在明代初期创造的辉煌已经成为明日黄花。

我在来太原之前,又把扬州现在建设得非常好的盐商住宅看了一遍。现在,两处徽州盐商园林比较出名,一个是街南书屋,一个是汪氏小苑。汪氏小苑是民国初年由徽州人建的房子。我在此讲一下安家巷:安家巷是高丽人(韩国人)在扬州做盐商时留下的遗址。清代初年,一家姓安的高丽人从韩国来见中国皇帝,见了以后就在北京留了下来,做了明珠的家臣,明珠后来因为贪污被抄家,在抄家以前,他就把财富藏了起来,随后,他还画了一个藏宝图,明珠死后,这个藏宝图流传到了市面上。很多人看不懂这个图,一直到高丽的安家商人来了以后终于破译了藏宝图。此人与明珠的后人达成协议,分了一半财产。安家拿了一半的钱到天津做了盐商。天津本来不是个城,是个驻兵的地方,没有城墙,后来为了造城墙,姓安的主动出资掏钱建了天津城,在天津获得成功以后,他又南下扬州,在扬州做了盐商,由于东关街上都是安家的房子,因此这个地方现在还叫安家巷。

扬州的盐销售到湖南、湖北、江西、安徽四个省,还销售到了河南一部分。这四个省都是内陆的省,不靠海,这么多老百姓吃的盐从哪里来呢?他们必须买扬州的盐。在当时,不是说江苏人就可以到黑龙江去卖盐,而是扬州产的盐只能在这四个省卖,同样,这四个省的老百姓也只能买扬州的盐。如果私自在夜里过河买了其他地方的盐,一旦被发现是要坐牢的。所以为什么贩盐会赚钱呢?一个是成本很低,再一个是客源稳定,所以,盐商就变成一个非常能赚钱的职业了。

很多晋商派自己的伙计到扬州去贩盐,伙计赚一百两,只告诉主人赚了五十两,另外五十两就到他自己的腰包了。我看过一本小说,写的是晋商在扬州的故事,说山西商人的伙计奉主人之命到扬州经营盐业,他们用主人的钱获得的利润开了很多钱庄,却瞒着主人。有一次,主人忽然想起来到扬州视察工作,这个伙计知道以后非常慌张,就把大部分的钱庄都关门歇业了。我们反过来想想,徽州人事必躬亲,他们是由穷走出来的,所以很珍惜那一份成就。他们到了扬州以后,就和本土社会打成一片,就认为自己是一个新扬州人了。而晋商从来就不打算和扬州本土融为一体，一旦赚了钱，就会带回家乡，埋在大院的地窖里面，或者做一个很大的白银狮子放在门口。他们不怕狮子丢，因为没人能搬得动。这两个狮子是有名字的，一个叫“搬不动”，一个叫“没奈何”，这也是晋商炫富的一种办法。反正有一点，他们没有打算像徽商一样在扬州扎根。所以我在研究扬州盐商的几十年当中，遇到了很多盐商的后代，我找到了很多徽州商人的后代，找到了江西商人的后代、浙江商人的后代、湖南商人的后代，但是我却一直没找到晋商的后代。晋商不屑于把自己的后代放在扬州还有很多其他原因。他们也许更加恋家，也许比其他的商人有更浓重的乡土情结。我知道山西人很爱自己的家乡，是不是因为他们太爱家乡了，所以不愿意把自己的血脉留在外地？因此，没有多少人知道晋商在扬州发生过什么故事，因此，我们只能通过正史、野史来寻找晋商在扬州的遗迹。

三、山西商人的文化特征

（一）在守土方面的功绩

我们知道，明代有个英雄叫戚继光，戚继光是个民族英雄，他抵抗的是倭寇，即日本的海盗。日本海盗有时候会侵略到江苏的海边，然后深入扬州城，抢掠商人的财富。在这个过程当中，有一个晋商叫阎金，当倭寇来侵略扬州城的时候，他就带领自己的家兵抗拒倭寇。阎金这个人射箭特别准，大家称他“百步穿杨”，他还打死了不少日本人。正好阎金他们讲的是山西话，日本人一听是山西话，以为是朝廷调了兵到扬州，所以就逃跑了。

扬州旧城的一个标志是文昌阁，旧城太小，容纳不了富商和老百姓，于是富商和老百姓就在旧城的城外建了很多房子，但这个房子是没有城墙保护的，所以倭寇来了以后很方便就把商人的金银财宝抢走了。为了抵抗倭寇，扬州城的太守就接受老百姓的意见，建了新城，当时日本人从东方进攻扬州城的时候，晋商阎金就在建的新城这里击退了倭寇。所以我们心目当中的晋商不仅仅是一批商人，也是能文善武的勇士。

(二)在学术方面的贡献

晋商可以说直接启迪了扬州学派。有例为证,阎若璩是山西人,是晋商的后代。他的祖父是什么时候到扬州去经商的,现在很难考证。晋商当中的很多人一开始是不愿意当商人的,也是想读书。中国的传统观念是“万般皆下品,唯有读书高”,后来,他们发现仕途之路走不通,就转而从事工商,但是他自己考取不了秀才,便要让自己的儿子去考。阎家也是这样,阎若璩的上一代是个盐商,到了他这一代,读书就成了一件重要的事。他平时不住扬州,而是住在淮安。我们说的“两淮”指淮南和淮北,淮南以扬州为中心,淮北以淮安为中心。阎若璩是清代初年重要的代表人物,也是一位重要的学者。他的代表作《古文尚书疏证》是我国第一本通过较为完备的方法考证古文《尚书》为“伪”的著作。

梁启超对他的评价最高,说他是“近三百年来学术解放的第一功臣”,意思是整个清代能够对学术界做出石破天惊重大贡献的就是阎若璩这个人,他解决了历史上上千年都没有解决的疑团。

阎若璩的思想第一是继承了明末清初以顾炎武、黄宗羲为代表的清初学者反理学的思想倾向。

第二是他继承了清初思想家博古通今的学风。但是他和清初思想家也有区别,清初思想家强调“经世致用”,做学问要当今所用,要为人生提供一个指导思想,但是他的学问和老百姓的正常生活基本是不相干的。

第三是他对古书大胆怀疑,力求考证确实。他说,如果自己有一个思想、一个问题没有得到解决的话,那么他就吃饭也不香,睡觉也不安,一定要把这个问题完全解决以后才能吃饭、睡觉。

(三)在经济方面的地位:代表着清初到清中叶晋商的雄厚实力

以亢氏为例,亢氏是临汾人,家里很有钱。“上有老苍天,下有亢百万,三年不下雨,陈粮一万石。”亢家的钱从哪儿来的?民间有很多传说,传说最广的就是李自成打下北京城以后,沿途埋了很多金银财宝,亢家就是因为得到了李自成在山西的地下财富才突然暴富的。《明史》里面记载,自成把收到的金银全部铸成金匾,用骡车载归西安。就在前几天，中央电视台播了一个考古发现，在四川地下发现了与李自成同时起义的张献忠藏于地下的大量的金银财宝。当地出土了很多大元宝，上面写着“大西国”，现在李自成的财宝还没有发现，张献忠的已经发现了。我认为李自成的金银被亢家发现的可能性不是没有，他有了这个财富以后到扬州做了盐商。邓之诚《古董琐记全编》记载：“康熙时，平阳亢氏、泰兴季氏，皆富可敌国，享用奢靡，埒于王侯……”

亢家当年的家园就建在小秦淮河边，旧城的城外面有一百间房子也是亢家的。《扬州画舫录》中记载：“至今地址尚存，而亭舍堂室，已无考矣。”亢家其兴也快，其败也快，到底是什么原因导致了亢家的失败？

《长生殿》《栖霞阁野乘》当中记载：“亢家园在山西平阳城外……园大十里，树石池台，幽深如画，婢媵皆作吴中装束。”这个富有超过了今天的土豪，当年扬州有一位盐商，他家里养了两个戏班子，一个唱昆曲，一个唱徽剧，然后请了一个江西的大作家，他上午写戏，下午就交给戏班子排戏，晚上戏班子演戏，就演上午写的这个剧本，现在土豪有这个水平吗？我觉得没有。

亢家衰败的原因在正史上没有答案，但是在野史里面有答案。有一本书叫《象齿焚身录》，象牙值钱，让大象的生命受到了危害。一个大盐商为什么衰败？因为家里太有钱了，正因为如此才导致了家族的加快灭亡。乾隆末期，清朝虽然表面看起来强大，实际上国家内部发生了很多动乱，国库空虚。国家想得到更多的财源，想要把南方的粮食运到京城来，就让亢家做漕运总督。亢家人上任以后，发现大运河河床的淤泥堆积得很高，上面是根本不能航行的，如果要航行，一定要把河底的泥挖掉。这谈何容易？亢家只能自掏腰包把水抽干，疏浚运河，这样一来，就把亢家的钱全花光了，所以民间老百姓说这是皇上向亢家借银子，但不好意思直接借，就用这种方式让亢家自觉自愿地把钱掏出来为他办事。我认为这个跟亢家的衰败有一定的关系。

这个书最后也说“大象是由于牙齿值钱，导致了生命的丧失；亢家是由于家里的雄厚，导致了家族的没落”。

在《甘泉县志》中也说了亢家的事，书中认为亢园最后灭亡与太平天国有关。太平天国信奉的是拜上帝教,他们烧毁道观,同时也烧了大量盐商的房子。亢园最后是灭在太平天国的大火之中,这样,亢家退出了历史舞台。

晋商还有其他人,比如杨继美,他是代州人,他年轻时,读书没有中举做官,到了扬州做了盐商。有一天,他的儿子杨雄做了举人,他说他一生的理想是让他的儿子在仕途上实现他的理想,所以,他结束了在扬州的盐路,整理行装回到代州以后,过完了幸福的晚年。

贺君召也是晋商的代表。贺园是他的别墅,在扬州特别有名。

(四)在价值观念和行为做派方面的特征

晋商比较纯粹,他们善于经商,却不太善于和官方打交道。徽商特别善于和官方打交道。有一个徽商叫江春,皇帝非常喜欢他,每次接待都让他去安排,但是他就是个商人,所以人们说这是"以布衣上交天子"。因此这是晋商和徽商的第一个区别。

第二个区别,晋商有着浓厚的北方人风格,所以山西人想融入扬州社会是有一定困难的,可徽州人不一样。清代前期,安徽省和江苏省叫作"江南省",所以徽州人即使到了江苏也不以为自己是外省人。山西人来了以后认为自己是外省人,他们有一种文化心理上的不同。我在研究扬州盐商的时候,能找到九条扬州文人和徽商在一起活动的记载,但只能找到一条扬州人和晋商在一起的记载。晋商喜欢把自己圈在一个同乡的关系链当中,这点使得晋商的活动范围有一定的限制,这也是晋商离开江南,离开扬州的原因之一。

徽商和晋商在消费观念上也有差异,晋商保持着中国人民最根本的美德——俭朴,即使非常富有,生活也不铺张,所以这个传统对扬州人来说记忆犹新。徽商的生活做派、行为和晋商不一样,他们有钱以后大肆挥霍,首先是起园林,客观上促进了江南园林艺术的发展;他们又喜欢看戏,把秦腔梆子、徽剧、昆曲都带到了扬州,形成了百花齐放的局面,对戏剧艺术的发展起了很大的作用;同时他们喜欢搞一些表面文章,他们在卖盐回程途中,为了防止空船带来危险,就沿线带回来很多黄山石,并把这些石头打成长条状,装在船里面,运回扬州城。扬州的街道是砖头铺成的，下雨的时候泥浆会冒出来，所以他们就把带回来的石头铺成路。所以大家认为徽商办了慈善事业，徽商因此得到了虚名。

“乌纱帽，红绣鞋”是对徽州人最合适的描述。和当官的打交道，叫“乌纱帽”，喜欢美色，叫“红绣鞋”。《儒林外史》的作者是吴敬梓，他说扬州盐商一年至少要娶七八个小老婆。通常他们离开家里的时候要结一次婚，然后这个夫人就永远留在徽州的老家守活寡，徽州人到扬州以后还要再结一次婚，在扬州当地娶个老婆，这个老婆不是二房，她的地位和家乡的老婆是一样的，当时叫这种情况为“两头大”。明清两代不少书记载了“两头大”的情况。而晋商从来都洁身自好，他们不会在扬州另娶老婆，他们的根在山西老家。

晋商乡土观念重的另外一个原因是大部分晋商早就功成名就了，他在家乡山西已经成为了一个大财主，成为了一个大企业家，然后才到南方经商，所以他并不把外面的成功看得很重，而是把自己的乡土看得很重。徽州人不一样，因为他们的家乡住不下那么多人，才不得不出来混日子，所以就四海为家了。晋商对扬州文化的影响客观上并不大，而徽商不一样，所以现在到扬州古城，到处可以看到徽州风格的建筑和小吃，但是很难看到晋商风格的遗迹和山西的小吃。

清代，赋税中的一半来自盐，这一半当中，又有一半来自两淮的盐，所以两淮盐的赋税占了国库的四分之一，这里面肯定也有晋商的贡献，明清两代扬州盐商为什么会占这么大的比重，而其他各个地方的盐商加起来也不过是四分之一？这是因为扬州这个地方产盐特别多，销售的地方也特别广，人口相对密集，需要的盐量也特别多，所以卖的钱特别多，利润因此特别大。

在明清两代，扬州人称山西商人为“老西儿”，我本来以为这个话是扬州人对山西人的一种歧视，当我知道山西的陈醋叫“老西儿陈醋”，山西人也自称是“老西儿”的时候，我才打消了这个念头。徽州人叫“徽骆驼”，一是徽州人能吃苦，另一个是说明徽州人能远征。在明代，哪个地方都有山西人，到了清代中叶以后，就很难看到山西人的踪迹了，但是徽州人还在。

扬州人至今都感谢山西商人给扬州带来的宝贵财富，这些就是我今天的汇报，谢谢大家！

2017年3月26日

天时与人时的融通：清明礼俗文化的传承与创新

萧　放

萧放，北京师范大学社会学院教授、博士生导师。国际亚细亚民俗学会副会长、中国民俗学会副会长、中国民间文艺家协会理事、中国人类学民族学会民族节庆专业委员会副主任。

主要研究方向：岁时节日、礼仪民俗、历史民俗学、中国文化史。

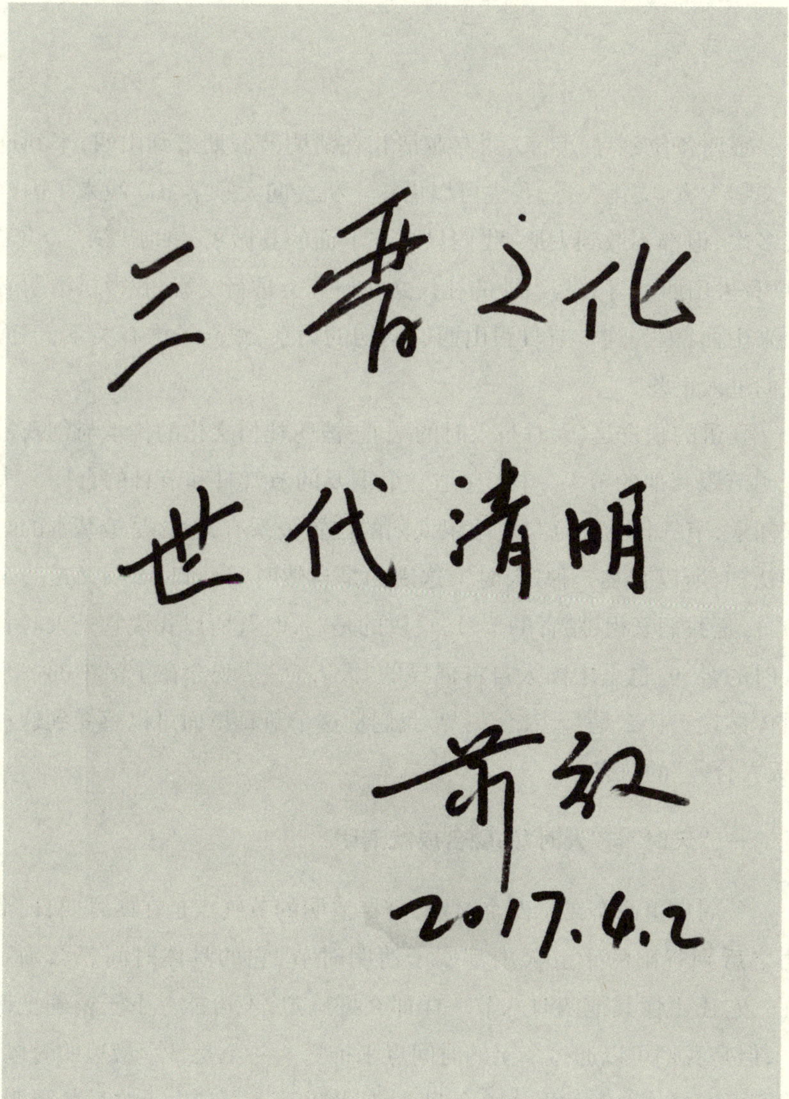
三晋文化
世代清明
2017.4.2

清明是一个文化传统，有很强的文化象征意义，它是整个民族文化的象征，它对当代社会有非常强的服务和应用的价值。今天，我们不能原模原样地按照农业社会去过，但我们也无法离开它。

感谢各位领导、专家、朋友邀请我在清明节假期来到山西，来到这个文物大省、文化大省，我也可以借这个机会向大家学习。我来了山西很多次，但都不敢到太原，我们只是在下面的县做了一些调查。今年2月，我去山西闻喜县与当地的礼仪文化研究会进行交流，我说讲清明必须来山西，因为这个节日跟山西有密切的关系，跟介子推有关系，下面我们进入正题。

我讲的题目是《天时与人时的融通：清明礼俗文化的传承与创新》，清明节跟其他的节不一样，它是一个重要的节气日和节日的合一。大家知道，节气日的确定与地球跟太阳的位置关系有关，这是最基本的时间认知，所以它是一种“天时”，这讲的是自然时间；同时清明又是一个节日，是我们祭祖、踏青的节日，这讲的是“人时”，所以我说它是天时和人时的合一，也是中国人自古倡导的“天人合一”观念在生活中的一个具体体现。什么是“天人合一”？我们从这个节日里面可以感受到这种“天人合一”的状态。

一、“天时”与“人时”的融合成就清明

一周年里面有二十四个时段，今年清明的节气点是在四月四日，清明之后到谷雨的十五天内都属于清明时节，它的具体时间怎么确定呢？它还不像其他四时八节一样那么好确定，不可能一下子精确把握到，但是我们可以通过冬至的时间点来推算。冬至是日影最短的时候，我们可以将这个时候看作一个起点，从此推算一百〇七天之后是清明，而今年是四月五日前后。

清明节的天文物候有一个明确的标志，二十四节气在春秋时期已经确立，但是以前是雨水在前，清明在后，《淮南子》中则把它颠倒过来

了，现在二十四节气进入了人类非物质文化遗产名录，它不再只是中国的，而是世界性的文化遗产。所以，今天在山西讲清明，意义非常，作为一个人类非物质文化遗产的项目，我们在尽一个传承的义务。

《淮南子·天文训》中说：“春分后十五日，北斗星柄指向乙位，则清明风至。”北斗星是中国上空的一个巨大的天文钟，大家根据星柄的指向来确定冬天还是春天。它有十个位置，甲乙的位置就是春天。什么是清明风？清明风是古代八风之一，春天的风就是清明风，风从哪里来？风当然是从东方来。春天为什么吹东风？这当然跟太平洋的环流有关系，风从海上过来，带来的是温暖的春风，立春之后，东风解冻，万物生长，一直到清明时节，天气已经非常温暖，非常滋润，天地明净，空气清新，自然万物显出勃勃生机，所以这一节气叫“清明”。

中国人之所以注意天时，之所以把时间掌握得那么清楚，跟我们的生计有关系，中国人可以选择很多方式，如狩猎、渔猎、捕捞、游牧，但是中国人早在六七千年前就选择了农业的生产方式，而农业的种植需要阳光、雨水、温度，所以中国人特别注意观测农时。而二十四节气的发现实际上跟农业生产密切相关。二十四节气之所以今天被我们淡忘，也是因为我们远远地离开了农业。

清明是春种的重要时间点，所以常常会有“清明前后种瓜点豆”的说法。如果我们是草原地区的人，那我们就没有这么细腻的时间观念。农业让我们产生了非常细腻的时间观念，这是中国人的一个特点，也是中国之所以没有走入欧洲宗教时间的一个基础。到现在为止，我们的节日里面还有很强的自然性，这跟我们的生存状态有关。

西方很早就脱离了农业这一套，他们选择的是宗教的时节，所以教堂的钟声是他们时间的提示。

我们对罗盘很熟悉，罗盘是时间和空间的一个融合，我们看到清明，首先想到它是节气。最早时，清明其实并不是节日，它在古代，起码在唐代之前，只是一个节气，那个时期跟清明相近的一个节日叫“寒食节”。山西人比外地人更熟悉，因为寒食起源于山西，我们在介休开过好几次研讨会，就是关于寒食清明的研讨会，所以我们在说清明之前，应该先说寒食，特别是在山西这个地方，讲清明就要先讲寒食。

寒食日期是在冬至之后的一百零五天或一百零六天，也有说法是在清明的前两天。为什么叫“寒食”？这跟古代的一个信仰和观念有关系。古代人认为，东西到了一定时间会老，老了以后对我们的健康不利，所以要换掉。古代上巳节的时候，人们会结伴去水边沐浴，当时的人已经将其看成一个换魂的仪式，这样的话，每年虽然我还是我，但我的魂已经被换过了。其实什么是魂？我们的精神就是魂。所以我常常说，为什么中国人几千年来长期吃不饱，但是中国文化却能一直传承下来？因为“一元复始万象更新”，他们总觉得未来是有希望的，所以他们一年又一年地坚持着。

清明的时候要换火，火是生命，是力量。所以古代就有改火的制度。有人说是春秋两季改火，有人说是四时改火。有些老人生命力弱的时候就走了，所以大家说有人生病是季节转换过来的，所以要换火，让他平安度过。我们大年要守岁，不守不健康，其实就是说明这个节很特殊。清明也是一个特殊的节气点，要有一个改火的仪式，帮助我们度过春天的危机，所以“季春出火，民咸从之。季秋纳火，民亦如之”。中国的很多节日很有意思，上半年和下半年是对应的，中国人是用阴阳五行来理解世界变化的，只要把阴阳五行掌握清楚了，这个规律就清楚了。

《周礼·秋官·司烜氏》中说：“中春，以木铎修火禁于国中。”《论语》也说：“旧谷既设，新谷既升，钻燧改火，期而已矣。”四季改火都不一样，“春取榆柳之火，夏取枣杏之火”。

汉朝是很特殊的。汉朝是中华文化的奠基时期，很多制度都是从这里逐渐形成的。这个时期对古代的改火制度已经不太理解了，但是他们要做一个解释，这个解释就跟介子推有关系了。在蔡邕的《琴操》里面提到晋文公和介子推的故事，这是对改火制度最早的完整记载。书中说，晋文公作为公子在外面流浪的时候，介子推跟他一块儿流浪，流浪的过程非常艰苦，晋文公想吃肉，介子推就把自己大腿上的肉割下来给未来的晋文公吃，即给重耳吃。重耳回到晋国之后，封赏那些跟他一起游荡的人。他赏赐了很多人，独独没有封赏介子推，介子推也没有站出来说不公平，反而悄悄地背着他母亲藏到了绵山。后来有人提醒晋文公，说介子推对你那么好，你不赏他，人家会说你不公。晋文公就要赏赐介子推，但是介子推不出来，后来有人建议晋文公放火烧山，逼他出山，所以晋文公就放火烧绵山，结果介子推跟他的母亲被烧死在了一棵树下。晋文公很难过，就把那棵树砍回家做成一双木屐穿在脚上。从此，晋文公规定，在介子推死的这一天不能举火，这是古代的改火制度。

后来人们觉得介子推是忠臣，为了纪念他，因此在绵山上修了子推庙。

寒食应该说是结合这个传说而出现的新的节日，所以汉魏之际，寒食就在太原、上党这些地方流传开来，到了六朝之后演变成了全国性的节日，而唐宋时期，寒食清明合二为一，成为一个重大的节日。当然，寒食节俗在山西一带兴起时曾被政府一再禁止。

《后汉书·周举传》中说："太原一郡旧俗以介子推焚骸，有龙忌之禁，至其亡月咸言神灵不乐举火，由是，士民每冬仲辄一月寒食，莫敢烟爨。老小不堪，岁多死者。举既到州，乃作吊书以置了推之庙，言盛冬去火，残损民命，非贤者之意，以宣示愚民，使还温食。于是众惑稍解，风俗颇革。"

古代的地方官如何改变风俗呢？他们觉得百姓迷信子推，就说自己给子推上了奏，说让老百姓吃热的东西，这样的话，旧的风俗就有了明显的改变。

事实上，旧的风俗并没有改变，行政命令未必能够改变风俗，风俗只能慢慢演化。曹操时期下了一个令叫《明罚令》，说："闻太原上党西河雁门，冬至后百有五日，皆绝火寒食，云为介子推。且北方沍寒之地，老少羸弱，将有不堪之患。"所以官府下令人们不得吃寒食，否则要判刑，但是后来还是没有改变现状。后来民间寒食节吃什么呢？北魏南北朝时期，贾思勰在《齐民要术》当中说："百姓哀之，忌日为之断火，煮醴而食之，名寒食，盖清明前一日是也。中国流行，遂为常俗。"大家知道，唐太宗李世民跟山西有很大关系，所以唐朝时明令要求百姓禁火，如果禁火不彻底就要受处分,所以唐人卢象说“四海同寒食,千秋为一人”,可以看出介子推在当时的地位非常高,可能比屈原的地位还要高。

唐代将改火与寒食清明结合,寒食禁火,清明取新火,清明取火成为一个重要的仪式,不管是宫廷还是老百姓都会取新火,意义非常重要。所以韩翃有一首诗就写到了寒食的习俗:

春城无处不飞花,
寒食东风御柳斜。
日暮汉宫传蜡烛,
轻烟散入五侯家。

这一现象不仅在山西出现,在江南也同样出现。

唐朝重寒食,也提清明,唐朝时,寒食、清明都会放假。宋代,寒食、清明一体化了,清明变成一个娱乐节日,这是清明变成节日的过程。

二、祭祖与踏青是清明两大礼俗主题

清明的两大主题是祭祖和踏青。祭祖是为了亡者,踏青是为了生者。一死一生是人生特别关注的两件大事,所以清明节是一个死生并置的节日,今天,我们除了祭祖之外,还要关心生人的健康。

(一)礼敬祖先,慎终追远

我们中国人非常看重死亡。儒家最早是做丧事职业的,后来慢慢变成一个文化流派,慢慢变成文化主流,所以,《礼记》里面相当多的内容是讲丧葬的,这些内容占了很大的篇幅。所以,中国人看待死亡是非常严肃的,他们认为死亡不是结束。当然我们在佛教、道教之前,对于人死了之后到哪里去想得并不多,但是,他们认为死亡并不是终点,一定会有什么东西在那儿,所以,他们会做祭祀,而中国的神灵又非常多,但是我们最终祭祀的是人神,人神里面最重要的就是祖先。

中国的节日系统里面有三个大的节日,清明节是最大的,还有七月十五中元节,十月一日寒衣节。南方地区,中元节会办得特别大。马来西亚将中元节过得十分盛大，他们会举办很隆重的仪式，还要在街区上做供奉，烧化一些东西，还要给华人筹款，让华人在那里传承。他们虽然对二十四节气完全没有感受，但是他们发明了“二十四节令鼓”。我认为我们山西也可以这样做，搞一支我们自己的鼓队。每一个鼓的鼓曲跟节令的感受一定要结合，因此，我们还有很多工作要做。

古代是没有墓祭的，后来有势力的高层人通过修庙祭祀自己的先祖，而庶人没有墓，没有庙，就在自己睡觉、吃饭的地方搞一个象征性的牌位来祭祀。我们普通人有庙、有祠堂的日子是从宋代之后开始的。在唐朝寒食节的时候，虽然礼制没有明确规定，但是民俗已经有所实践，所以中国社会常常是礼制跟习俗之间有落差，士大夫的观念跟老百姓的观念有很大的落差，但是好的统治者会按照老百姓的想法去做事情。荀子早就说了，祭神这个事情“君子以为文，百姓以为神”，管理者会利用这些东西来做这些事情。

唐朝的时候，唐玄宗下令“士庶之家，宜许上墓，编入五礼，永为常式”，这就是一个祭祀的场景。

清明是一个上坟祭扫的时节，所以湖北民谚有“三月清明雨纷纷，家家户户上祖坟”一说，谁不上坟就会被人笑话，人家会说这家绝后了，所以大家都要利用清明时节去祭扫。

民间祭扫的时间是清明前后的这一段时间，我们叫“清明朝祖，前三后四”，清明的前三天后四天都是上坟祭扫的重要时间。广东一些地方叫“前七后八”，清明前后十五天都是祭扫的时间，但是新坟和旧坟的时间有不同的规定。清明节有两种祭扫方式，烧纸钱和挂纸钱。烧纸钱这个习俗很早，烧是焚化，可以送到亡人那里去。大家知道，唐朝的时候，清明当天禁火，所以不能烧，清明过后取新火。唐朝王建说：“三日无火烧纸钱，纸钱那得到黄钱。”今天，我们祭坟的时候要特别注意安全问题，防止山火发生。

用清明取的火去烧纸钱很吉利，所以强调“神前新火一炉香”。祭扫是一个孝亲意识的民俗公示。民间有一个习俗的压力，你如果不祭祖的话会有很多压力，当然现在有很多新的方式。所以民俗说“清明不祭祖,死了变猪狗”,听起来好像是提倡孝道,其实这是对历史的尊重,对先人的尊重。除了墓祭之外,清明时节还有祠堂祭,祠堂祭也被称为庙祭。当时,只有上层的人才可以祭祀,但宋代之后,祠堂流行,宗祠里面可以做祭祀,就是说,祠堂的门大部分时间是关着的,只有两个时间是开着的,人们在这个时间来念祖规,处分那些不遵守祖规的人。以前人受到刑罚之后,死了是不能埋到家族墓地的,所以有人作奸犯科的话,整个家族都会被连累。

传统社会重视家族祭祀,也重视历史先贤的祭祀。逐渐清明的家祭变成了社会的公祭,或者国家层面的祭祀,如祭先贤和祭天。这些先贤和我们的先辈一样,有几种人是被我们祭祀的,像黄帝,他是人文始祖,黄帝的祭祀从春秋时期开始,但对他真正的重视是从汉代开始的。

(二)踏青郊游,珍重生命的仪式行为

祭祀是国家大事。古代有两件大事,国之大事,唯祀与戎。目前中国正在增强自己的软实力,民族有信仰,国家有力量。

清明的物候有三候,这跟西方不一样,西方是七天一个星期,我们是五天一个节奏,清明的物候是一侯桐始华,二候田鼠化为鹌,三候虹始见。

花信也是时节的标志,花信是从小寒开始到谷雨结束。在踏青郊游过程当中,男女之间相互了解交往。大家知道,以前男女不常见面,女性是大门不出二门不迈的。清明的时候,很多女性出来游春,所以这个时候会发生很多男女的情爱故事,这就有了一个“后生踏青,攀个好亲”的谚语。

清明时节要戴柳。古代人崇拜柳树。戴柳插柳是一个特别的风俗,过去我们说“西出阳关无故人”,在灞桥要折柳相送,“无心插柳柳成荫”,柳树不管在哪儿,生命力都很旺盛,所以柳树是生命力的象征。清明的时候,柳树正要发青,我们既要用柳树传新火,也要把柳树作为一个信号。人们认为“鬼佈木”,认为鬼是怕柳的,所以柳枝是被人崇拜的。人们回家一定要带上柳枝,插到门上,这样可以防止鬼邪跟着你的身体回来。

俗话说,“清明不戴柳,红颜成皓首。”所以在信仰里面,柳枝是有生命力的。“柳”也有“留”的意思,意味着把春留住。新柳一般由人们在祭墓踏青时在墓地野外折回,宋人有诗“莫把青春都折尽,明朝更有出城人”。

此外,还有“清明不戴柳,死后变黄狗”的说法,也有“清明不戴柳,死在黄巢手”的说法,一说黄巢在中国影响很深,与很多民俗都有关系。这儿的戴柳有避兵的意思。

即使在今天,中国人依旧戴柳,柳跟生命有关系,所谓“招魂”和“安魂”,说的就是柳和生命的关系。

人们在踏青的时候可以做很多游戏,比如,放风筝。风筝最早是用来传递战争信息报告的,后来才有了叫“杨柳青,放风筝”的活动。

除了风筝之外,还有一个游戏就是荡秋千,这个游戏是寒食时候的游戏,后来移到了清明,据说这个游戏来源于朝鲜。此外,还有一个蹴鞠的仪式。

清明还有斗鸡、斗鸡蛋等风俗。

(三)清明节日饮食

我们今天的八宝粥、冷粥都跟清明有关系,还有山西的寒食宴等,这都是山西的饮食习惯。

清明还要喝茶,喝清明茶是喝一个象征,特别是城里人,所以清明茶有特殊的意义。过去是新火煮新茶,文化的味道不一样。

三、清明在当代社会的传承与创新

我们是现代社会,为什么还要过农业社会的节日?

清明是一个文化传统,有很强的文化象征意义,它是整个民族文化的象征,它对当代社会有非常强的服务和应用的价值,今天,我们不能原模原样地按照农业社会去过,但我们也无法离开它。

(一)感念先人,进行生命伦理教育

大家知道,中国人以汉族为主体,基本上没有特定的信仰,他们只信一种,那就是祖先;而且中国人特别重视返璞归真,特别重视利用这样一个传统的节日来纪念自己的先人。古代罗马有一个哲学家说过,“血缘通过善意与关爱将人们紧紧地联系在一起,因为具有同一家庭的传统、同一家族祭祀的仪式、同一祖传的墓地,是非常重要的”。

在清明祭祀的时候,我们要真诚,要严肃,因为这是对先人感恩的一个表示。

我们尤其要提倡感恩的情怀。感恩是社会基本的伦理基础,对亡故先人怀有一颗尊重之心和深深的崇拜之情,这是我们民族文化心理的重要组成部分。慎终追远是清明节的文化精神。

(二)贯彻环保理念,传承与更新祭祀方式

在古代,我们走向墓地可以做很多事情,但是今天在公墓,祭祀不再是一个私人活动,所以在祭祀的时候不能放鞭炮。大家知道,谢冰心是著名的作家,她的丈夫是个著名的人类学家。有人问她,你祭祀的时候摆上祭品,先祖知道吗?她说你们西方人祭祀先祖的时候摆上鲜花,先祖能够闻到花香吗?

我们现在也可以利用网络技术弥补自己不能回家扫墓的缺憾。有人在网上建了一个平台,在这儿可以祭先人,但是如果花钱雇人祭,祖先估计也不会原谅你。

清明是中国人特有的情感寄托方式,也是民族文明的传承方式,假如清明都不祭祖了,那么这个文化也就不存在了。

(三)亲近自然,激扬生命

春天容易犯困,可以利用这个游戏娱乐活动让你精神振奋。清明是春天的节日,是我们亲近自然、品位春天、激发生命活力的时节。

2017年4月2日

从《大宋提刑官》看中国古代的司法刑狱制度

钱　斌

钱斌，合肥工业大学副教授，博士，中国近现代国情研究所所长，硕士生导师，央视《百家讲坛》《法律讲堂》主讲嘉宾，安徽省“2012年度全省十大教育新闻人物”。

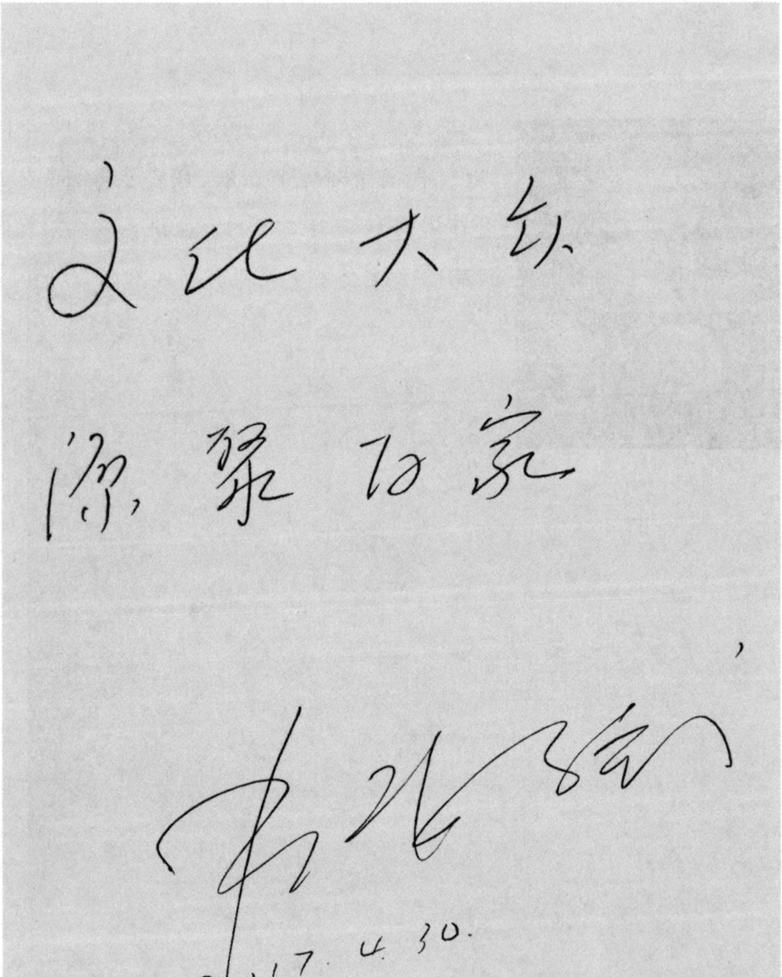
文化大众
源聚百家

2017.4.30.

在宋代，我们不仅有法律的审判系统，也有监狱系统，甚至有监视、督促这两个系统的监察系统，体系相当完备。我们也不否认其中存在的问题。由于西方的一些价值观、认识论、方法论流传到我们国家，造成了我们对古代的认识往往是按照西方的看法来看待，如果我们认认真真地去了解我们的历史，整理我们的文化，我们会发现它并不是西方人所说的那样。我们有自己的发展过程，正是因为中国古代在社会治理、法制建设上的完备，才推动了中国古代社会的发展，所以，分析我们民族的历史，分析我们的文化之后，我们才会有自己的认识，才能真正推动社会主义法治进程。这是一种民族文化的尊严和自信。

当然，推动历史的发展可能需要走很长很长的路，但是我相信，如果我们有一个宏大的理想，有一个宏大的情怀，坚持走我们的路，我们的未来应该是充满希望的。

一、一部影响中国和世界的刑名专著

清同治十二年(1873年)，英国剑桥大学一位叫嘉尔斯的教授漂洋过海到中国参观考察。他来到宁波后，看到官府在审理案件。清朝的案件审理程序当然和大英帝国的截然不同，这让嘉尔斯教授看得兴致勃勃，而更让他感兴趣的是，他看见审案官员的文案上摆了一本书。他经常在清朝的衙门里见到这本书。嘉尔斯就问，这书是干什么的。那个官员告诉他，这是一本“办案大全”，审理刑事案件少不了它。而且，这还是一本畅销书，不仅各级官员们有，就连那些幕僚、师爷们也是人手一册。这本书就叫《洗冤集录》。

那么，《洗冤集录》是怎么指导当时官员们侦破案件的呢？我们举一个例子。

清嘉庆年间，浙江平湖发生一起命案。一位大商人租了几条船，雇了一伙年轻力壮的船夫从平湖贩茧到上海去。这一路上倒也风平浪静，可是，船到乍浦附近，前面有一条运米的船挡住了水道。这边茧船上的船夫们大呼小叫让对方让路，但是，米船上的船夫并不给面子，自顾自地行使。这边茧船上的船夫也是年轻气盛，就驾船向前冲去，结果撞到了米船的尾部。米船上的船夫叫骂起来，双方打起了口水战。这时候，茧船上的一个船夫跳上米船，要打米船的船主。米船船主也不示弱，一脚踹倒了船夫。见到同伴吃亏，茧船上的船夫纷纷跳到米船上，围住了米船的船主，并对他拳脚相加。突然之间，那个船主哀号一声，鲜血迸流，倒在船上。不知是谁捅了他一刀，而且恰好捅在要害之处，那米船船主挣扎了几下，就没了气息。

出了人命，事情闹大了。茧商问是谁干的，可是他船上的船夫支支吾吾，互相推诿，没人认账。茧商自己推脱不了干系，只好让没打架的把那些打架的人拘住，然后送到平湖县衙，请县令发落。

这个县的县令刚好要离任，但是人命关天，他不能不管，只好升堂问案。县令详讯了案情的缘由，又到现场勘验，查实案情。但是，这个案子是谁做的呢？因为现场很混乱，大家都没看清，而船夫们又互相推诿，没人认账。这该怎么办呢？

县令又仔细研究了米船船主的尸检报告。看完了以后，他有了主意，下令把那些扭送来的船夫暂时关进大牢。

过了几天，县令叫人摆下酒宴，把大牢中的犯人们都请来吃饭，其中就有那批在押未决的船夫。县令对这些人说："我就要离任了。临走之前，想到你们这些人在大牢之中衣不暖食不饱，很是哀怜。我就让人摆下酒席，算是慰劳你们一下。"美食当前，犯人们开怀畅饮。酒足饭饱之后，县令叫狱卒把这些犯人带了回去，独独留下一个船夫。

这个船夫当时脸就变了。县令淡淡地对他说："你是怎么杀死船主的？"船夫当然叫屈。县令厉声叱道："你这该死的歹徒，还敢抵赖！死者伤在右肋，创口作右偏势，这是左撇子干的。刚才你们这些船夫吃饭，只有你用左手，难道你还想抵赖吗？"船夫无可辩解，只得服罪。

这个县令的断案思路是从哪里来的呢？因为《洗冤集录》里面有这

样一句话："若是尸首左边损，即是凶身行右物致打顺故也。"意思是说，如果是尸首左边有伤损，那是行凶人用右手拿东西击打所致，这是因为手顺的缘故。那个米船船主伤在右肋，当然是因为凶手左手持刀所伤。县令根据这个思路，轻轻巧巧就锁定了犯罪嫌疑人。

《洗冤集录》上记载的法医知识和方法让嘉尔斯教授大开眼界，于是他就想把这本书介绍到西方。不过，当时流传的《洗冤集录》版本多达几十种，该选哪一种呢？后来，在朋友的帮助下，他挑选了一个比较简单的版本，把它翻译成英文，分期刊登在英国的《中国评论》上，标题叫作《洗冤录或检尸官教程》。

在嘉尔斯前后，还有多位学者把《洗冤集录》翻译成了不同的文字向外传播。这样，《洗冤集录》就来到了欧洲，让西方人见识到了在显微镜和解剖术发明之前，世界上最先进的法医学，这在一定程度上推动了西方近代法医学和刑事检验技术的发展。也因于此，《洗冤集录》被公认为世界上最早的法医学专著。

大家看过很多西方当时的推理电影，包括福尔摩斯、大侦探波罗，在他们的技术之中，就缊含着中国法医技术的影子。那么，欧洲有没有法医学呢？《洗冤集录》刊印后三百五十五年的1602年，意大利人佛图纳图·菲德里斯写了一本《医生的报告》，这是西方法医学的开山之作。

20世纪50年代，苏联的契利法珂夫教授写了一本《法医学史及法医检验》。他把宋慈画像刻印于卷首，尊称他为"法医学奠基人"。这是西方学术界对宋慈所做贡献的至高评价，宋慈是我们的骄傲。

但是很可惜，我们对这位法医鼻祖了解得比较少，大家今天之所以到这儿来，只是因为看了一些电影、电视剧，对宋慈很感兴趣，所以我们研究《洗冤集录》的学者，很感谢这些影视剧，让大众对《洗冤集录》产生了好奇。

20世纪70年代，香港TVB拍了一部《洗冤录》，当时他们并没有打算取得多高收视率，所以选了一个很不起眼的人欧阳振华做主演，没想到这部剧一下子收获了很高的收视率。因此TVB拍了续集，收视率照样很高。与此同时，大陆也开始拍《大宋提刑官》，第一部和第二部的收视率都很高，所以国人才认识了这位法医鼻祖。

二、武绩军功：古代法官的由来

首先讲一下“法官”这个词，我们现在的法官是指在司法机构中审判人员的通称，司法权的执行者。

我们来看一个很有趣的例子。

清朝的时候，有个妇人拦轿喊冤。官吏问她有什么冤情，那妇人说她要状告老公养二奶。但是那官吏是个盐官，管不了这事，不过他很风趣，对那妇人说：“我是朝廷卖盐官，不管人间的吃醋事。”言毕扬长而去。

我们中国有官和吏，官是管人的，吏是办事的。我们讲“法官”，那就是官。但是古代中国很少有人专任法官。一般情况下，这个官员如果是管当地的行政事务，就会兼管当地的司法，你说他是法官，那也可以，所以我们要了解中国古代的法官究竟是怎么回事。

宋慈究竟是怎样一个人呢？

虽然《宋史》没有《宋慈传》，不过，借助刘克庄写的《宋经略墓志铭》，我们对宋慈就有了大致的了解。但是，让我们诧异的是，这位法医学的创始人，在他仕途的前半段，并不像荧屏上表现的那样去侦破案件。不仅如此，这位进士出身的文官，竟然还领兵打仗，而且还屡立战功。

宋慈怎么会打起仗来呢？

宋慈真正出仕的时候，已经四十一岁了。他得到的官职是江西赣州信丰县主簿，这是主要管理文书簿籍的官员，相当于现在的县政府办公室主任。在他担任主簿后不久，就碰到当地少数民族起义，史书上称这次起义为“三峒煽乱”。

南宋中后期，朝廷在政治上更加腐败，经济上也加重了对人民的剥削。当时赋役沉重，仅杂税一项即达正赋的九倍。在这种情况下，各种暴动、起义四起，全国大小起义多达二百余起。宋慈曾经做官的赣州和福建是当时农民起义发生次数最多的地区。而这次“三峒煽乱”的波及面很大，达数百里之广。朝廷一开始采用的是招安的政策，但是随着起义的不断升级，朝廷转而进行武力镇压。当地官府招兵买马，还把身为文官的宋慈也拉了进来，给他一个“准备差遣官”的官职，派他“剿灭叛贼”。

宋慈来到前线后，做了一番调查研究。他发现，并非所有的峒民都参加了暴乱，真正的“乱民”只是其中很少的一部分。峒民参加暴乱的原因是因为朝廷横征暴敛，民无所食。老百姓吃不饱肚子，能不造反吗？于是宋慈拿出粮食，赈济饥民，民心很快稳定下来，这也孤立了义军。

接下来，宋慈联系副都统制陈世雄，要求合力进剿义军。但是，义军的声势很大，陈世雄虽然手握重兵，却畏怯不前。宋慈没有办法，他经过一番侦查，只带领三百人，就击破义军控制的石门寨，旗开得胜。石门寨的丢失对义军造成了一定的影响。陈世雄一看有机可乘，也发动了攻击。但是他没有侦察敌情，结果遭到义军算计，进而惨败，“将官死者十有二人”，他不得不退守赣州。这一下，起义军声势更甚。

宋慈觉得，平定义军，还得用赈济灾民的办法，就联系在附近的另一支宋军将领魏大有，希望能得到他的支持。但是，一个文官第一次打仗就取得如此战绩，让身为武将的魏大有心里酸溜溜的，他驳回了宋慈的请求。宋慈没有办法，只得勉力再战，结果，他又破了高平寨，大获全胜。就这样，“三峒煽乱”很快被平定下去。

这平生第一仗，宋慈果然像辛弃疾一样果断和勇敢，像王佐那样体恤民众，不负好友所望。

这个勇猛过人的宋慈，他会武功吗？

从战场的表现来看，宋慈应该是有武功的。

可能有人会产生疑惑，宋慈是个儒生，怎么会学武术呢？

其实这是一个误解。在古代，我们称赞一个儒生优秀，会说他“通五经贯六艺”。“五经”指的是《周易》《尚书》《诗经》《礼记》《春秋》五部书，儒生要烂熟于心。“六艺”指的是礼、乐、射、御、书、数六种基本技能。其中，射指的是射箭，御指的是骑马驾车，这其中都有武术的内容。所以，一个儒生可能是文质彬彬的，但你千万不要以为他就是手无缚鸡之力之人。他也许能纵马驰骋，而且是百发百中。宋慈曾在南宋的最高学府——太学学习了十多年，接受系统的儒家教育，所以他会些武术一点也不奇怪。

宋朝是中国武术大发展时期，习武风气很盛。由于外族的频繁入侵和国内农民起义不断，地方民众纷纷组织起来，结社自卫。他们置办兵器，演习武艺，这是当时农村的一个普遍现象。城市甚至还出现了打擂比赛。据《梦粱录》记载，临安护国寺的南高峰设有擂台，各地的武林高手在此一较高下。宋慈在建阳农村生活二十年，然后去临安求学十多年，耳濡目染之下，他多多少少也学了点各门各派的武功。

武术不仅强健了宋慈的体魄，更锻炼了他的意志。宋慈在战场上敢于孤军深入、奋勇杀敌，这和他研习武术有很大关系。

可能有些人存在诟病，觉得宋慈怎么会镇压农民起义呢？这是一个误解，我们应该从历史的观点去评价。他是一个国家的官员，维护社会的稳定是他的责任，所以，我们不能批评他，而且难能可贵的是，他在平定民变的时候能够体恤百姓，不滥杀无辜，这是我们应该肯定的。

三、提刑官：中国古代法制监察的传统

嘉熙三年（1239年），年过半百的宋慈迎来了仕途的转机。这一年，他擢升为广东提点刑狱公事，后来又辗转江西、广西、湖南的提点刑狱公事。

提刑官的职权很大，据《宋史·职官志》记载，提刑官的主要职责是复核所属下级州县案件的判断、巡视监狱、稽查州县积压的案件，以及检举地方各级官吏“禁系淹延而不决，盗窃逋窜而不获”等的违法失职行为。后来，提刑官还要兼管保甲、军器、河渠等事务。不过，提刑官主要还是负责当地（本路）的司法和刑狱，因此，提刑司成为地方诉讼案件的最高审理机构，而宋慈这个“提刑官”就相当于现在的高级人民法院、人民检察院的院长。

我们知道的很多南宋名人都做过这样的官职，比如辛弃疾，他做过福建提刑官；朱熹做过江西提刑官。宋慈的一个老师叫魏了翁，他在四川任过提刑官；陈韡则曾在淮东提点刑狱。不过在宋代，因提刑官而闻名于世的则莫过于宋慈这位“大宋提刑官”了。

讲到这个提刑官,我们有必要进行一个梳理。中国古代的法官体系有审判和监理体系,其核心是判案,判案就要找证据,没有证据就不能断案。

国外的法学界根据证据的取得,将判案分为三个阶段:神证阶段、人证阶段、物证阶段。

神证阶段就是说证据是神给你的。比如安徽六安的皋陶,他在碰到断不下来的案子时,就会把他养的羊牵出来,他的羊只有一只角,以此为自己提供提示。史书记载,这个羊可以触理亏的一方,这就是神证阶段。这个小羊宠物就是中国古代鼎鼎有名的一个神兽——獬豸,所以古人去监狱或者要离开监狱都要给皋陶上炷香。

人证阶段是通过当事人的口供来断案。人证在西方延续了很长时间,一直到近代,西方才以证据来判定案件。但是西方法学界的分类在中国是不适合的,中国很早就重视证据了。春秋战国的秦国,我们通过发掘的竹简就能证明秦国重证据的特征,所以重证据一直是中国的传统,西方法学界的分类对中国并不适合。

举个例子,692年,来俊臣诬陷狄仁杰等大臣谋反,将他们逮捕下狱。当时法律规定,一经审问即承认谋反的人可以减免死罪。狄仁杰下狱后,认罪道:“大周革命,万物惟新,唐室旧臣,甘从诛戮,反是实!”来俊臣得到满意的口供后就将狄仁杰等人收监,只待来日行刑。狄仁杰向狱吏借来笔墨,从被子上撕下一块帛,书写冤屈情况,塞在棉衣里,让人送回家去。

狄仁杰的儿子狄光远得到帛书后,持信上告。武则天看了帛书,质问来俊臣。来俊臣道:“狄仁杰等人入狱后,我并未用刑,假如没有事实,他们怎么肯承认谋反!”武则天便命人前往查看,来俊臣伪造狄仁杰等人的谢死罪表,让使者上奏武则天。

武则天召见狄仁杰,问道:“你为什么承认造反?”狄仁杰道:“我如果不承认造反,已经死于酷刑了。”武则天又问:“那你为什么作谢死表?”狄仁杰道:“我没有写过。”武则天令人拿出谢死表才知道这是伪造的,于是下令释放狄仁杰,贬其为彭泽令。

宋代就更重视证据了，宋代是中国法系形成的时代，当时有断案的体系，有监狱的体系。除此之外，宋代有个特殊的体系，就是对案件的审理体系，对监狱系统要进行检查和复核，谁来干这事呢？当时就设了一个特殊的官职叫“提点刑狱公事”，简称提刑官，由朝廷选派，三年一换。

这种监督体系有时真能发挥作用。北宋有个叫余良肱的官员，就是通过复检发现疑点，从而找出真凶的。

余良肱进士及第后，被任命为荆南司理参军，这个职务是负责司法审判的。有一次，下属的一个县呈报了一个杀人案件，并说已经捕获凶犯，而且凶犯也已认罪。余良肱在阅读卷宗的时候就有些疑惑。后来他又参加了复检，还把凶器和死者的伤口进行比对，然后提出疑问：“岂有刃盈尺伤不及寸乎？”凶器刀有一尺多长，可是伤口却连一寸都不到，这怎么可能呢？所以这个案子一定有问题。后来才知道，认罪的人是被县里屈打成招的。余良肱自告奋勇，请求长官让他来办理这个案子，果然擒住了真凶。

整个宋代，大小官员是一定要看证据说话的。这是不是好事呢？当然是好事。但是好事有时候也会变成坏事，因为证据很难找，怎么办呢？有没有一个最简单、最经济实惠的办法呢？刑讯逼供就甚嚣尘上。

> 擅置狱具，非法残民，或断薪为杖，掊击手足，名曰“掉柴”；或木索并施，夹两脰，名曰“夹帮”；或缠绳于首，加以木楔，名曰“脑箍”；或反缚跪地，短竖坚木，交辫两股，令狱卒跳跃于上，谓之“超棍”，痛深骨髓，几于殒命。
>
> ——《宋史·刑法志二》

史书上记载，在宋慈所在的宋理宗时期，各级官员残酷地询问、迫害被告，迫使他们交出证据。宋慈就是在这样的环境之下当了大宋提刑官。当时南宋朝廷委派的地方官吏往往是一些经验欠缺的人，这就造成他们在审理案件的时候感到无处入手，加上“仵作之欺伪，吏胥之奸巧,虚幻变化,茫不可诘”,造成冤案累累。这怎么办呢?宋慈就“博采近世所传诸书”,写了一本办案大全,这就是《洗冤集录》。“示我同寅,使得参验互考”,以提高办案的准确率。

这本书宋慈写了三年,于淳佑七年(1247年)刊印。他没有想到的是,这本办案大全写得太好了,广受欢迎,不仅如此,宋理宗还下令刊行,推广到全国。

四、《洗冤集录》:中医法医学的杰出成就

首先介绍一种叫“金蚕”的小虫,它是武侠小说中极为厉害的一种毒物。金蚕是一种蛊。蛊是一类小动物。我们先从蛊的来历说起。

蛊是先民捣鼓出来的。那时候,人们信奉巫术。在巫术中,有治病救人的巫术,我们称之为白巫术;当然也有《哈利·波特》系列小说里面提到的,专门整人害人的“黑巫术”。蛊就是一种黑巫术。

历代史志、文人笔记、医学典籍都有对蛊的记述,各地民间亦有传说,其中最早的大概是《隋书·地理志》的记载。从这些资料中,我们大致可以复原制蛊的过程。

金庸在小说《碧血剑》中给我们进行了有趣的描述。少年侠士袁承志到了五毒教,教主何铁手向他展示了一场动物搏杀大赛。这场大赛是在一只圆桌面大小的沙盘上进行的。五名童子各捧着一只铁盒站到沙盘边上。随后,他们打开铁盒,这时从每只盒中各跳出一样毒物,跑进沙盘。哪些毒物呢?它们分别是青蛇、蜈蚣、蝎子、蜘蛛和蟾蜍。青蛇长近尺许,未见有何特异;而其余四种毒物,却均比平常所见的要大得多。五种毒物在盘中游走一阵之后,各自屈身蓄势,张牙舞爪,便欲互斗。

首先开打的是蜘蛛和蝎子,结果蝎子陷入蛛网,渐渐无力挣扎。蜘蛛正要享受美味,突然一阵蟾沙喷到,蟾蜍破网直入,长舌一翻,把蝎子一口吞入了肚里。蜘蛛大怒,便向蟾蜍冲去,它借助蛛丝,从空中掠过蟾蜍,在蟾蜍背上狠狠咬了一口。片刻之间,蟾蜍身上蛛毒发作,仰面朝天，露出了一个大白肚子，死在盘中。蜘蛛扑上身去，张口咬嚼。这边青蛇游过，忽地昂首，张口把蜘蛛吞入肚内，跟着咬住了蟾蜍。蜈蚣从侧抢上，口中一对毒钳牢牢钳住蟾蜍，双方用力拉扯。拉了一阵，青蛇力渐不敌，被蜈蚣一路扯了过去。不一刻，蜈蚣将青蛇咬死，在青蛇和蟾蜍身上吸毒，然后游行一周，昂然自得。

何铁手做了总结，她说："这蜈蚣吸了四毒的毒质，已成大圣，寻常毒物再多，也不是它的敌手了。"

何铁手说的"大圣"就是蛊。这场大赛蜈蚣最终获胜，所以它叫"蜈蚣蛊"；如果是别的毒物获胜，那就分别叫青蛇蛊、蝎子蛊、蜘蛛蛊、蟾蜍蛊等。如果参与搏杀的毒物非常多，数量近百，那最后剩下的"大圣"就更加厉害，而且它还会慢慢蜕变，形状变得像蚕，皮肤金黄。人们依它的外观形态取名，称其为"金蚕蛊"。据说这种金蚕蛊不惧水火兵刃，最难除灭，也最狠毒。据史料记载，至少在宋元时期，就有人蓄养金蚕蛊。

按照民间习俗，制蛊多在端午节前后。此时正值盛夏，太阳辐射强，日照时间长，降水丰富，虫蛇之类的毒物迅速繁殖长大，其含有的毒素也最多最盛。有人把它们捕捉来，令其自相残食，免疫力强的毒物吸收了别的毒物的毒素，战胜其他毒物活下来，最后成为蛊。这时候，它身上含有了所有死去毒物的毒素，毒性最大，其原理和分离出能抗结核菌的土壤细菌菌株相类似。制蛊，可以说就是毒剂的自然加工提炼过程。蛊就是活体的高纯度毒药。

制蛊者是要用蛊来害人的。根据资料记载，他们施蛊的方法也是多种多样。制蛊者可以念动咒语，驱使蛊飞出去作祟害人。被害人死后，制蛊者就占有了他们的财产。有的制蛊者还把蛊弄死，制成蛊毒，施用的方法就更多了。例如，他们可以将蛊毒置于饮食之中，使人食后中毒生病，甚至死亡；或者把蛊毒涂抹在自己手上，然后去抚摸人身，便能将蛊传给别人；或者用掺进蛊粉的墨画符，墨迹干后，若有人触动了神符，蛊药粉就会飞扬起来，被那人吸入口中，使其中毒；或者将蛊毒藏于指甲中，手指一弹便可害人；有的制蛊者甚至可以用眼睛传毒作祟等，让人防不胜防。当然，在施蛊的时候，制蛊者配有解毒药，他自己是不会中蛊毒的。

应当说,“蛊”在古代中国一直带有神秘的色彩,因它总是和下毒、谋杀或阴谋等联系在一起,每每使人谈蛊色变。这就造成了人心的恐慌,也造成了社会的动荡,所以历代官府对制蛊、用蛊之人都进行了严厉的打击。

由于严厉的打击,“蛊犯罪”受到了很大的限制。西汉时期,巫蛊犯罪发生在王朝的首都,到隋唐以后,逐步转移到南方。宋朝廷南迁之后,江南一带得到开发,养蛊蓄蛊之地转移至两广、福建及西南一带。

那么,“蛊”究竟是一种什么东西呢?目前,我们科学家还没有给出解释。不过,这却给小说家们渲染气氛、曲折情节提供了一个理想的道具。经过他们的描画,蛊成为武侠小说中最神秘、可怕的毒药之一。

那么,我们怎么才能不误读“蛊”呢?首先,蛊只是一种道具,一种符号而已。其次,在传统文化里,对蛊还有另外一种看法。《易经》中有一种卦叫作蛊,蛊卦“利涉大川”,又说“天下治也”。蛊是百虫互相残杀后的最强者,只有通过残酷的竞争,优胜者才能脱颖而出,所以这个卦从开始就很顺利。通过竞争,可以救弊治乱,拨乱反正,治理好国家(天下治也)。这样说来,古人还是蛮欣赏蛊的。

第二个,我们也讲一个有关苍蝇的例子。

宋慈在《洗冤集录》里记载了一个案子。这个案子很有可能是宋慈自己在案件复查过程中侦破的——这就是他所说的“洗冤”了。

一次,一个人被杀死在路边。尸检以后,县令认为死者是遭遇抢劫,然后被杀,抢劫犯也不知去向。然后,他把验尸报告和判案材料等具呈上报。

宋慈在复审的时候,发现了两个疑点:其一,材料中说被杀者“沿身衣物俱在”,也就是财物、衣物无损的意思。既然是抢劫,罪犯一定会拿走财物,也会在被害人身上翻检,他的财物、衣物怎么会无损呢?其二,验尸报告中说,被杀者“遍身镰刀斫伤十余处”,也就是说他被砍了十多刀。抢劫犯只是为了抢夺财物,如果被抢者反抗,他只要把人杀死即可,有必要砍那么多刀吗?所以这个案子判得一定有问题!

那么，这是一件什么性质的案件呢？宋慈说："今物在伤多，非冤仇而何？"罪犯没有抢夺财物，而是砍了死者很多刀，这是为了泄愤，因此一定是仇杀。死者和谁有仇呢？宋慈就找来死者的妻子，问她："你丈夫平素里与什么人结下过冤仇吗？"

妇人回答说："我丈夫平素为人很好，并没有和什么人结怨。"

"你再想想。"宋慈说。

那妇人说："我想起来了。前几天，某甲来借钱，但是这个人信誉不好，所以我丈夫没有借钱给他。那个人很生气，说过几天一定要借给他，否则会怎样怎样。这只是吵吵架而已，应该不算结怨吧。"

宋慈心里有数了，他叫人暗地里对某甲进行了调查。然后，他又派出众差役四下里分头贴出告示：死者系镰刀所杀。凡属附近居民，一律要将家中所有镰刀送交官府检验。如有隐匿者，必是杀人贼。

不久，居民们的镰刀被送缴上来，有七八十把。宋慈叫人在镰刀上做了记号，然后排摆开来，放在官府门前的空场上。

这时，正值盛夏，烈日当空，酷热难熬。听说官府在判案子，检验镰刀，人们纷纷前来，都要看看这位提刑官到底是怎样破案的。这时，连苍蝇也嗡嗡地来凑热闹，不过很奇怪，这些苍蝇并没有到处乱飞，而是齐齐地聚到空场上的一把镰刀上。

宋慈就问这把镰刀是谁的。某甲从人群中挤出来，应声说："是小民的。"宋慈喝令左右把他拿下。某甲高称冤枉："清平世界，荡荡乾坤，大人您凭什么要滥抓无辜？"

宋慈指着那把镰刀对某甲说："杀人者正是你这刁民。别人的镰刀上都没有苍蝇，只有你的镰刀上有。你杀了人后，虽然把刀上的血迹洗去了，但是刀上的血腥气还在，所以才会招来很多苍蝇。至于杀人动机嘛，是你借钱不得，心存怨恨。如今铁证如山，你还有什么可抵赖的？"

某甲无言以对，只有叩首服罪。

这个案子宋慈破得很漂亮，"左右环视者失声叹服"，他自己也很得意，所以就写进《洗冤集录》里了。

苍蝇的嗅觉非常灵敏。因为在它的触角上分布着嗅觉感受器，每个感受器都是一个小空腔，与外界相通，含有感觉神经元树突的嗅觉杆突入腔中，每个小腔含有上百个神经细胞。这样，即便是距离极其微小的气味分子，苍蝇都能“闻到”，尤其是腥臭味，据说它在动物死亡十分钟内就会赶到现场。当一只苍蝇吸吮腥味后，就会放出一种招引同类的特殊气味，别的苍蝇就会群集而至，越聚越多，这就是俗语“苍蝇见血”一词的由来。因此，苍蝇被誉为“死亡现场第一见证人”和“刑事警察的探案向导”。我国古代官吏凭借经验，明白苍蝇嗜血逐臭的特点，从而利用苍蝇巧破奇案。

《洗冤集录》的记载给人们提供了一条崭新的思路，后世的一些案件就是借助苍蝇来侦破的。清人胡文炳所作的《折狱龟鉴补》中，记载了这样一个案例。

有一次，一个商人在自己家的床上被杀。现场鲜血四溅，一片狼藉，令人毛骨悚然。杀人是大案，县令严令捕快缉拿凶手，但是凶手始终没有找着。县令生气了，后果很严重，他打了捕快们板子，并要求限期破案。捕快无奈，只好像无头苍蝇一样四处找寻，因为人手不够，还返聘了一位已经退休的捕快来帮忙。

一天，大家忙累了，坐在河边的茶馆喝茶。这时，一只小船划了过来，船上晒了一床被子，被子是绸缎面的，但一大群苍蝇却围着被子乱飞。老捕快马上放下茶碗，对大家说：“罪犯就在船上，赶快去抓！”众捕快都有点莫名其妙，但是县令的板子厉害，既然能抓一个糊差事，何乐而不为？于是众人一拥而上，逮住船夫，送到府衙。谁知这船夫到了大堂，不待动刑，立马认罪，承认是自己杀了人。

案件成功告破，有人就问老捕快：“您怎么知道这个船夫就是罪犯呢？”

老捕快说：“我也不能肯定。”

“那您为什么让大家伙儿去抓他呢？”

“是这样的，”老捕快解释说，“我勘验过现场，发现死者是在睡觉的时候被杀的。但是现场没有被子，这让我很奇怪，哪有睡觉不盖被子的？那个船夫晒的被子是绸缎面的，一个贫穷的船夫怎么用得起绸缎呢？这是第一个疑点。我又看见一群苍蝇围着被子飞，一定是被子有血腥气，虽然被子上的血被洗干净了，但是苍蝇还是能闻到，这是第二个疑点。有了这两个疑点，加上现场勘验的情况，我初步断定：这人一定和凶杀案有关系。”

我们可以看到，在宋慈以后，人们已经很明确地把苍蝇作为刑侦助手了。

这个还不算神奇，我们再讲一个更神奇的——检地之法。

在法医检验中有这样一种情况，凶犯将被害人杀死，然后放火焚尸，伪装成是烧死的。发现尸体的时候，尸骸几乎烧尽，犯罪证据已经灭失。怎么办呢？宋慈的办法是，捡去地上剩余的残骸，扇去灰尘，然后在地面上泼洒酒和浓醋，这时，就可以发现地面上出现鲜红的血迹。也就是说，即使是放火也烧不掉凶犯的罪证。当然，这必须是犯罪第一现场，大量的血已经流到地面，泼酒醋后才能发现血迹。

酒浇、醋浇现形实际上是一种化学方法，就是说酒醋和血液中的物质产生化学反应，所以能显示出血迹来。现代的法医在案发现场已经不用酒醋了，取而代之的是联苯胺和过氧化氢，如果现场曾有血迹，就会发生化学反应，呈现出特有的颜色，帮助法医判断案情。

在《洗冤集录》里只有这一种“检地”法。但是古人的探索并没有结束，在宋慈以后，不断有人总结出新的检地法，到了清朝，检地法已经发展得相当完整，成为一个非常有东方特色的刑侦方法。我们以后人补注《洗冤集录》时附注的一个案子来说明。

清乾隆五十五年（1790年），湖南武陵县有两个和尚，他们一个叫麓庵，一个叫豁然。

一次，两个和尚不知因何故打架，而且上演了全武行。麓庵一棍打去，正中豁然的左后脑，豁然应声仆倒在地。麓庵赶上前去，又在豁然的后脑勺来了一棍，豁然惨叫一声，当场身亡。一看打死了人，麓庵害怕了，他把尸体抬到野外烧了，想焚尸灭迹。

案发以后，官府派人到了焚尸现场，发现现场只剩下牙齿和部分残骨。怎么揭露麓庵的犯罪事实呢？现场官员就使用了检地法。

他叫仵作把地面清理干净，先用柴碳在地面烧，等地面烧热之后，把芝麻撒上去，然后用扫帚轻扫，把芝麻扫均匀，很快地面上就显出一个人形，手足头身都可以看得一清二楚。仵作丈量了人形的长度，是四尺八寸，这是死者的身高，和豁然的兄长讲的相符。人形左后脑、后脑部位芝麻比较浓密，仵作丈量了一下，都是斜长一寸左右，宽四分多，说明这两个部位受伤出血，是致命伤。

做完这些后，仵作把地上的芝麻扫干净。然后又用柴碳把地面烧热，浇上酒糟水，然后再用柴碳烧热，再撒上醋。接下来，仵作把一张红漆面的桌子桌面朝下，扣在地面。过了一会儿，众人翻过桌面，只见桌面上有一个像蒸汽一样的晕痕，同原先那个人形没有两样，而且左后脑、后脑两处伤痕更加明显。

桌子被抬回县衙，麓庵见到后，认罪服法。

这种"检地"法有没有科学道理呢？有。因为尸体被焚烧以后，肌肤甚至骨髓的脂肪便会受热融化，渗入土中。如果用柴碳在焚尸处加热，这些油又会从土中渗出。扫去柴碳，撒上芝麻，芝麻中的油会和尸体溢出的脂肪油凝聚在一起显现出尸体被焚时的姿态。人体的脂肪油和酒醋在加热后与桌面的红漆发生反应，可以留下晕痕。这样做也保存下了勘验结果。

检地之法让我们有点天方夜谭的感觉。在科技并不发达的古代，人们利用积累起来的点滴经验，总结出一套行之有效的刑侦方法来揭示案情，震慑和打击罪犯，这种积极探索勇于创新的精神值得我们敬仰和学习。它也印证了这样一句话，那就是"要想人不知，除非己莫为"！

五、衰落的思考：究竟是"人治"还是"法治"

在整个中国古代，案件的审理、刑律体系，以及对证据的获得，应该说是达到了匪夷所思，甚至瞠目结舌的程度。但是很可惜，就如同规定法官必须找到证据而导致刑讯逼供一样，《洗冤集录》的大大推广也导致了后世的很多官吏胶柱鼓瑟。我可以举个例子，也就是大家非常熟悉、神秘莫测的法医技术——滴血认亲。

实际上在《洗冤集录》里面最早的是滴骨认亲，用来认定生者和死者是不是有血缘关系，后来人们把滴血认亲补了进去。这两种方法影响中国法律界六百年，成为官府对亲子进行鉴定的一套方法，以至于我们现在经常能在影视剧里面看到滴血认亲的方法。

章某家里很穷，妻子死了，没钱续弦，但是他并不安分，就和一个有夫之妇勾搭上了。妇人的丈夫因病去世，章某就立马和这个妇人成婚。两人婚后六个月，妇人产下一子，后来也没有再生育。

章某娶了妻得了子，心满意足，于是辛苦持家，家境逐渐殷实起来，有了两顷山田。这就引起了族人的垂涎，要谋夺章某的财产。他们说，章家的这个孩子六个月就出生了，没有足月，所以应该是妇人和她前夫的孩子。如果孩子果真是章某的，那妇人怎么会一直没有再生育？这就说明，孩子是个遗腹子，不属于章氏血脉。他们要求章某另外在族里找一个章姓男孩来承继香火。章某一家当然不干，族人也不罢休，双方因此产生纠纷，闹到县衙。

这个案子要是证明孩子不是章某的骨肉，该怎么办呢？许仲元说："此非滴血不辨。"也就是说，只能用合血法来验证。他让人取来一只大碗，自己亲自用温水洗净，再倒满泉水。然后，他让章某站在左边，孩子站在右边，把袖子都捋起来。许仲元用两枚大针同时刺入他们的胳膊，两缕鲜血就流了出来，落进碗中。接着，人们就看到一幅奇景："左者渐趋而右，右者渐趋而左，初甚纡徐，愈近愈速，翕然合同而化矣。"碗中的两团鲜血互相靠拢，最后竟然融合到了一起！既然两人的血可以融合一处，说明他们有亲缘关系，的确是父子，族人再也无话可说。

我们来看纪晓岚在《阅微草堂笔记》里的一个案子。

有一个山西人，他把家产托付给弟弟照管，自己外出经商。他在外面娶了妻子，还生了一个儿子。到了孩子十多岁的时候，妻子病死了。后来因为在外买卖不好，这位山西人就带着儿子回家了。到家后，弟弟唯恐自己手中代管的家产不保，就造谣说，哥哥的儿子不是亲生的，而是收养的。因为按着礼法，过继的儿子是不能继承父亲财产的。现在哥哥年纪大了，又没有子嗣，以后财产自然还是他的。兄弟俩争执了起来，最后告到县府。

正赶上这里的县令是个糊涂官，他不去调查哥哥在经商时是否娶过媳妇，生过儿子，而是直接用合血法进行鉴定。一般来说，亲子鉴定在程序上应该排在最后，非到万不得已，不宜使用。因为一旦鉴定失败或者失误，对当事人会产生很大影响，后果是很严重的。

不过这个糊涂县令很走运，他进行合血法鉴定，两个受验者的血竟然完全融合在一起。县令据此判定：孩子是哥哥的亲生骨肉。然后打了弟弟一顿板子，把他赶了出去。

挨了板子之后，弟弟很不服气。回到家中，他仿照县令的做法，把自己和儿子的血放进水里，但两滴血并不凝在一起。于是他以这个试验结果去知府那儿上诉，说县令的方法不能作为判案的依据。

知府接到案子，也没有去调查哥哥是否曾经娶妻生子，因为他对合血法的鉴定结果是深信不疑的，《洗冤集录》还会有错吗？反过来，他倒对弟弟进行了一番调查。调查的结果是，弟弟的老婆与人有奸情。这下就可以解释了：之所以验血不合，是因为这个孩子根本就不是弟弟的，而是别人的。于是，太守驳回了弟弟的上诉。

这个案子判下来，弟弟羞得无地自容，他“竟出妇逐子”，自己也跑到外地，家中的资产“反尽归其兄”。

这个案子我们当一个笑话来听，但从中可以反映出一个问题，法治健全不错，但是我们在推行法治过程当中，对于推行法治的人还应该有一个不断培养的过程，不能让他们因循守旧，必须加强他们的教育，才能使法治的体系得到良性的运转。

通过我刚才的介绍，大家可以发现，其实中国古代的法制挺完备的，在宋代，我们不仅有法律的审判系统，也有监狱系统，甚至有监视、督促这两个系统的监察系统，体系相当完备。我们也不否认其中存在的问题。由于西方的一些价值观、认识论、方法论流传到我们国家，造成了我们对古代的认识往往是按照西方的看法来看待，如果我们认认真真地去了解我们的历史，整理我们的文化，我们会发现它并不是西方人所说的那样。我们有自己的发展过程，正是因为中国古代在社会治理、法制建设上的完备，才推动了中国古代社会的发展。所以，分析我们民族的历史，分析我们的文化之后，我们才会有自己的认识，才能真正推动社会主义法治进程。这是一种民族文化的尊严和自信。

当然，推动历史的发展可能需要走很长很长的路，但是我相信，如果我们有一个宏大的理想，有一个宏大的情怀，坚持走我们的路，我们的未来应该是充满希望的。

我今天这次讲座所讲的其实是一种传承问题。我们要传承的是一种精神，这种精神是什么呢？这种精神是一种创新精神，是一种自强不息的奋斗精神，是一种厚德载物的博大胸怀。如果我们珍惜这样的精神内核，传承这样的精神因素，就一定能够实现我们民族的伟大复兴。

谢谢大家！

2017年4月30日

河津固镇宋金瓷窑址

王晓毅

王晓毅是理学博士，山西省考古研究所副所长，副研究馆员，北京大学考古文博学院博士后，河津固镇考古项目负责人。主要研究方向为新石器时代考古及技术史。出版有《山西通史——远古卷》《岁月遗珠——20世纪山西重要考古发现的文化解读》两部学术专著，《垣曲上亳》等考古报告三部，获得山西省学术技术带头人、山西省宣传文化系统"四个一批"人才等称号。

都道官哥汝定钧
瓷枕还看古龙门

王晓毅
2007年7月2日

河津窑恰恰处在宋金对峙的历史时期，也是宋金文化交流的一个中心点。河津窑的这些发现是当时历史格局下的一个小的文化缩影。

今天这个讲座的题目叫“河津固镇宋金瓷窑址”，这是有几个关键词，河津固镇是一个地名，宋金是一个时代，瓷是一个文化性质，窑址是我们的考古发现。

大家知道干考古的一说一个物件，一说一个东西，不是说这个东西值多少钱，而是这个东西在哪儿出的，它是什么时间的。所以说时间和空间对我们任何一个做考古的人来说都是非常关键的一个点。

我先做一个引子，宋金大家都清楚是什么时候，为什么是宋金？因为宋金时期，山西相当发达，整个宋金时期，山西的制瓷手工业在全国是居于领先地位的。为什么大家都会说官窑、哥窑、汝窑、定窑、钧窑，不说我们山西的窑口呢？因为山西以前没做过宣传，也没有做过记载，这就是为什么2016年山西河津窑的这项考古发现能够荣列全国十大考古发现之列。大家都知道河南有很多窑口，陕西有耀州窑，河北有邢窑、定窑、井陉窑，河南有钧窑，而山西的相关情况却非常少。

今天我把这项发现为什么能够获得去年全国十大考古发现的一些由来、具体的精彩之处给大家做一个专门的讲解。讲座分为四部分：第一就是缘起，我们为什么要在固镇这个地方做瓷窑的考古；第二点是讲北宋时期古镇瓷窑的一个文化特征；第三个部分是讲金代的文化特征；最后总结一下本次河津固镇发掘的意义。

一、缘起

（一）河津窑区位

为什么这个瓷窑在河津固镇而不是在盐湖区？可能是因为我们山西现在制瓷的地方非常少，大家对制瓷手工业并不是特别了解。制瓷业实际上是一个资源密集型产业，在古代更是如此。它对于原料、燃料、运输的要求特别的高，这就是古瓷窑为什么会选择固镇这个地方的原因。

我们在2015年、2016年以及河津市全国第三次文物普查当中发现,河津目前存留有四个瓷窑址。

最北边的是老窑头,这个窑址一直到20世纪的70年代还在烧,好多运城人到河津去,都会到老窑头捎一摞碗,这个传统一直保持到了"文革"时期。我们现在在老窑头村还能看到三四个当时烧瓷窑的窑炉,可惜这时烧的是黑釉的粗瓷。

另外,东边的是北午芹。北午芹是发现的比较早的瓷窑。大概是20世纪五六十年代,山西的一个叫水既生的古陶瓷学者,在河津调查的时候首先发现了北午芹遗址。从目前公布的材料来看,北午芹瓷窑址大概在唐末到五代时期,比固镇发现的瓷窑址年代要稍早一些。另外在固镇和北午芹之间还有个古垛,这个古垛也是我们在调查中发现的目前可能仅存的一个非常小的只有两三百平方米的瓷窑址。在断崖上我们获取了一些瓷片,它的年代大概也是五代到宋代的初期。

从北午芹、古垛、固镇,一直到老窑头,从唐末到五代,到宋代的早期,到宋末,再到金代,一直到明清,瓷器的烧制传统一直在延续。为什么呢?

(二)陶器与瓷器

我们都知道陶瓷,事实上陶器和瓷器不是同一类产品。什么是陶器?什么是瓷器?

陶和瓷都是烧制的,陶是比较简单的烧制,而瓷器是另外在烧制的过程中又进行一些加工才得来的。研究古陶瓷的人都知道,陶器出现的年代比较早,大概在距今一万年前。湖南省道县的遗址中发现的陶片将最新的测年数据延伸到了距今一万五千年之前,可能最早能到距今一万八千年前。距今一万八千年前,我国境内就有人已经开始烧造陶器。大家不要小看这个陶器,在没有陶器的时候,我们是没有盛储工具的,吃饭、喝水很不方便,自从陶器出现以后,容器就出现了,它能够盛水,能够盛食物。这实际上是人类技术史上的一个极大进步,大大改善了人们的生活质量。

划分旧石器时代、新石器时代的一个最重要标志就是陶器的产生。新旧石器的交替大概在距今一万两千年左右，新旧石器交替的标志有四项：第一项是农业出现；第二项是定居；第三项是陶器的产生；第四项是打制石器变成了磨制石器。所以说，陶器的发明和产生是人类社会的一个极大的飞跃和进步。

陶器和瓷器的区别有几个技术指标：首先，制造陶器的原料是黏土，普通的黏土在黄土高原上一抓一大把，经过一定的温度都可以烧制成陶器，但是它烧不成瓷器。瓷器的原料一定是瓷土，也就是我们说的高岭土，普通的黏土可以烧制陶器，但是不能烧制瓷器。瓷器必须用高岭土来烧制，这是陶器和瓷器的一个最大区别。

从外观上来看，陶器比较粗糙，瓷器比较光滑。我们平常吃饭用的碗碟、盘子都是瓷器。瓷器为什么光滑呢？因为瓷器是要打釉的。瓷器和陶器还有一个不一样的地方就是瓷器是施过釉的，陶器是不施釉的，这也是陶瓷的一个重要区别。

陶和瓷的第三点区别就是陶器的烧成温度是八百度以上，瓷器的烧成温度是一千二百度以上，高岭土在一千二百度之下是没法凝结成瓷器的。

所以说，二者的区别首先是它们的原料不一样，陶器是用普通黏土制成的，瓷器是用高岭土制成的；陶器是不施釉的，瓷器施釉；陶器的烧成温度大概是七八百度，而瓷器的烧成温度要达到一千二百度。后来陶器也有施釉的釉陶，出现很晚。

瓷器是什么时候产生的呢？

山西大窑口墓地发现了原始青瓷，这个墓地是西周墓地。有早期资料提及，商代也有一些原始青瓷。最早我们叫它原始青瓷，它虽然施釉比较简单，但确实用了高岭土，烧成温度也比较高。以前我们学术界都认为，瓷器的烧制在距今三千二百年前。

今年，和河津固镇瓷窑同时并列全国十大考古发现的还有一个云南苦寨坑，这是一个烧制原始瓷的窑址。它为什么会是全国十大发现呢？因为在这个地方发现了距今为止全国最早的原始青瓷，根据碳14

的测年数据,一方面,这个青瓷具备了瓷器的基本特征,另一方面,和这些青瓷共生的一些植物种子、木材的碳14测年的数据也把我们认识的最早的瓷器的烧造历史又往前提了五百年,也就是距今三千七百年前。

以前,我们认为最早烧造的瓷器大概在商代,也就是距今约三千二百年前。现在这一窑址的发现使这一时期提前到了夏纪年的早期阶段,整整往前提了五百年,所以这个地方也获得了今年的十大考古发现。

瓷器有三个特点,一是它的原料必须是高岭土,所以说一个瓷窑周围必须有高岭土矿。因为瓷器是一个很大体量的东西,再加上古人的运输条件并不发达,所以古人不可能从很远的地方去运高岭土,再专门来这个地方烧造,因此瓷窑附近一定要有瓷土矿。

另外,它的烧成温度要达到一千二百度以上,用普通的木柴来点火,烧成温度是达不到一千二百度以上的。

我们普通的木柴经过一系列的加工,把它变成木炭以后有可能将温度提升到一千二百度以上,另外还要加上相当发达的鼓风技术和鼓风设备,温度才能达到一千二百度以上,所以说瓷窑的选址对燃烧的要求也是非常高的。到了宋金时期,煤的使用已经非常普遍了。在今年之前,大家都认为煤的普遍使用也在战国和汉代以后,今年也特别巧,在十大考古发现的评委会上,也有一个关于人类使用煤的痕迹的项目,虽然该项目没有入选全国十大考古发现,但对印证瓷窑的真实性有一定启发。新疆有一个项目发现了大概是距今三千五百年之前,也就是夏纪年,人类使用煤的痕迹。以前我们都认为大概是战国到汉代,也就是距今两千五百年左右,人类才开始使用煤。这个发现一下把中国人用煤的历史又往前推了一千年。特别巧的是,离这一瓷窑所在的固镇仅仅不到十公里的地方就是著名的王家岭煤矿。

另外,瓷器需要贸易,需要运输,因此,瓷窑要具备便利的运输条件。黄河在禹门口之上是川陕大峡谷,川陕大峡谷滩多弯多,特别险,在禹门口之上,整个黄河不具备通航的意义。禹门口就是鲤鱼跃龙门的地方。过了禹门口之后,黄河的河道突然就变宽了,水也开始变缓了，禹门口之下的黄河才会作为一个河道使用，才会具有通航的意义。恰好河津固镇在黄河东岸的遮马峪，遮马峪在黄河东岸的一个支流上，因此河津固镇从支流到黄河干流的交通特别方便。所以河津的这几处瓷窑是具有天时地利条件的。因此古人在河津创造了非常发达的瓷器文化。

（三）消失中的固镇窑址

大家可能都很好奇，你们考古人平常都在挖什么？你们为什么要在一个地方挖？

我们干考古的还真不是想挖哪儿就挖哪儿，我们都是有选择、有目的，而且是接受任务式地去挖。《文物保护法》里边规定得相当清楚，所有的考古发掘都要经过中华人民共和国国家级的文物行政管理部门来批准，也就是说在我们中国境内，所有进行的考古发掘都要经过国家文物局的批准，任何的省、市、县人民政府，文物行政管理部门都没有权力批准一项考古发掘。什么人可以从事考古发掘？国家文物局每年都会审核考古发掘资质，取得考古发掘资质的单位才能够进行考古发掘。所以首先要求从事考古发掘的单位要有资质，随后逐级向国家文物局申请，国家文物局批准了，我们才可以进行考古发掘。

又有人要问了，你们为什么要在这个地方挖呢？《文物保护法》是文物行业的一个根本大法，其中的十六字方针“保护为主　抢救第一　合理利用　加强管理”是我们从事考古的人必须要遵循的理念。我们真不是看见什么好就挖什么，遇到什么好就挖什么。

河津宋金瓷窑址在河津市第三次全国文物普查期间就已经被发现了，2015年我们就锁定它了，但是我们没有下手，也没有下决心去挖它，因为该地从宋代、金代保留到现在非常不容易，但是我们也没有掉以轻心，而是对这个遗址进行了监测。现在的谷歌地图非常发达，我们就定期下载这几个窑址的卫星片子进行观察，后来大家发现，2014年的时候，窑址的高程大概是七百八十米，到了2016年的时候，它的海拔高程就变成了七百七十六米，也就是说两年的时间，窑址所在的这个地块已经因为农田基本建设被削平了四米。四米是一个什么概念？四米的高度足以对窑址造成一个毁灭性的破坏，这会直接把一些窑址全部给推没了。

在2016年上半年遗址发生大范围的破坏和地形面临大面积变化的情况下，我们山西省社科联和河津市文物局联名向国家文物局申请对河津固镇宋金瓷窑址进行抢救性发掘。国家文物局很快做了批复，大概2016年4月份的时候，我们和河津文物局共同组队进入了固镇瓷窑进行发掘。

（四）固镇瓷窑址

固镇瓷窑址当时分布的面积非常大，现在这个四米一去掉之后，就剩下两个秃秃的山头。这两个山头上就是仅存下来的一点点遗迹。仅存的固镇窑址被分为两个地方，一个叫上八亩，一个叫下八亩，上八亩保存得还比较好，下八亩基本上已经被推到窑室的平面上了。

另外，我们通过区域的系统调查还在上八亩和下八亩地点的北边，也就是遗址最北边发现的一个北涧，当地叫作北涧疙瘩。我们把这个北涧疙瘩也进行了一个清理发掘，尽管这里破坏程度比较大，但是由于抢救得还算及时，还是挽回了一大批珍贵的文物。

因为当时的制瓷手工业还是作坊式的，而不是现在的集团化生产。我们刚好挖的是四组一一对应的作坊、窑炉，一个作坊可以对上一个窑炉，感觉非常好。而且这一窑址在时代上也非常明确，北边这个北涧疙瘩就是北宋时期的，包括它的遗迹、窑炉作坊，还有它的遗物。下八亩、上八亩则是金代遗迹。这种发现对于考古界来说是相当值得高兴的。

二、北宋

（一）作坊与窑炉

本次发掘北宋时期窑址的一个收获主要集中在3号作坊，在北涧疙瘩地点。这个北涧疙瘩就一个作坊和一个窑炉，这里有三孔窑洞，两孔大窑洞、一孔小窑洞，这三孔窑洞就是它的一个作坊，为什么说它是作坊呢？

左边窑洞的门前还留着两件石杵。高岭土矿是矿石，需要用杵把它碾成粉，最后再澄变成特别细的瓷土，只有这样才能用。右边的这个窑洞门前摆了很多的匣钵，什么是匣钵呢？古人烧瓷都要使用匣钵。这和他们使用的燃烧物有关系，因为使用木炭或者煤作为燃料，用烟囱一抽，不仅把火抽到窑池里去了，还把燃料的一些灰烬也抽到窑池里去了。瓷器刚开始时将干未干，外边施了一层釉，灰烬沾到釉上面会影响瓷器的光滑度，所以说，瓷器并不是赤裸裸地被摆放到窑床上，而是装在一个泥盒子里边。这个泥盒子是封闭的，目的就是要防止灰对瓷器的釉造成污染。装这些瓷器的盒子就叫作匣钵。

一些窑室中还放有窑具，这是因为所有的瓷器都装在匣钵里边，都是摞在一起烧的。这个窑炉窑室并不大，不可能一个碗装一个匣钵。为了提高生产效率，一般都是把一摞一摞的瓷器摞在一起烧制，因为施釉以后釉还没有干，碗容易粘连，因此窑工就想了很多办法，有的时候是把底部圈足的釉刮掉，有的时候就是使用窑具来码放。

河津窑大量使用一种叫三叉型的支钉的窑具码放瓷器。就是做一个个小三叉，三叉上放三个小支点，然后两件碗互相摞的时候，中间就用这个三叉支钉把彼此给隔开，防止两件碗相互粘连。就是因为采用这样的窑具，所以我们在瓷器上会看到它的一些特征，这就是窑具留下来的。

好多人会问为什么这个碗是宋代的？是金代的？是河津产的？是河北产的？因为每一个时代的工艺不一样，生产的器物上面也会留下时代的烙印。每一个地方也会有它独特的工艺，也会在它生产的器物上留下烙印。这成为了我们断代的基础和依据。

我们还发现了金代的三个窑炉。北宋的窑炉和金代的窑炉到底有什么不一样？北宋的窑炉比较简单，大概由以下几部分组成，前面第一部分叫火膛，火膛后边有一部分叫落灰坑，中间有一个挡火墙，之后就是窑床，后边有两个烟室。

前面火膛部分很容易理解，就是添柴添煤进行烧火、产生温度的地方。挡火墙把火膛和窑床之间略微隔开，不让烟直接抽上来。我们的器物就摆在窑床上面，后边有两个烟室。一定要把烟抽走，才能把火抽到窑床上面。两个烟室非常有特征，我们请教了景德镇陶瓷学院的专家，像同样的窑炉结构在目前全国的同时期的窑炉结构里边并没有发现，也没有发现过这么大的烟室。

一般情况下，你想抽烟很容易就把烟抽走了，为什么要有这么大的烟室呢？

这位专家做了一个推测，认为设计两个大烟室的目的，可能是为了提高生产效率。大家知道，我们做瓷器坯子的时候不能将其湿漉漉地放到窑床里面去烧，施釉之前也不能烧，它要有一个晾坯烘干的过程。把这个烟室结构做大以后，可以把晾坯工序放在烟室里边，这样就能大大提高生产的效率。这种结构的烟室、窑炉在同时期的其他地方是没有发现的，所以说这种结构的窑炉也是我们山西的老祖宗为中国的制瓷手工业所做出的一个贡献。

在右边，大家看到的都是一些窑具。带了一个小提撩的那个叫火照，像锅盖一样的那种火照也是我们河津窑的一个特点。全国发现的历代的瓷窑可能有一千多处，但都没有见过这种样子的火照。火照的作用是什么？窑炉一旦封闭就会形成一个封闭的气氛，仅留一个小口，由窑工来观察窑内的环境，了解火的大小及窑内的温度。这个火照就是将一个钩子挑到窑内去测试窑内温度，再把这个小火照从窑里面挑出来观察陶器烧制的程度，然后决定下一步该用多大的火、再烧多长时间。

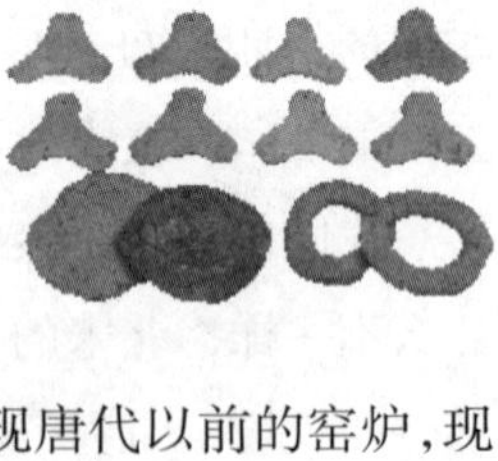

还要介绍的一个窑具是窑柱。什么是窑柱呢？这个窑的上部分已经被毁掉了，我们看到的是窑的下半部分。北方的窑我们叫其馒头窑，南方的窑我们叫其龙窑。龙窑非常大非常长，它从商代开始就是那个样子。山西还没有发现唐代以前的窑炉，现在的这个窑炉可能是山西目前发现的最早的一个窑炉。

北方的窑炉都是馒头窑。上面是一个形似馒头的空间，一个窑一个火膛，一个窑室两个烟囱。这种馒头窑属于倒烟窑，就是先把火抽到上面以后，然后顺着窑壁往下走，所以说在窑床的底部是没有火的，是没有温度的。窑柱的作用就是把窑内的一些产品抬高到能过火的位置，保证每一件产品都能过到火，都能把它烧熟了，烧成瓷器。

一个匣钵里面刚好能摞四个碗，碗中间放着三叉形的支钉，我们管这种方式叫正烧，就是将碗口向上摞起来的烧法，这种叫正烧。另外还有一种技术叫负烧，就是碗口向下的烧法。

（二）瓷器品类

河津窑出土的精细白瓷又白又细，胎特别的密。宋代的器形体量都非常的小，小碗小碟小盏，特别素雅。这些瓷器以白色为主，不施加任何的装饰，烧出来就是白的，仅仅就是有一个花瓣口、葵口的装饰，非常简单。

（三）装烧工艺

1. 三叉支钉叠烧

三叉支钉叠烧是北宋时期的一个装烧技术，观察当时的碟子，我们会发现其底部还留着三个小芝麻点，这是这一装烧技术留下的痕迹。

2. 涩圈叠烧

施釉的时候是施满釉，为了不和下边的碗粘连，就会把瓷器底子上的釉刮掉，然后把芯中间的釉也刮掉，中间不加支钉，把两件瓷器摞在一起烧，这就是涩圈叠烧工艺。

（四）北宋细白瓷特点

1. 白。X射线荧光分析结果显示，其瓷胎氧化铝含量高达40%，铁钛杂质含量极低，白度高于邢定白瓷。

我们为什么用X荧光做这些检测呢？大家都知道南青北白，南边以烧造青瓷为主，整个北方是以烧造白瓷为主。唐五代的时候，白瓷的代表是河北的邢窑；宋金的时期，白瓷的代表是定窑。定窑在河北的定州，以钧窑、邢窑、定窑为代表的河北白瓷可以说是中国白瓷手工业的最高水平。

为什么瓷器会白呢？通过科技检测和成分分析，主要是因为它的胎土的成分，也就是高岭土的成分决定它的白度。如果高岭土不是好土，瓷器无论如何都烧不白。影响瓷器白度的决定性的元素叫三氧化二铝，就是氧化铝。氧化铝的含量越高，生产出来的瓷器越白。

河津窑氧化铝的含量比邢窑、定窑都要略高一点。还有其他的，比如说氧化钛和氧化铁都属于杂质。氧化铝是主要的呈现颜色，氧化铁和氧化钛是高岭土里边的杂质，杂质越小，瓷器就会越白。河津窑的氧化铁和氧化钛比邢窑、定窑还要低，杂质少，所以表现出来的白度也比他们白。

2. 高。我们用热膨胀法对瓷片进行了一个检测。河津窑产品的烧成温度均值达到一千三百五十度，最高的能达到一千四百度，烧成温度的高低对瓷器的致密度、白度都是有影响的。

3. 密。煮沸法显示，河津窑的瓷器吸水率平均值为0.3%，最低值为0.25%；真气孔率平均值为0.55%，最低值为0.44%；体积密度均在$2g/cm^3$以上。

这些物理性能都能让人感觉到河津窑的胎还是比其他瓷窑的胎要密一些。

三、金代

（一）作坊与窑炉

这是一张复原图。大家看到这张照片上面靠左的部分有很多一道一道的痕迹，这不是古代的遗迹，而是现代的犁铧子犁地留下的犁铧子印，都是这两年刚刚推到这个平面上的。我们根据这个现场遗留情况做了一个复原，这个图就是一个典型的金代的作坊的一个复原图。

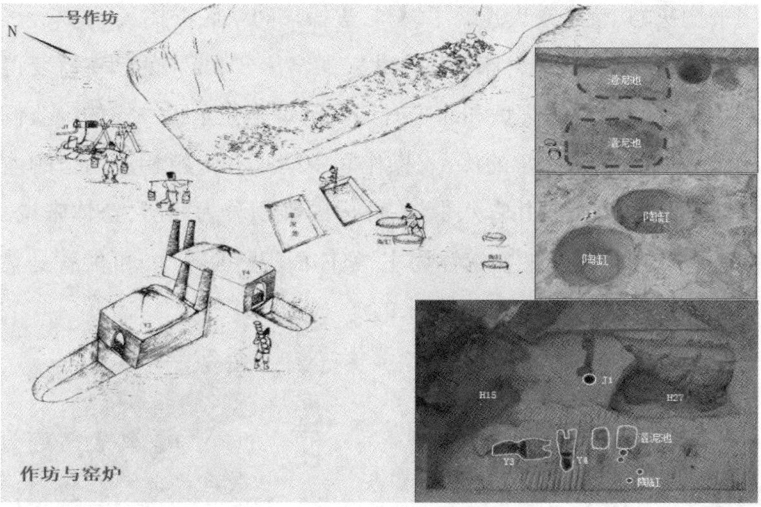

作坊与窑炉

这个作坊由几部分组成,左边是两座窑炉,这个复原成了方头方脑的形状,实际上上面应该是一个圆的馒头状的。右边就是它的一个作坊,我们看到这个作坊底部现在仅留了两口澄泥池和四口陶缸,而那两个小人担水的地方是一口水井,这口水井废弃以后留下了大量的瓷片,这为我们复原金代的工艺提供了很多的材料。另外,我们挖这个大坑的时候很不以为然,等挖完了之后,对它进行分析的时候才发现这个大坑实际上也是一个很重要的遗迹。为什么说它是一个很重要的遗迹呢?

制备的瓷土最早是高岭土矿。这种矿石经过捣碾之后变成矿粉,然后再经过筛子过滤留下细粉,再加上水就成了泥,这个泥我们不能直接把它做成瓷器,这样做出来的瓷器效果不好。怎么才能好呢?需要沤,就是陈,让泥变陈。晋南有一句话叫沤,就像那个粪要堆起来沤一样,这个瓷土也要堆起来,也要发酵。实际上沤就是一个发酵的过程,将泥扔在一个大池子里边,大池子下边铺一层卵石,和底下起到一个隔离的作用。

我们通过对比发现,金代窑室和北宋窑室相比,增加了一个元素,就是最前面的一个坑。专业人员根据其他已有的窑址推测,这个坑是一个操作间。这个操作间有什么作用呢?它和火膛底部相连,操作间是用来掏灰的，就是在火膛添了燃料，进操作间从底下掏灰。

金代的这个窑室、窑床明显比北宋的窑床要大，它的烟室就变得非常小。金代烧瓷窑的窑炉和北宋时期的窑炉是完全不一样的。金代瓷窑的火膛已经变得非常的深了，操作间中间是和火膛相连的。刚才看到的小人担水的那口井有八米深，井内的堆积分为四层，整体来说，以金代的一些白釉画花的盆碗钵为主，整体面貌区别不大，可能就是整个作坊废弃之后，短时间内堆积起来的。

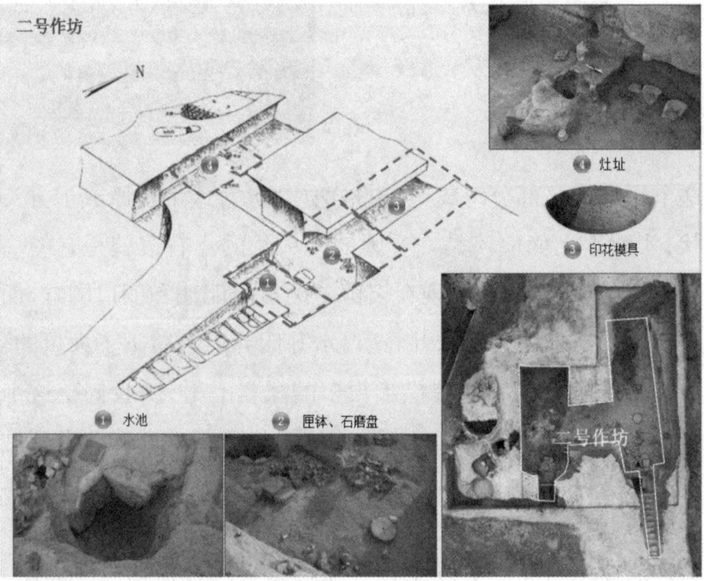

另外这个2号作坊也是金代的作坊，它是非常有特点的一个作坊，我们管它叫地窨式作坊。因为这个作坊是下沉式的。去过平陆的人都知道，平陆有几大怪，一个是平陆不平沟三千，另外一个就是站在原上你看不到人家，只能看到炊烟。平陆人习惯在平地上挖一个大坑，在大坑一周再掏窑洞，所以说你站在原上能看到冒的炊烟，却看不到一座房子。我们这个地阴式作坊与这种院落有些相似。

根据现场留的一些瓷土、印花模具，还有一些灶址，我们可以理解这两孔窑洞是当时一个制瓷手工业作坊的遗址。

我们在2号发现了石磨盘、匣钵，在3号发现了一些印花模具。在金代,印花工艺是非常发达的一个工艺。

2号作坊对应的是2号窑炉。本来操作间直接连个火膛,现在连着操作间的旁边又有了一个小的操作间。我们请教有关专家,他说金代的时候,这个操作间除了掏灰外还有一个功能,就是放置鼓风设备。做饭时使用的风箱就是鼓风设备。一拉风箱会发出呼哧呼哧的声音。古人觉得每次掏灰的时候要把鼓风设备拿上来再掏很麻烦,所以在旁边又挖了一个坑,有可能这个坑就是放置鼓风设备的,用鼓风设备的时候就直接从旁边鼓,掏灰的时候直接从这个落灰坑里进去。

这一发现能够获得全国十大考古发现,4号作坊的发现起了决定性的作用。4号作坊是一个废弃的作坊。作坊本身并没有什么,但是这个作坊里出土的东西太重要了。刚才的窑炉也好、作坊也好,其他地方也有,不代表山西的特色,但在4号作坊里出土了低温釉的三彩枕以及填黑彩剔花、八角枕,这都是极具山西特色、晋南特色、河津窑特色的文物。在4号作坊里面发现的这批民窑的精品,让这一项目能够位列2016年的全国十大考古发现。

(二)瓷类与装饰

1. 印花细瓷

金代代表性的产品是印花缠枝牡丹碗。印花首先要有模具,用这个模具在碗将干未干的时候扣一下,内壁就会形成这些图案。这个时期的图案以牡丹花、水波纹、莲花等为主。我们恰巧在遗迹里面发现了几件印花模具,有些花纹还是能够和那些碗内的花纹相对应的。

2. 画花粗瓷

河津窑比较有特点的是画花粗瓷,它的画风和画法不仅仅是河津窑的特点,也是山西窑的特点。白釉画花工艺是河北磁州窑的典型特征,山西窑和它的区别在哪儿呢?二者画风不同,河北用的是浓彩重墨,每一个线条都画得非常实、粗,特别的震撼。而山西则是轻描淡写,山西这个时期的画都是很简单的一些草叶纹,墨也没有蘸得那么浓,甚至还产生了枯笔,如晋东南的长治窑,晋中的介休窑,晋南的临汾窑、河津窑,晋北的大同窑。山西的瓷器不管是罐上、碗上、盆上、钵上都是这种简洁淡雅的画风，区别于周边的河南、陕西还有河北等地的画风。

另外，河津窑比较有特点的是两句题诗："高僧白发长 古寺青松老。"这两句诗遍查唐诗宋词都查不到，考古材料里也没有。河津的对面有一个韩城，2010年的时候，陕西省考古人员在韩城发掘了一座宋代的壁画墓，在壁画墓上就有两句一模一样的诗。

可见这个诗句流传的范围非常的窄，仅仅就在龙门两岸传播。这也是山西的一个地方特色。

3. 剔花填黑八角枕

剔花填黑八角枕是在河津窑2号作坊的第二层里面出土的，从造型到文饰与美国旧金山亚洲艺术博物馆收藏的八角枕一模一样，此外，在吉县文物管理所、广州西汉南越王博物馆都有大量的这种枕头的收藏，日本静嘉堂文库也有这种枕头的收藏。

4. 文字枕

这种枕头也叫剔花填黑彩八角形牡丹文枕。

首先是工艺特色使然。瓷器施釉之前要涂一层化妆土，然后把图案给勾勒出来，这就是我们所看到的牡丹文饰，随后把图案之外的白色化妆土剔掉，再进行高度剔花。之后，在剔掉白色化妆土的部分填上黑色化妆土，这样黑白映衬、交相呼应才形成了现在这种精美的效果。

全国一千多处窑址都没有出土过这种枕头，而恰恰就在河津窑出土了，而且它的分布范围也很奇怪，在日本、瑞典、美国都有，可能是后期流传出去的，不是当时卖出去的。现在的馆藏收藏主要集中在山西的运城、临汾，陕西的韩城、渭南，所以它当时的传播范围并不是特别广。

当时的河津窑可能就是一个非常小的民窑，但是却有代表了当时宋金时期最高工艺的一批瓷枕。这种剔花填黑彩的文字枕，我们没有那么幸运再发现一件，仅仅在遗址当中发现了文字枕的三个小片，这三个小片与日本静嘉堂文库收藏的文字枕恰恰能对应得上，刚好是文字枕的三个部位。

只有河津窑的八角形的枕头长大于宽的一倍以上。全国任何一个窑口有很多八角形的枕头，但是长大于宽的一倍以上的只有山西的河津窑的八角形枕头。

另外就是这种竹节形的文字枕，上面的书写工艺非常高。深圳博物馆的郭学雷馆长说，河津的这批枕头完全代表了当时山西晋南地区文人参与的风尚。这个时候的窑工不光是生产瓷器的一个工匠，还有一批文人参与进来，在上面写写画画，尤其是上面的书法很有特点。河北的磁州窑，河南的当阳峪窑中的瓷器也有文字，但是那些文字都非常简单，就跟一些没有怎么练过字的人写出来的字一样。而我们河津的这种文字枕一看就是文人参与的一个结果。

5. 珍珠地划花腰圆枕

这是一件清宫旧藏，是乾隆皇帝收藏的古董。乾隆皇帝当时把这件枕头当作宝贝收藏到清宫里。他非常喜欢这个枕头，并题了一首诗。这首诗也被刻在了这枕头上面。这首御题诗也造就了河津窑里最著名的一件产品。

为什么说这件枕头是河津窑产的？因为在遗址里出土了中间的这一片。

首先它采用的是一种用双钩勾勒出来的划花的工艺，双钩勾出它中间的开光部分，里边是珍珠地。用小管子在上面戳，这样就能戳印出像满满的珍珠一样的痕迹。珍珠地最大的特点就是弧门开光，月牙形开光。其他的窑口所有的这种开光都叫作随形开光，枕头长什么样，开光部分就开成什么样。河津窑的特点就是这种竹节开光，竹节开光是下边留白，所以才有了乾隆皇帝的这首御题诗，好像底下的留白就是专门留给乾隆皇帝题诗的地方。

除了双钩勾出来的划花工艺的半月形开光，珍珠地是另外的特点。好多窑口都产珍珠地，但是它们的密度都不一样，因为用的工具不一样、管的大小也不一样。

6. 三彩填黑低温釉陶枕

为什么叫低温釉呢？因为三彩这种着色剂不能高温生产。著名的唐三彩是两次烧造，烧胎的时候是一次烧，即素烧烧胎，随后着色成釉，再烧一次。山西河津窑出的这个枕头是三瓣花形的造型，其他窑口不出这种造型的三彩枕；另外一个特点就是三彩。“三”指的是多的意思，不是说上面就三种颜色，其实三彩的颜色是非常多的，河津窑的三彩以白、黑、绿、黄四种颜色为主。而且白、黑、绿、黄所呈现出视觉上的颜色也和其他地方的不一样。

7. 纪年瓷枕

为什么说纪年瓷枕是金代的？是河津的？

我们目前发现的最早的一件河津窑瓷器上面就题了“正隆庚辰”四个字，即指1160年。最晚的一件上题有墨书的“贞祐”，贞祐是金代晚期的一个年号。我们大致根据这些纪年的材料把河津窑的烧造年代大概框定在12世纪的中期到13世纪的前期，也就是金代的中后期到金元战争时期。

这个也和历史大致相吻合，金大概到了1125年左右才把北宋赶到大散关以南，也就是现在的淮河以南。1125年之前，宋金在北方对峙。金代的前期，山西一直是金和北宋交战的一个主战场，这个时候瓷器手工业基本上处于荒废掉的状态。海陵王把金的首都迁到上京、迁到中都之后，也采取了一系列的缓和措施，比如说和亲，因此宋金战争大概在海陵王迁都之后有点停滞，这个时候双方都在发展经济，山西处在金统治的核心区域，包括这个时候的河南北部、河北，还有陕西的北部都处在金统治的核心区域。这个时期创造了辉煌的金代制瓷手工业文化。

13世纪上半叶，成吉思汗和他的子孙们开始攻打金和南宋。这个时候，蒙古人不停南下，手工业又一次遭到了毁灭性的破坏。刚好出土的这几件纪年瓷器也能够反映河津窑的生产年代和当时历史运行的情况。

三、意义

(一)文化遗产保护、聚落考古理念贯穿始终，多维度信息提取。

以前我们做考古，就事论事，有瓷窑就挖瓷窑，有遗址就挖遗址。

这次我们把整个聚落考古的理念引入到了整个保护过程当中。什么是聚落考古理念呢？由一个大的社会系统作支持，我们做了瓷土矿物调查、煤矿调查、古航运河道调查，包括前期的古垛遗址的调查，整个一套构成了河津窑的完整体系。

另外就是多维度的信息提取，这是考古发展到今天的一个必然的趋势。现在的考古工地都需要一些什么基本配置呢？在考古的早期，基本上只需要背一个黄书包，里边装一把手铲、一个钢卷尺、一团线绳就行了。但是，随着考古要求的不断提高，考古一步一步走向精确、走向大众，我们也在自我反省，也在不停地提高，把高科技的技术和设备引入考古当中。河津窑可以作为一个范例。

（二）发现的四座窑炉、四处作坊是典型的小手工业组织形式，对认识宋金瓷器生产方式，以及区域经济形态具有特别意义。

（三）北宋窑炉的烟室面积超过了窑床面积，其结构的独特在国内尚属首例。该窑极有可能掌握了利用窑炉余温进行烘坯的关键技术，更新了制瓷工程技术史。

（四）"白、密、高"的北宋精细白瓷达到了同时期制瓷工艺的顶尖水平。

（五）全国馆藏珍贵文物中，宋金时期瓷枕共1786件，其中168件产自河津窑，约占9%。造型和装饰均独具风采的金代河津窑瓷枕为鉴别国内外同类馆藏和出土品提供了依据。

河津窑窑床独特的工艺特征在全国其他地方没有。每年国家正式批准的考古发掘项目大概有一千项左右，最终进入十大考古发现中评的是二十五项，这二十五项再进行血腥的厮杀进入最终的全国十大考古项目。

正是这些山西的特色、河津的特色才让我们敢在专家面前露露脸、弄弄斧，最后说服专家让该项目成为十大考古项目之一。河津窑更新了制瓷工程技术史，河津窑的白密高与能代表当时白瓷最高水平的河北的邢窑、定窑相比，基本上和它居于同类的水平。可以毫不含糊地说，我们居于当时全国的领先水平。此外，我们在经过一系列调查之后，去北京查访文物库，输入关键词“瓷枕”“宋金时期瓷枕”搜出来的全国等级文物也是一二三级文物，共有1786件，然后我们一一甄别、一一了解，发现其中有186件产自河津窑，也就是说宋金时期所有留下来的珍贵文物河津窑就占了10%。

黑釉剔花填黑彩的牡丹纹枕、黑釉剔花填黑彩的文字枕、腰圆形的珍珠地划花枕、三彩低温釉陶枕这四类枕头是河津窑非常有特点的四类枕头，因为特征明确，也为全国、全世界的馆藏提供了明确依据。

（六）瓷器产品中，北宋的简约素雅与金代的繁褥多姿形成鲜明对比，是宋金分立的历史大格局下，民族文化之间相互渗透融合的一个缩影。

宋代瓷器素淡雅白的简约特征和统治阶级的审美是相关的。从北宋宋徽宗的瘦金体到宋代简约的官服和官帽可以看出，整个统治阶级的审美都是越简单越好。而到了金代，剔花工艺、划花工艺、刻花工艺、印花工艺、画花工艺等都在金代产生并应用到了瓷器上，而且是越复杂越好、越花哨越好，这也和金代的统治阶级的审美、情趣有关系。

河津窑恰恰处在宋金对峙的历史时期，也是宋金文化交流的一个中心点。河津窑的这些发现是当时历史格局下的一个小的文化缩影。

谢谢大家！

2017年7月2日

清凉寺的故事

薛新明

薛新明，研究馆员，曾任山西省考古研究所史前考古室主任、学术委员会委员、山西省考古学会常务理事。主要从事新石器时代考古研究。主持过翼城枣园、北撖、垣曲下马、芮城清凉寺等遗址或墓地的考古发掘。出版《翼城枣园》《清凉寺史前墓地》等专著，发表了《山西翼城北撖遗址发掘报告》《陕晋豫地区新石器时代的文化汇聚》等报告、论文五十余篇，其中《庙底沟文化渊源探析》等两篇文章获2002、2003年山西省百篇优秀论文二等奖，主持的芮城清凉寺史前墓地发掘获2004年度全国十大考古新发现、2003—2004年度国家文物局田野考古三等奖。考古报告《清凉寺史前墓地》被评为2016年度全国文化遗产十佳图书。

我们从远古走来

薛新明

2017年7月9日

清凉寺墓地所在的这个地点已经开始了文明社会，但是那个文明起源的过程是惨烈的，是野蛮的，经过数千年的经营之后，本来静谧的中条山区又开始恢复了它的功能和平静。在它前面的黄河仍旧进行着它的奔流，没有停下脚步，于是数千年过去了，这些曾经的辉煌业绩也埋在了地下。

考古学者来到了这一片土地，经过数十年的研究，将我们这些先祖的辉煌业绩重新搬到了今天，于是中条山一个小山村便走到了我们大省城，进了文源讲坛，进一步将走向世界，这就是我今天要讲的全部内容。如果哪儿讲得不对，您可以提出来，如果不懂，您可以问。我在这里只想说，清凉寺史前墓地是我们山西的一张名片，清凉寺史前墓地是我们引以为豪的一段历史，那个时候的辉煌是我们晋商的起点。

各位文化爱好者，大家好，我是山西省考古研究所的薛新明，今天能和大家在文源讲坛相会，我感到非常高兴。文源讲坛是一个水平很高的平台，在这个讲坛上曾经有很多著名的学者跟文化爱好者讲了许多人生哲理，但是像我一个每天面朝黄土背朝天的普通考古工作者，今天能走到这个讲坛上，我觉得有点儿意外。大概是主办者看到了清凉寺墓地的履历，而我曾经参加了这个工作，所以想让我向各位做一个汇报。

今天，我有这么个机会和大家一起交流，一起促膝谈心，说说清凉寺的故事。那么清凉寺到底有什么惊人之处，会引起主办方的领导、专家们的认可呢？我先给各位介绍一下清凉寺墓地的基本情况。

清凉寺墓地的发掘是由我们运城市和芮城县一起做的一件事情，是国家、省、地、县四级文物部门一起做的一件事情。其中，全国最一流学府，如北京大学、西北大学以及最高的科研单位中国社会科学院、中国科学院的专家们都参与了清凉寺墓地的研究，这些专家都是获得博士学位的学者。所以，清凉寺墓地能有今天的成果跟大家的合作分不开，而我们共同的努力也获得了一些荣誉，如文物考古界最高的荣誉——国家文物局田野考古奖、全国十大考古新发现、中国文化遗产的十佳图书，当时的报道也获得了山西首届文物保护好新闻奖，这是各种新闻媒体和业内人士对这个项目的肯定。十项中国社科基金和国家文物局的专项资费资助也能说明这个墓地在业内和社会上的重要地位。此外，我们这个项目还参加了中华文明探源工程、中国早期盐业的创造与发明等这些国家顶级的科研项目，于是清凉寺墓地就走到了各位领导、专家和文化爱好者的面前。

今天，我主要讲的内容是清凉寺墓地的发现和发掘，希望大家能够感受我们在这个过程中的艰辛以及感受我们取得的成果。我还要讲一下墓葬制度，让我们看到墓葬的时候，不仅能引起我们对死者的怀念，更要感受其中的文化汇聚。清凉寺墓地中的文化汇聚之所以产生，是因为运城盐湖是我们的晋商之源。

下面我们进入第一个话题，探索清凉寺墓地的发现与发掘。清凉寺墓地是怎么发现的呢？清凉寺墓地最早是在1955年发现的，由于它内涵比较丰富，在1965年被公布为山西省重点文物保护单位。1975年，有人在清凉寺墓地跟前发现了玉石器，这是清凉寺墓地之所以引起学界和社会关注的一个节点。近十年后，在这个地方第二次发现了玉石器。于是在1990年到2002年期间，不同的考古单位对清凉寺墓地做过若干次详细的调查。

在这个基础上，2003年春天，由山西省考古研究所等单位组成的考古调查队来到了清凉寺墓地所在的寺里坡头遗址，因为前一年我在中华文明探源工程的调查中曾经到过这个地方，因此我也参与了这次调查。第二次来到这个地方的时候，我们带来了一支有十几二十年考古调查经验的团队。这次对遗址的调查比较专业，发现了六个时期的遗存，从大约七千年前一直绵延到两千多年前，这也就是我们后来对清凉寺墓地做全方位发掘的基础。2003年到2005年，我们连续做了三年的发掘，此后进入整理资料、撰写报告阶段。2006年年底发掘报告终于出版,我们所经历的艰辛更是令人难忘。说了这么多,这个清凉寺到底在哪儿呢?

我们现在在山西太原,太原在山西中部,是山西的心脏地区,然而山西曾经最辉煌的地方在晋南,也就是山西南部,这个清凉寺墓地就在山西南部,在运城地区最南面中条山南麓黄河边上的一个小山村里面。如果从这个地方再往南,就跨过黄河到河南了,往西南走就接近陕西了。山西人都很清楚一个叫风陵渡的地方,据说那个地方一只雄鸡的叫声能让河南和陕西的人都听到,那就是清凉寺所在的位置。我们大约知道这个地方在中条山脚下,两个台塬中间夹着的大约只有五千平方公里的小台上面有一座元代大德年间修的寺院,这个寺院就叫清凉寺。根据考古学的惯例,在什么地方最早确认了这类型遗存,就以当地的小地名作为它的名字,所以我们就叫这个墓地为清凉寺墓地。

现在,我想给大家讲一个故事。这个故事就是在清凉寺墓地最早发现玉器的事。那还是1975年的时候,在清凉寺所在的这个村里面,此村也叫寺里村,有一个刚成年的人,名叫齐天义,他已经到了娶妻成家的年龄,于是他父亲需要在当地挖一口窑洞。晋南和陕西关中地区很流行的一种窑洞叫地井院,这需要先挖一个大坑,在坑的边上再去挖窑洞,而在挖这个大坑的过程中,挖窑洞的人发现了累累白骨,他们感到非常惊恐。在当时要批一个宅基地并不容易,而这块宅基地背山向阳,是比较好的一个区域,于是他们就继续挖,在清理这个窑洞壁面的时候,他们发现了一些似石如玉的小圆圈,也就是我们所说的玉璧,但当时的人对这个东西并没有多少概念,于是孩子们就拿这些圆形的东西玩。齐天义是个有心人,把其中的十二个串起来挂到房子的前脸上,当时县博物馆的一个工作人员到这个地方去检查工作的时候看到了这串东西,就说这是国家文物,应该上交给国家。当时齐天义已经是村里的干部了,思想觉悟较高,于是和他父亲赶了一个驴车,把这些东西全部送到了芮城县的博物馆。博物馆对他的这种举动给予了很高的评价,并且给了他十二块钱的奖赏。十二块钱在当年是一笔巨款,这笔巨款是他当年娶妻时候的一笔重要资金,这个故事发生以后,在当地引起了不小轰动。

20世纪80年代初，中国的盗墓之风盛行，这也引起了一些盗墓者的觊觎。1984年，一个假装成考古队的盗墓集团就来到了清凉寺，他们在发现这一片玉器的地方雇用了当地的村民，按一方土二百五十块钱的价钱让他们挖。这些盗墓者将挖出来的东西全部拿走了，并且把村民手里面还有的一些玉石器也拿走了，这些东西的数量居然达到了八九十件。盗墓者拿走这八九十件器物以后，因为分赃不均发生了内讧，于是就有人举报，公安机关破了这个案，这些文物被追缴了回来。这也是我们最早知道清凉寺这个地方存有玉石器的过程。

到了2002年，我和我的同事参加了国家组织的一个叫“中华文明探源玉研究”的工作，我们要收集晋南这个地方的考古资料，于是我第一次来到清凉寺。在这里我却没有感受到一种摄人心魄的气势。对于一个有近二十年考古经验的人来说，我觉得在这个地方发现玉石器有点儿意外，以至于到后来发掘的时候，这种心情仍旧没有减弱，但是考古是我的工作，我需要做。2003年，我们在调查结束准备挖掘的时候，正值非典盛行时期，当地人已经不容许我们继续在那儿调查了，我们也就不能立即开始发掘。于是，我们回来对国家文物局进行报批以后，随着非典的阴霾渐渐散去，2003年10月我们也有了重新走到清凉寺的机会，但是去这个地方的时候又是一波三折。

我们到清凉寺的时候要过一个村庄，这是唯一通往那里的路，路还很不好走，当时正赶上一家出殡，把路堵住了。我们是要去清凉寺让远古的人重见天日的，而这个地方的孝子贤孙们在将他们的先人送入坟地，数千年之间的这种巧合让我们对逝者产生了敬畏，于是我们一直等到他们仪式结束才过去了。我们找到最早发现清凉寺玉石器的这个人，当时他已经是村里的队长了。但他却对我们不予理睬，于是我就开始苦口婆心地给他讲其中的意义，大到中西文化的交流、中国古代文明的起源、中华文明的传承，小到我们的工作，他却无动于衷。后来我才知道，公安机关破获盗墓案件时，曾经让他和他弟弟去公安机关做过一次证，但是这次过程在村民之间流传的时候走样了，有的说他家收藏古董了,有的说他家参与盗墓了,让他有口难辩,于是后来凡是跟玉器、墓葬有关的人,他一概拒之门外。我们就在这个时候来了,他怎么可能理我们呢？还好他作为一个村干部和共产党员,觉悟还是有的,后来在夕阳西下的时候,他终于给他当初的清凉寺村的村支书打了电话,经过他们长时间的协商以后,他让我们住到了大队的队部,于是,我们的考古队终于有了一个落脚点。看着西下的夕阳,我和我们一起去的队员相对无言,但是这毕竟是一个开始,从这个时候开始,2003年的10月下旬,我们经过勘察以后进入墓地发掘。

刚开始的发掘只是开了一排探方,共有12个,还好功夫不负有心人,在2003年11月2号,我们的队员孙先徒最早从一个墓葬死者的尸骨旁边发现了第一件玉器,这是我们考古发掘有层位关系的、有出土单位的第一件玉器,我们欣喜若狂。当然,此地后来又出土了更多的玉器,这个发现震惊了整个考古学界,于是才有了我们2004年的第二次发掘和2005年的第三次发掘,而且我们发掘的成果引起了整个考古学界顶级专家的关注,我们的发掘方式也得到了有关部门的肯定。因此,这一项目获得了国家文物局田野考古奖和十大考古新发现。此后,我们就进入了资料整理阶段,然而在整理过程中,让我们比较吃惊的是,这些墓葬要确定死者的性别和年龄,也要确定墓葬中出土的玉石器的质地、产地,接着还要确定这个墓葬距我们现在的年代等一系列问题。这是我本人及整个山西考古学界还没有能力做的一些事情,于是我们把视线聚焦到全国顶尖高校和科研单位上,让他们去寻找具有这些专业知识的专家,于是就有了我们前面所说的那些队伍的组合,于是长达十几年的研究工作就开展了。

我先来分析一下墓葬形式的变化。我们进入墓地的时候,不要仅仅看人骨,我们要透过这些人骨,还原一个有声有色的故事。这些人骨曾经可能是高大威猛的帅男,也可能是风韵犹存的少妇,甚至有可能是美少女和小鲜肉,只是由于时间久了,他们除去了身上的铅华,露出了本真,所以我们的祖先变成白骨的时候,你不要害怕,他会对你很亲切的。你看到的是人骨,但是这些人骨背后是活生生的故事。

考古要用的工具就是手铲、探铲和毛刷，那些累累白骨就是我们拿刷子刷出来的，同时我们还要进行现场的绘图、照相、摄像、录像，做精细的清理，最后取出墓里面发现的所有的随葬品，包括比较好看的玉器以及不是很好看的陶器，甚至还有一些大家可能见得很多的墓葬里面的铁筒，这都是我们研究、还原古代人类生活的重要载体，然后我们取回这些资料，由相关的专业人员做现场和室内的鉴定，才能把我们这些墓葬的资料呈现给各位，才能给你们讲一些很久以前的故事。那么我们是怎么确定这些墓葬的先后顺序的？在下面这幅图内，你会看到两个上没有胯骨以上、下没有脚踝以下的人骨，为什么呢，他是被比他年代更晚的两个死者下葬的时候破坏了，也就是说这个墓葬下葬的时候另外两个墓葬还没有下葬，于是这个墓葬的年代就比那两个墓葬早。

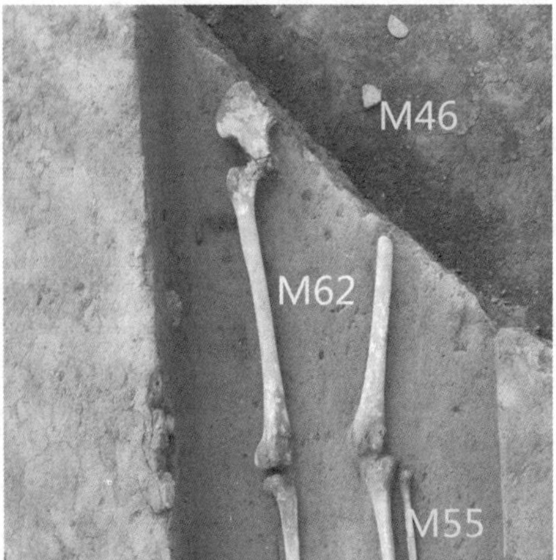

确定了他们的相对关系以后，你就会觉得这个事情其实很简单，可是你当初没有清理到这个面上的时候，你是根据土质土色的不同来区分的，那便是考古工作者必备的一个经验或者技术，然而有些墓葬之间的关系比较复杂，如怎么能分开五六座摞到一起的墓葬的先后呢？答案仍旧是认土，于是我们一个做多少年考古工作的人居然跟农民一样，每天面朝黄土背朝天地进行研究。这是一个渐进的过程，就是用这样一种方式，我们发现了不同的关系，把墓地分出了四个级别，而将墓葬里面随葬器物与其他地方的出土器物进行比较，我们确定了这四个时期的年代，第一期大概距今六千年左右；第二期我们叫庙底沟二期文化，就是处在仰韶文化和龙山文化之间，即四千三百年到四千五百年的阶段；第三四期的年代，应该是在三千八百年前到四千三百年前之间。这样一个时间节点放到现在，我们就会发现这些东西离生活好远，夏王朝的建立离我们也就四千年，这些墓葬居然有一些比夏王朝还早，大禹治水那么著名的事情居然和这个墓地所在的年代有可能重叠了。当然我不是说这个墓地里面埋的就是大禹，我们目前所做的研究是做不到这个的，而且我们考古学者一般都很谨慎做这样的比对。第一期的分布区域在最西面；第二期和第三期有交叉，第二期是那些小墓，那么第三期就是整整齐齐的那些大墓，最后一期是最靠东面的这些墓葬，这些墓葬实际上已经临近当初的一条沟了。

这四期中，主要是第二到第四期的墓葬，然而第一期墓葬却是我们绕不过去的一个坎，因为这批墓葬所代表的年代属于枣园文化晚期。在山西临汾、翼城东部有个叫枣园村的地方，在这里确认的文化遗存是我们迄今为止发现的最早的新石器时代遗址，距今已经七千年了，当然，这个是枣园文化的晚期，大概距今六千余年。清凉寺墓地附近的人居住的房子在这个时候也被发现了，埋着小孩的瓮棺也被发现了。你会发现这个时候的人比较贫穷，仅有两三户人家，对逝去的先人，他们给予了最高的优待。于是在清凉寺墓地的那个小区域里面，他们找了个最高的地方，头向着山梁，下葬了他们的死者先人，却没有能力给他们做任何的随葬。生存的压力让他们把所有的可生产出来的东西留下自己用了。这也是一种风俗，让他们没有把自己的生活用具送给他们的祖先，然而对孩子的关爱由来已久，就在这个时候，他们对夭折的孩子却给了更高的礼遇。他们把这些夭折的孩子放到他们做饭用的夹砂罐和吃饭用的红陶钵里头，并且埋到他们居住的附近，这是多么贴心的一种关爱。当我们在发生灾难的时候，看到母亲托举着她的孩子，牺牲了自己的生命的时候，我们会不会想到六千多年以前，我们的祖先已经这样做了。中华民族的传统就是数千年一点一滴地传承下来的，但是第一期墓葬所代表的年代太久远了，而且第一期墓葬不是清凉寺墓地最辉煌的时期。

时间过得真快，两千年后，距今大概四千三百年前后的时候，清凉寺墓地埋下了第二批死者，也就是说清凉寺这个地方有了第二批居住者。尽管在前面的时候，这附近还有居住者，但是他们没有把那些人埋到这个地方，他们是在两千年以后才选择这块墓地的，这个时候清凉寺墓地的人已经远远不是第一期时期六七千年以前的那个状态了。他们的生活水平有了很大的提高，有一些人当然还在从事着普通的农业生产，收成可能也就仅够糊口，于是当他们一些人的祖上离开这个世界的时候，他们居然跟数千年前一样，不做任何的随葬，仅仅挖了一个长宽仅可容身的地方，就把他们埋葬下去了，但是时代的进步也产生了富有者和贫穷者。当我们现在追求人与人的平等的时候，可能没想到多少年以前，富有者和贫穷者的出现却是时代的一个进步。没有这些富有者的引领，就不会有贫穷人的追求，没有追求的社会，是不能前进的，那么这个社会人和人的差距是怎么拉开的呢？

在第二期墓地发现的东西，贫穷的人可能还在从事着普通的农业生产，他的墓葬里面没有任何随葬，但是另外一部分人可能做了一个特殊的职业，一夜之间就发达了，于是，当他们的先人离开了这个世界后，他们就会想方设法表示他们先人的伟大与富有，于是活着的有钱人就会把从很远的地方学习到的一些理念和他们背后中条山的大量岩石做一个契合，做成了一些玉石器。这些东西不是生活中用的，是作为一种身份的象征出现的。他们在生前怎么用这些装饰品，他们的先人走的时候也怎么戴，于是在第二期的墓葬里面就发现了一些随葬玉石器，也就是让我们后来所发现的令人吃惊的、引起世界轰动的东西。这些东西的发现居然是因为当时的人发达了，一夜暴富了。

事情还不仅仅如此，这些有了身份地位和财富的人，为了表示他们的与众不同，他们在先人死后居然让一些人陪葬，这是最早的一种殉人制度，尽管当初这个殉人制度还不严格，但是惨烈程度却一点不输后来的制度，也就是第三期的发现更让人触目惊心。我突然发现，天堂和地狱居然可以是一个坑，在同一个墓穴，有一些人升天堂了，而另外一些人却下地狱了。在一个墓穴中除了一个墓主人之外，还有一些非正常下葬的人，他们的姿势各不一样，有些还十分扭曲。你能否想到，当墓主人体体面面下葬时，那些被推到墓葬里面的人发出撕心裂肺的叫喊的场景。这是多么残忍的一件事情，而且这种事情居然是因为他们富有了，因为时代进步了，这也就是为什么我们这次讲座要叫“野蛮与文明”。文明时代就是以这样的方式为起点，至于这些人生前是做什么的，那将是我们随后的话题要讲的内容，但是我们只要记住，这个时候人已经分成富有的和贫穷的，有地位的和没地位的，甚至还有一些普通人连生存权都没有，被推入另外有钱人的或者有权人的墓坑里面。这就是社会分层和阶级对立产生的过程，这个过程就是整个第二期的那些小墓从早到晚走过的历程，然而到第三期的时候，情况发生了更大的变化。第三期的墓穴里，几乎每一个墓葬里面都留了棺。而第二期的墓穴里，几乎连棺材都没有。因为这些墓很小很小，宽只有五十厘米，长约两米。要做一个这么小的棺材，放人就需要大一些的墓坑。所以这些人尽管发达了，有钱了，但是他们的理念还停留在一个比较低的档次上，但是第三期的时候不一样了，墓葬规模变大了，而且里头有棺材了，而殉葬的这些人大部分都是孩子，他们被放在棺材的外头，棺材的里头和死者的身上都有了非常惊人的玉石器以及一些鳄鱼的骨板。鳄鱼外头的那层皮中间夹着一些小的软骨性的东西，这就叫鳄鱼骨板。当时，山西北方应该是没有鳄鱼的，或许那个时候因为天气暖和是有鳄鱼的，这是另外一个课题了，但是无论如何，在清凉寺这个地方，鳄鱼骨板是稀有品，能随葬这些东西，说明这个人肯定是有地位的，另外，一些彩绘的陶器作为随葬品在墓中被发现。这些特征说明，这个时候的墓葬主人地位强了，而且把墓地打理得井井有条，横成行竖成列，显示出了一种极端的对立。墓主人仰躺着，“睡”得十分舒服，棺材外头随葬进去的殉人，佝髅着头，曲着身，然后两腿拼在身下，这显然是被压进墓坑的。

根据对尸体的检测，我曾经给这个人编了一个故事。据说跪着的这个死者出生在本地。赵春燕是中国社会科学院研究员，清华大学的博士生，她通过检测这一尸体牙上的尸同位素确定这个死者出生的地方离他下葬地方的距离约在三十平方公里的范围之内。作为本地生的一个四十多岁的男人好像没有多奇妙，但是北京大学文博学院的吴晓红副院长分析了此人骨骼里面的碳和氮元素，确定了这个人死前的五六年之内，应该生活在江淮地区。江淮地区以大米为主食。但是这个人死了以后又回到了清凉寺墓地，并且以一种极端的方式下葬到这个地方。更神奇的是，在他的前面，仰躺着一个四五十岁的男人，从他随葬的一些玉石器可以看出，这是一个有身份地位的人。跪着的这个人居然就跪到死了的那个人的脚踝旁。跪着的这个人是缺膝的，膝盖距躺下那个人的踝骨，也就是脚丫子，只有十厘米的距离。他们之间到底有什么样的爱恨情愁呢？各位可以尽情发挥想象力去构思发生了什么，我只能提供这样的资料。考古学不是万能的，它讲究有一分资料说一分话，我没有说他俩有多大的仇，也没有说有多大的恩，谁要能做出这样的推测，并且合理，谁就是对的。然而这只是第二期的故事，到第三期的时候，故事可就没有这么温馨了。那些被下葬在墓葬里头的随葬者太悲惨了，他们扭曲、缠绕，失去了作为人所有的尊严。你甚至可以想到他们下葬的时候号啕大哭的景象。墓主人体面下葬的时候就是那些人夭折的时候。墓主人和随葬者的不同体现出来的不仅仅是阶层的区别，更体现的是一种欺凌和压迫，是一种以剥夺人的生命为代价的统治者和被统治者的关系，而且可怕的是，这种关系得到了当初几乎所有人的认可，这个认可居然是一个叫作礼制的人规定的，也就是说，当初已经有了富贵者和贫贱者的区别，而且贫贱者认可了富贵者对他们的压迫，甚至为了富贵者的体面，或者说权威，牺牲他们自己或者他们的亲人。社会已经发展到无比野蛮、令人发指的地步，文明时代即将开始。

这样的事情到后来的第四期就逐渐减少了，我不知道是因为这个地方下葬的这些死者们经济实力萎缩了，还是人的心智发展了，还是文明开始在人群中间逐渐得到认可，更令人不可思议的是，这些墓葬全部下葬之后，这个墓地中有了阶级对立的大墓被扰乱了。盗墓者不管第二时期的小型墓，而是破坏了第三时期的一百多座的大型墓，这是一种复仇，是一种对社会秩序的破坏，也是阶级对立发展到一定程度之后必然产生的一个结果。这些盗墓者几乎没有拿里面的玉石器，而是对死者进行侮辱、翻转。因此，我们看到那些大墓里头，尽管有很精致的玉石器，但是都没有丢失而是被扔得到处都是。这个时期大约是陶寺文化晚期，也就是龙山晚期，大概就在距今三千八百年前后。这个事情不仅仅在清凉寺墓地被发现了，在临汾下靳和我们大名鼎鼎的陶寺，以及我们黄河西面的石峁都发生过这样的事情，尤其是我们的晋南地区，这种事情非常普遍。盗墓者把这些人全部翻了一遍，有的骨头都被扔了，有的墓穴里面啥都找不见了，这样一次大的毁墓行动使得山西南部原来兴盛的文化一下子衰落了。社会是需要秩序的，尽管那些有钱人、有权人非常不人道，但是如果一个组织失去了这些领导人，那么这个组织便失去了对外的能力，成了一盘散沙。文明社会尽管有许多不文明的现象，但这是我们从野蛮走入文明的必然过程，当然考古学上的蒙昧、野蛮和文明只是三个阶段的代名词，也就是说文明的起点在我们看来其实就是国家的起源。这次大的毁墓结束以后，清凉寺墓地也就结束了它的使命，而在我们这个区域里面，后来代之而起的是河南的二里头文化。

我是好多考古学者，或者说普通民众所认为的二里头夏文化的创造者。二里头夏文化的发现，使我们进入了有纪年的，或者没有纪年也是有文献记载的历史时期，而我前面讲的这一段事情却发生在史前时期，也就是有文字记载的历史之前。这些故事只能用考古的资料去复原，所以说在大部分人类历史的发展阶段中，我们研究的考古学是擎天柱，只是我们现在的解读能力还有限。考古学者秉承着有一分资料说一分话的精神发掘历史遗迹，而不像神话学研究者那样天马行空。当我们把墓葬制度讲完的时候，也就等于带大家到工地上看了一圈我们发掘的现场，那么发掘完了以后，我们还要做的是什么工作呢？那就是室内整理工作。

你们可能觉得这些过程大部分在室内进行，不会很劳累，不会有任何的危险，其实不然，要研究这个问题，我们仍旧要做田野工作，我们仍旧要冒着生命的危险，所以我们讲第三个问题文化汇聚的时候，我想先给大家讲一个我们在中条山做地质调查的故事。

那是2007年11月初，冬季即将到来的时候，根据玉石器质量研究的传达者袁雪玲的提议，我们对清凉寺背后的中条山做了一次地质调查，目的是想了解在清凉寺发现的那些玉石器是不是本地产的料，然而这个调查不能在宽阔的柏油马路边上做。你要找整个中条山里头有多少种岩石，这些岩石都分布在什么地方，还要看看这些岩石跟清凉寺墓地发现的玉石器岩石是不是能够匹配。于是长达十天的时间，我和研究玉石器的团队五次横跨中条山，三次遇险。大家可能觉得中条山是一个很温顺的山体，并没有觉得它有多么狰狞，唯一可能听到的是在抗日战争时期，在那个地方发生过惨烈的战争，而你做一个地质调查就那么恐怖？某一天，我们在这个山里面做调查的时候，我们团队的另一部分人开着一个小车在马路上等着我们，而我们则进了大山，眼看着天快黑了，我们双方都联系不上对方。我们的手机上都有信号就是打不出去，于是接我们的车和我们要出山的人就不能会合，因此，我们只能按我们的经验顺着山里面的消防通道往出走，而消防通道由于长期被三轮车碾压，起伏不平，我们只能走三轮车边上留下来的比较平坦的地方，但我们没有想到那是最危险的地方。后来接我们的这个人到当地农民那里做了一些调查，他们说这样走很危险，在太阳已经落下、视线很不好的时候，路边上竖着的一些树枝之间拉着细细的电线铁丝，在天黑以后，这便是置人于死地的杀手。那是当地一些人为了得到一点儿小钱去打山猪时留下的东西，它连着一个电瓶，当山猪接触上这根线的时候，急速的高压电将山猪电倒。我们所走的那条路就在这条线旁边，因为只有这个地方是相对平坦的，如果我们不小心碰上那根线的话，今天将是我的十周年忌日，还好没有发生悲剧。这只是我们调查中间的一个故事。

从文化汇聚的角度进行思考，当初在清凉寺墓地形成的时间段里头，我们要了解该墓地周边都有些什么文化。在第一期的时候，实际上黄河流域最兴盛的地方就是山西南部、河南西部组成的集团和陕西的关中集团，用河南人的话来说都是shan xi，这两个地方生出了两个最强盛的文化，即枣园文化和半坡文化，他们两个的碰撞产生了后来一统中原的庙底沟文化。第一期就是在这个节点产生的，但是当初的文化互动交流仅限于这么两个地方。但是从对玉石器的研究中，我们发现，文化汇聚从第二期、第三期、第四期开始就不一样了，我们最早接受的影响主要是来自江淮地区。安徽潜山薛家港有一个考古学文化，大概在四千五百年以前，那个地方就使用一种一个长的、多孔的刀而清凉寺墓地也用过这样的刀。我们的先人在没有见过这种刀的时候能想出来这种形状的刀吗？也许能，但是他们见了以后，模仿这种刀的可能性是不是更大？例如有一些人身在山西，而有江淮地区的生活经历，我们就会发现，那个时候从江淮地区薛家港、安徽一带传过来文化理念是有可能的，那么河南灵宝的一些玉石器，也就是钺，比清凉寺的钺大约早一千年，灵宝就在清凉寺对面的地方，这说明这种理念是可以传承的。过了一千年，这个时候的钺和那个时候不一样了，钺的后面又加了一个方块，这种理念是杭州地区的（良渚文化）的理念，于是我们就知道清凉寺墓地受到了江南（良渚文化）的影响。但是我们在清凉寺还发现了一种圆圆的玉璧和玉环，这种玉璧和玉环最早也在杭州（良渚文化）那一带盛行，因此这种理念应该是源于那个地方，而山西玉石器与它们的形制大体相同，但又有一些区别，可是跟黄河下游山东一带的一些东西更像了，尤其是最近山东章丘的焦家遗址被发现以后，我发现其中有好多东西跟清凉寺发现的玉石器一样，于是我们就觉得，从黄河下游顺河而上的不只是从山东、河南逃荒进山西的人，还有他们的文化理念；另外在东北辽东半岛那一带存在的红山文化中的一些理念也通过山东这一带传进来了。

另外，我们在清凉寺墓地发现了两个指甲盖大小的虎头状的祭物，这个东西跟长江中游的（湖北、湖南等地）的石家河文化中出土的东西非常像。此外，在第三期的时候，清凉寺墓地出现了真正的玉石。确实，清凉寺出土的两百五十多件器物里面，仅有二十多件是真正意义上的玉，其他的都是大理岩或者石灰岩，只是它被做成了玉器的形状，具有了后来真正玉石的功能，于是我们就叫它玉器，所以古人叫“美石为玉”,所以真正的玉石是在第三期的时候才发现的。那么这些玉石是不是本地产的呢？经过我们刚才说的那种调查,清凉寺一带只有石头,不具备产生玉的条件,那么这些玉是从哪里来的？根据学者们的检测,这些王可能是从甘肃、青海,以及其他西北地区来的,也就是说,清凉寺墓地跟四面八方的人都有了交往。有人说,山西人好悲惨呀,东面的也引进,西面的也引进,你到底是东还是西,我们确实是东西,只不过我们是东西方文化交汇的节点,是东西方文化精华的碰撞点,是东西对接南北的一个汇聚点,是最早文明的产生点。山西人的创造力在清凉寺墓地的时候就这样,那么四面八方的文化汇聚到清凉寺墓地,它有没有自己的特色呢？有,它也产生了具有我们山西风格的,甚至开了西北地区玉石器发达文化先河的一些因素,应该说从东南和东部进入山西的这些因素,后来影响了西北一直到西南的大面积地区。

在中国古代从蒙昧、野蛮走向文明的过程中,山西起了非常重要的作用,那么山西最早产生这样重要地位的,或者是作用的起因是什么呢？我们讲下一个环节的内容,叫“晋商之源”。说到晋商之源,我们想到的是乔家大院、渠家大院,想到的是万里茶路,但是最早的晋商不是经营茶叶的,也不是开票号的,它没有走西口那么壮烈,但是同样辉煌,最早的晋商是干什么的？他们就是清凉寺墓地埋的这些人。虽然没有确切的依据,但是我们可以拿出借鉴的依据。借鉴的依据有三,古代文献记载中,运城盐湖的开发是在尧舜禹后,著名的《南风歌》说南风给当地人带来了财富,这点很重要,因为南风的财富产生了盐,他们收集好盐以后,自己用不了要往出卖,在往出卖的时候,不管是以物易物还是货币交换,它都是一笔财富,那么清凉寺的这些人干什么呢？他们就是把盐湖的盐采集下来往南方卖。因此,那些富有的人就是负责运盐的,而那些贫穷的人可能还是从事农业生产,因此,第二期就产生了人的阶层区分,但是到了第三期、第四期,那些殉人的大墓主人可能已经有了一个专门用来卖盐的机构,他们就管理着这个事情。为什么你说第二期和第三期的人不一样呢？因为第二期人口的构成是接近的,就是男女比例和各个年龄段的比例是接近的,它像一个普通部族。但是第三期和第四期就不一样了，其中，70%到80%的人都是男人，女人比较少。在清凉寺这个地方，只有一个集团居住在那个地方，另外，这个地方是方圆平地，只有五千平方米的地方居然能发现这么多的玉器，可我们晋南那么多沃野千里的地方都没有发现，区别是什么？只有进行一个特殊的资源管理，才能产生暴富的可能，所以富在深山有远亲，他的远亲遍布整个华夏大地，那么另外一些贫穷的人即使在闹市里面，大概也没有多少亲人。既然有人将盐湖产的盐拿到江南卖，那就是有路线的。民国时期，从清凉寺墓地到盐湖的范围内，仍旧有驮运队运盐，就是把盐湖的盐运到清凉寺墓地，然后再运到黄河边上送出去，往南方送，至少在西周的时候这样的事情就发生了，文献中对此就有记载。那么，时间会不会更早呢？考古学告诉你，有可能，这就是清凉寺墓地中这些人生前的职业，他们的职业是用来谋生的，为了生存的，为了生活得更好的，但是他们冥冥中做过的事情跟我们后来的晋商是一样的，所以我觉得清凉寺墓地埋葬的这些人的生前职业就是贩盐的，山西晋商的鼻祖就是盐商，当然这个属于推测，是不是合理，你们可以提出你们的意见。学术的探讨是可以的，这只是我目前的想法。

最后一个环节，我要讲的是文明的曙光。我们先从一个定义上来确认什么叫文化，文化不仅仅是指念书念得多了就是文化，我们现在的文化，范围用得已经很广泛了，喝酒有酒文化，甚至抽烟都有烟文化，那么，我们定义中的实际文化是什么呢？是人类所创造的物质财富和精神财富的总和。我们无法用宽泛的概念讲某一个阶段的事情，于是考古学就有了自己的文化概念，那就是在一定区域内，一定范围之内，具有相同的遗迹、遗物的总和。我们就是通过对这些考古学文化的研究，来确定我们是在史前时期，还是文明阶段。那么问题又来了，什么叫文明，我们现在说精神文明、物质文明，但是在考古学和历史学上，文明是文化发展到一定阶段的状态，就是人刚刚形成的时候，我们处于一种蒙昧的状态，后来我们人类进化以后，人类的能力超过了各个社会发展阶段的时候，人类有了一个统治的或者对外的机构，有了一个集团，而且不仅仅受血缘的影响，当有一些非血缘的、地域性的文化团体的时候，我们开始进入了文明阶段，但是这个文明阶段到底有什么标志呢？据西方研究，文明阶段的标志是指城市的产生。据我们国内的顶尖学者研究的时候说，我们中国有自己的特点，社会主义是具有中国特色的，那么古代文明起源的时候也有自己的特色。中国要加上阶层和阶级的划分，如果从这样几个级别去衡量清凉寺墓地的时候，我们觉得清凉寺墓地所代表的那个阶段正是国家机器形成的过程，然而真正能体现这个国家形成的一个标准应该是礼制，是人对这套制度的认可，不仅仅是这套制度约定俗成的形成，所以我们觉得清凉寺墓地的重要性就是这样一种从野蛮时期到文明阶段，社会发展从动乱一直到规范的过程的体现，于是中国古代文明起源的研究，就在清凉寺墓地找到了一个绝好的标本，这大概就是清凉寺墓地的重要意义。

我们今天讲了文化汇聚的不同因素，然后由我们山西本地的一些传统和外面的因素理念、物质原料发生碰撞的时候，就产生了贸易，这种贸易的过程产生了文化变革，推动了文明的发展。我们觉得清凉寺墓地所在的这个地点已经开始了文明社会，但是那个文明起源的过程是惨烈的，是野蛮的，经过数千年的经营之后，本来静谧的中条山区又开始恢复了它的功能和平静。在它前面的黄河仍旧奔流，没有停下脚步，于是数千年过去了，这些曾经的辉煌业绩也埋在了地下。考古学者来到了这一片土地，经过数十年的研究，将我们这些先祖的辉煌业绩重新搬到了今天，于是中条山一个小山村便走到了我们大省城，进了文源讲坛，进一步将走向世界，这就是我今天要讲的全部内容。如果哪儿讲得不对，您可以提出来，如果不懂，您可以问。我在这里只想说，清凉寺史前墓地是我们山西的一张名片，清凉寺史前墓地是我们引以为豪的一段历史，那个时候的辉煌是我们晋商的起点，我就汇报到这里。

2017年7月9日

我和戏曲的事儿

谢　涛

谢涛，国家一级演员，国家级非物质文化遗产项目"晋剧"代表性传承人，国务院优秀专家，享受国务院特殊津贴。

曾获文化部颁发的中国文化艺术政府奖"文华表演奖"、中国戏剧二度"梅花奖"、上海二度"白玉兰戏剧主角奖"、上海白玉兰戏剧奖"特殊贡献奖"、法国巴黎中国戏曲节"最佳女演员奖"、中美国际电影节"最佳女演员奖"、中国戏剧节"优秀表演奖"、中国少数民族戏剧会演"金孔雀表演大奖"等多项国家及国际大奖。担任中国共产党第十八次代表大会代表，先后获得全国劳动模范、全国"五一劳动奖章"、文化部优秀专家、全国三八红旗手、全国中青年"德艺双馨"文艺工作者、中宣部文化名家暨"四个一批"人才奖等荣誉称号。现任山西省文联副主席，山西省戏剧家协会主席，太原市文联副主席，太原市戏剧家协会主席，太原市晋剧艺术研究院名誉院长。

代表作品：《丁果仙》《范进中举》《傅山进京》《烂柯山下》《布衣于成龙》《芦花》《舍饭》等。

戏曲对于我来说就是一种修行！

谢涛

2017.8.6.

今天我和大家在一起，分享也好，交流也好，沟通也好，讲我们的戏曲，讲我和戏曲的故事，讲我们晋剧演员台前幕后的一些故事。我也想通过这些故事，让大家了解戏曲人对这个行业的执着与坚持，了解戏曲行业，了解戏曲演员台前幕后的故事。通过这些，我希望大家更能关注、更能支持我们的传统文化。

今天来到文源讲坛，让我很惊讶，原来会场中有这么多听众。最近两年，我也做过一些讲座，上台演戏我都没有怵过，没有紧张过，但是上台讲座我却很紧张。这次讲座让我很有感触，因为今天现场满场了。说实话，我做了这么多讲座，从来没有满场过。

虽然主办方也很热情，考虑也很周到，宣传也很到位，但是传统文化在很多人的心目中还没有那么受关注，还没有那么受重视。但是今天却让我很惊讶，在文源讲坛，在发现山西系列讲座的现场，有这么多的听众愿意坐在这里，通过我的讲解了解我们的传统文化。我首先要感谢大家，谢谢你们！

山西有很多悠久的、底蕴非常深厚的艺术门类。那么以戏曲来说，我想在座的很多年长的长辈，包括我们的同辈可能对山西的戏曲四大梆子有一些了解。晋剧就叫中路梆子，我们还有上党梆子、蒲州梆子、北路梆子。上党梆子在晋东南一带，包括在河南一带也有流传。大家也熟悉蒲州梆子，这在晋南临汾、运城那一带流传。北路梆子则在忻州以北流传。中路梆子（晋剧）则流传于晋中一带，但是在晋南和晋东南没有中路梆子。晋剧还延伸到了内蒙古、陕西、河北一带。

近十年，因为我们创作出了《傅山进京》《于成龙》等一些新的剧目，参加了一些国家的赛事和巡回演出，因此，我们走得更远了。我很荣幸，我觉得我遇到了一个好剧本、好的创作团队、好的剧目。我们共同带着晋剧，带着我们的中路梆子走向全国。

今天我和大家在一起，分享也好，交流也好，沟通也好，讲我们的戏曲，讲我和戏曲的故事，讲我们晋剧演员台前幕后的一些故事。我也想通过这些故事，让大家了解戏曲人对这个行业的执着与坚持，了解戏曲行业，了解戏曲演员台前幕后的故事。通过这些，我希望大家更能关注、更能支持我们的传统文化。

前面我简单介绍了一下晋剧，接下来，我再给大家详细讲讲有关晋剧的那些事儿。

晋剧的流布十分广泛，晋剧的行当也很丰富，有生、旦、净、末、丑，尤其是我们晋剧讲三大门，三大门是须生、花脸、青衣，三小门是小旦、小生、小丑，梆子戏的行当和京剧的行当是统一的。为什么还有这个区分？因为南方的剧种主要是以三小门为主。

这个主次的比例就是，在舞台上当主角的、台中间站的、多演的一些行当在北方戏、京剧、梆子戏中就是以三大门须生、青衣、花脸为主。南方的一些剧目，包括黄梅戏，是以三小门小旦、小生、小丑为主。晋剧的代表人物丁果仙大师也是须生泰斗，代表剧目有《打金枝》《蝴蝶杯》。

晋剧剧种是有一些技巧的，比方说《打神告庙》的水袖、《小宴》的翎子、《徐策跑城》的帽翅，包括枪子功、鞭子功等，都是晋剧的拿手绝技。当然这个绝技来源于蒲剧，因为晋剧是从蒲剧演变过来的，可以说，蒲剧也是我们老大哥。

晋剧也有很多名家，比如说武忠老师、郭彩萍老师，他们都是把技巧通过原来的、其他的剧种借鉴过来之后，在自己的身上有所发挥，从而成为一技之长。

我从小就生长在一个戏曲家庭，父亲从事戏曲教育，母亲也曾是一名晋剧演员，她唱晋剧的青衣兼老旦。我的舅舅、哥哥、嫂子以及我的老公全是做戏曲工作的。我从小就生长在这样一个环境里，听着妈妈、叔叔、阿姨的戏长大的。这个戏曲大院就是现在的桃园一巷府西街——太原市实验晋剧院对面的那个大院。所以我总说，谢涛长了五十岁，没有走得更远，就在桃园一巷，住在那个地方，虽然学戏、上艺校离开了那个地方，但后来又回到了实验晋剧团，所以，我是在那个土壤中长大的。

我从小就咿咿呀呀地学着唱戏。我能唱、能学的那个时候正好赶上“文革”。因为我是1967年生的，所以唱的都是样板戏，比如《红灯记》《杜鹃山》《平原作战》《朝阳沟》等，在我还没上小学时，我们院的一个大哥哥对我说：“谢涛，我们过六一儿童节要唱样板戏，你敢不敢来？”我说：“敢！”他说：“你回去找你妈妈给你化红脸蛋。”

第二天是六一儿童节，一大早我便让妈妈给我化了妆。那会儿我才五六岁，大哥哥大早晨把我带到学校。那会儿，学校的教师、员工还有学生加起来足足有两三千人，舞台是一个土台子。我那会儿一点儿也不怵这个舞台，看着人多就想唱，就想表演，就想表现。我到了办公室，拉手风琴的老师就问我，你会唱什么，准备唱几段？我说，准备唱两段。他说，你第一段唱什么？我说要唱《红灯记》。他又问我，第二段呢？我说要唱《平原作战》，说好了之后我就上台了。

我记得当时那个话筒的高度即使放得最低也是在我脑门的地方，没到我嘴上。我一上去人们就鼓掌，现在想一想，那掌声就是给我的鼓励，他们觉得一个小孩子一下子到了这个环境中给大家唱戏很不容易。但是，我一听掌声就来劲了，我先唱了一段，然后又把第二段唱完了。我唱完之后不想下台。旁边的手风琴老师说，两段完了，你还要唱？我说，我还要唱《朝阳沟》。我还没唱“亲家母你坐下”呢，就先在台上摆了一个姿势。一个六岁的孩子一摆这个姿势，台下观众也开始热情鼓掌，他们一鼓掌不要紧，我一下就蒙了，竟然忘了第一句词是什么，大家鼓完掌就等我唱，但是我忘词了，那会儿没有伴奏，手风琴都是拉歌的，他们不会拉晋剧，我都是干唱。忘了词的我就傻站在那儿，大家感觉这个孩子肯定是忘词了，就又开始鼓掌了，而我对着话筒张开嘴就哭。我记得特别清楚，那个手风琴老师就像夹小鸡似的，把我夹下去了。从此以后，我就在那个新建路小学出名了。

怎么证明我出名的？我第二年就开始上一年级，一去报到，就有两个班主任抢着要我。我记得有一个老师把我抢过去以后，去了班里，直接就说“我让你当班长”。你说那会儿还没学习，还没有证明成绩怎么样，我就当了班长。我学习成绩还真好，后面学习成绩一直也特别好。

我讲这个就是想说，如果你的血液中流淌着戏曲，无论是你的遗传基因，还是成长的环境，都无法改变血液中的这种东西。所以我们现在的很多家长，不要强制让孩子喜欢什么，应该多与孩子沟通，让他们做自己想做的。

我一年级到五年级一直是班长，当然，后面的这个班长不是走后门得来的，一开始，我能成为班长是因为我唱戏给老师留下了深刻印象，但我之后的学习成绩一直非常好，有实力当这个班长。我曾代表山西省参加全国普通话比赛，那时全山西省只挑了七个小学中学的代表参加，我就是其中一个。那会儿我汉语拼音学得特别好，所以普通话讲得也特别好，作文成绩也特别好。现在人们一说，这孩子学习不好，去唱戏或者跳舞吧，我觉得这是一种偏见。我们做什么一定要有文化，但这种文化不等于一纸文凭。相比之下，练武术、学芭蕾、学杂技、学戏曲都要练童子功。你说高中毕业、考了大学再学戏可不可以？做票友可以，如果要扎下扎实的童子功，你肯定十来岁就得学戏，因为这个功夫是骗不了人的。你说我身体发育到十七八岁，已经高中毕业了，再去学戏，能不能练出来？有没有练出来的，我现在不太了解，即使有练的，但是他们的胳膊腿都已经又硬又长了，然后你去窝回来，去练一系列的戏曲工夫，这是很受罪的，所以学戏要趁这个韧带都是好掰扯的时候去学，去练戏曲的基本功。

记得小学五年级毕业时，我同时拿到了两个通知书。我是偷偷报考戏校的，爸爸实际上默认让我学戏，睁一只眼闭一只眼就没管，妈妈则是一直拦着的，但是妈妈管不上，因为她是常年下乡，打着行李卷一走就是几个月。在这几个月当中，我正好通过了初试复试，偷出户口本，最后考上了艺校。

我记得妈妈当时跟爸爸讲，不能让孩子学戏。我的录取通知书是重点中学十二中的通知书和市戏校的通知书。我是一起拿到这两个通知书的。拿到以后，我毫不犹豫地就把十二中的录取通知书撕掉了，当时的我也就十一二岁。我一直揣着戏校的通知书，但是不敢给妈妈看，趁着中间妈妈回来的时候，我跟妈妈讲，我要是考不上重点中学，你就让我上戏校吧！我妈说，不可以，明年你继续考。我就不敢再说了，就这么熬着熬着，我一直不去重点中学报名。一直等到报到截止，老师就找到了家里边。我记得那天妈妈正在大院里洗衣服，老师找来了以后问我妈妈，谢涛考上重点中学了，怎么不去报到？我记得我妈连衣服都不洗了，就开始找我，我本来在院里站着玩，然后老师一来，我就藏到屋里去了，我觉得今天躲不过了。我记得我妈甩掉手上的肥皂沫，从家里找了一个练功的马鞭，揪着我使命地抽我的屁股。那个马鞭是藤条做的，穗都没了。打完以后，我晚上摸屁股的时候，屁股上一棱一棱的，都是青得发粉、发红的那种颜色。当时我一滴眼泪没掉，妈妈可能抽了十几下，她边打边数落，边打边骂我，就说学戏有多不容易，你这孩子自作主张，怎么就把这个录取通知书给撕掉了……即使四十年过去了，妈妈说的话，我仍旧记得特别清楚，就和昨天发生的一样。她打完我，把马鞭扔了抱着我就哭，我依旧一滴眼泪没掉，我妈反而哭了一会儿。我在妈妈哭完后，抬起头给她擦眼泪。我说，妈，你放心，我肯定给你争气！

妈妈是那种很要强的性格，她虽然条件非常好，但是机会、运气差点儿，所以她属于在这个圈子里观众也熟悉、了解，小有名气，但是却不是那种大红的角。现在我们很多家长都不愿意让自己的孩子去从事自己的职业，当医生的不想让孩子再当医生，当教师的不想让孩子再当教师，就是因为他们了解这个行业的艰辛。实际上，每个行业都有它的不容易。

我就是这么学了戏的。学戏真苦！但是我从来没觉得那是苦，就是因为我喜欢，我想在舞台上扮上，站在台中间把自己展示给观众。小时候，我就觉得台上的角有那么多观众喜欢他们。我跟着这些唱戏的叔叔阿姨下过乡，也到过剧场。他们演完以后，观众将他们簇拥在后台，去看他们喜欢的演员。我心里就留着这个感觉，就想在舞台上表现，而且我喜欢在舞台上的这种腔调，喜欢扮上的这种感觉。那么小的年龄，我就有这种感觉，不是那种成名成家的感觉，就只是喜欢这样的舞台。

戏校的生活很苦，十来岁的孩子每天都练胳膊腿腰，即使很疼，也是咬着牙继续练。我记得我们同龄人中还有逃跑的,因为太苦了。

我在学校一共待了五年,提前一年毕业去剧团实习。四年的时间里我学的是旦角,给我加的行当也是旦角。学了旦角,我又先后学了《杀狗》《永寿庵》,最后学了《打马》,这些戏很全面,有青衣、有泼辣旦、有闺门、有刀马旦,就是这些角色为我后面的改老生打下了夯实的基础。但是,我那个时候并不知道我在学习中吸纳了这么多东西。随后,我就开始在当时叫太原市实验团的地方实习了。

实习后,我又改旦从生。我学了旦以后妈妈很满意,因为妈妈是唱旦的。这一行业讲究开窍,我可能就祖师爷赏饭,学戏开窍。妈妈很满意,她学了这么多年的戏,回去也想指点我,就说学旦不错,我就这样学了四年。

那么去了剧团以后,我为什么就改成老生了?十五岁的我正值青春期,处在变声阶段。实际上女孩子变声不明显。我却不一样,声音一下子变宽、变粗、变哑了,然后唱旦的时候,就得把嗓子挤住、捏住,特别不舒服。我那时候小,也不会跟人商量,自己身材又开始发育,长得特别结实,而旁边的女孩子都那么苗条,长得又那么漂亮,声音又那么甜润,因此,我开始不自信,我觉得我唱旦角比不过人家。明明在学校的时候我还是苗子、还是尖子,怎么在十五岁这个年龄段就什么都不如别人了呢?

正好我们去剧团实习,我一下子看到舞台上郭彩萍老师唱的小生,还有白桂英老师、李月仙老师、闫慧珍老师唱的须生,那么潇洒、那么好,她们又是那种粗粗的、宽宽的声音。我跟谁也没商量,每天就是跟着李老师演戏,她们是角,每天在台中间唱,我就在幕条旁边看,下来后就瞎琢磨,也没有人教。一开始,我同学问我要干什么?我说,我要唱这个。她说,不行,这个太不容易了。当时我的妈妈也跟着剧团,和李老师一起搭戏。李老师就跟我妈妈讲,你看看你女儿吧,她好像中邪了,她总是想着唱须生,你去跟她说一说。

那个时候我还比一般的孩子要好、要突出,因为到了剧团以后,我们都是跑兵的,都是跑才女的。唯有那么一两个苗子能演一个小折子戏，我的《杀狗》《起解》还能放在老师们的戏前边，上那么半个小时。所以我在学生里面是一个被人羡慕的存在，因为我还能演一个小主角的戏，我妈也很满足。当她看到我跟着魔一样每天盯着唱挂胡子的胡子生，她跟我说，谢涛你什么意思？我说我要改须生。我妈说，你傻呀！隔行如隔山，妈妈是过来人，妈妈曾经也想改过。我妈的条件实际唱老生是最合适的，但她说她舍不得，她说："我学了花艳君老师的花派，他们都叫我小花艳君，你将来改得男不男女不女，最后就是男的唱回去像女的，你再唱女的话又更像男的，最后不伦不类，你不能改，这个太不容易了。"但是我不听，每天继续还是该看老师的戏看老师的戏，该下来怎么瞎琢磨就怎么瞎琢磨。我妈看着实在是管不住我，有一天就和我聊，"我把你领到李老师那儿，你问李老师，李老师同意你学，咱们就改了，我就把你交给她，如果李老师说不同意，你就死心吧。"

我记得也是在下乡的一个大教室，我们都住在大教室里面，自己的行李卷在课桌上铺着。我妈领着我去见李老师，妈妈把这个情况一说，李老师抬头看了看我，笑了一下说，"不要改，我觉得你唱旦挺好，唱须生不合适。"我一下子就傻眼了，然后我妈说，我们都是过来人，难道会害你吗？说完拉上我就出门了。直到现在我都不知道那个时候我的脑子怎么想的，就是一根筋，认准了要唱须生，认为它或许更适合我。现在想想，适合其实就是喜欢。就那样，我还是继续不管不顾，看戏、琢磨。

但是现在想一想，应该是从那天开始，李老师开始注意我了，这之前她可能没有注意我，那时候她才四十来岁，比我现在还小。她镇在舞台上，一直扛着很多活，她根本就顾不上去关注我。但是从那以后，李老师开始关注我了。突然有一天，也还是下乡，李老师把我叫到她的教室里面，当时还有几个叔叔阿姨也在旁边。她说，谢涛，你每天看我的戏，你学会了吗？我说，学会了。她说，你给我来两句。我立刻开始紧张了，我脑子里想了很多她的戏。她说，你给我唱两句什么？我说，《三关点帅》"眼前落下金彩凤"。

我一紧张，想不起"金彩凤"这三个字，我就唱"眼前落下金丝鸟"。

老师扑哧笑了一声说，还金丝猴呢，谁让你给我改词了。我说，我忘词了。老师说，好吧！以后我教你。于是，十五岁的我开始跟着老师学须生。

老师的第一个开门戏就是《杀驿》，要展示帽翅功、髯口功、胡子功，而这些都是我们的戏曲功夫。

那么戏曲功夫是为什么服务的呢？是为故事和人物服务的。

大家觉得我们的扮相头饰很轻松，其实很疼，因为你不把头勒紧的话，头上的东西一甩就会飞出去。有时候，我们都能摸到自己头上暴起来的筋；而且我们不是说现在上来就玩这么二分钟演一出戏，一下台就可以摘掉头饰，因为要演一个人物，演这个故事，我们就得一直戴着头饰。我记得那会儿老师刚排出来戏，我第一次扮上以后就想吐，感觉特别恶心，因为头上就像被紧箍咒勒住一样，非常难受。

我能拿下第一出戏，可以说老师给我扎下了一个很扎实的表演底子。只有扎好了这些功夫，以后再演类似的戏，就会很自如。所以，老师给我排的第一出戏是《杀驿》。

“9”这个数字是我的吉祥数。现在人们经常说逢九年不好，逢九年不吉利。但是我一遇上“9”就特别顺，而且要办很大的事，这个大事既是在艺术上排一个很好的戏，是我自己的得意之作，也是观众认可的剧目，更是在艺术界拿到最高的奖项，所有这些大事都发生在逢“9”的日子。

在我十九岁的时候，我因为演《杀驿》拿到了学戏以后的第一块奖牌。那个时候我拿到这个奖以后，就觉得这真是对我学戏的一个肯定，不仅仅是一个大的收获而且更树立了我对戏曲乃至后面事业的自信。

在这之后的六七年间，我就是学老师的戏，老师演什么戏我演什么戏，然后就是在基层、在农村演出。在那个时候，在城市里，我们的市场，还没有我们现在这么好的平台。我刚才一来就和主办方聊，我说这个平台太好了，它不单单让我们可以接触到戏曲，更通过这样一个讲坛，让大家对戏曲有了一个了解，然后对我们的文化、经济、生活有了一种自信。

在这六七年间，我就是扛着行李卷在乡下演出。那个时候的演出，我还不是完全的角。我跟李老师学习了一段时间以后，就跟了郭彩萍老师学习。我们青年团那会儿正是风华正茂的年纪，正是在舞台上最成熟的时候。老师是晚上演出，我们这些孩子白天演出，白天演出我们是在锻炼，晚上我们虽然在给老师跑龙套，其实我们是在学习。所以有时候我就想，我们这代人很幸运，我们看到了很多前辈老师在舞台上的最好年华和她们最棒的时候。

随着年龄增长到六七十岁的时候，虽然人们的声音、状态、积累、经验是非常丰厚的，但是身体状态却不一样。因为演员是一个对智力、体力双方面都有高要求的职业。通常，演员要在舞台上表演两个多钟头，甚至下乡演出要三个、四个钟头，如果没有一个棒的身体根本扛不下来。在炎热的天气，一个人扮上站在舞台上，多少瓦的灯光烤着，一般人在这种情况下就晕倒了。这是一种功夫，这种功夫就是你得站在舞台上几个小时，还得声情并茂地、发自内心地表现喜怒哀乐，在舞台上该哭就哭、该笑就笑，这非常耗心血。你自己不动情根本打动不了观众，所以演戏是需要一个好身体的。

从十九岁到二十六岁，我一直在积累，二十六岁的时候，我遇到了《丁果仙》这部剧。丁果仙是我们晋剧泰斗级的人物。我在那个阶段遇到了剧本《丁果仙》，这个剧本是专门为我打造的，对于一个二十几岁的姑娘来说这真是特别幸运。那个时候主管文化的领导、包括我们的老师说要培养我，要给我排戏，要给我争梅花奖，要给我打造戏。我选了传统戏《卖画劈门》，排了《舍饭》。

当时得“梅花奖”要有一出本戏，本戏和折子戏是有区别的。本戏是两三个钟头里展示一个完整的故事，而折子戏就是从中间摘出一个小折子即可，只需花半个小时左右。排一出本戏，新创的很难，大家为什么想到给我排《丁果仙》？丁大师在观众心目中是一个艺术家的形象；在同行中，大家也是非常想把我们剧种的代表人物的艺术形象搬到舞台上。

我借助这个平台唱老生了，但是唱老生之前我是唱旦的。演丁果仙这个角色,你光唱老生根本拿不下。因为演这样一个人,演她这样一个故事,就要用女人的声音去演绎;舞台上她是一个男人,就要带着她的艺术形象去演绎。这就需要有旦有生,拿行当去划分的话,你要有旦角基础还要有生角的基础。在舞台上,需要你旦的时候你就旦出来,需要你生的时候你就生出来。

我要刻画的是这样一个人物,我要从十几岁演到她的老年。这对一个二十五六岁的小姑娘来说是一个挑战。现在回头看看,我对这出戏还是很得意,那个时候我也许不成熟,但是在二十几岁能拿下这个角色,我自己还是很满意。

现在想想,我很庆幸,现在二十多岁的年轻人没有我那个时候的机会。所以我带着《丁果仙》,带着《卖画劈门》,带着《舍饭》,摘了梅花奖,同时还摘了文华表演奖。

十九岁我拿了第一个奖,二十九岁拿了梅花奖、文华奖,中间又是十年。这个十年,我觉得它也是一个积累,有了积累才有了创作。

二十九岁到三十九岁又是一个十年,这个十年我在做什么?这个十年,我成了角了。二十九岁我可以带着团,就像我心目中的郭彩萍老师、武忠老师、李月仙老师一样。剧团就是看角的,舞台戏曲也是看角的。有一个好角带着这个团,观众会冲着你写信,又唱你的戏。我们唱戏是要挣钱的,是要养活自己的,我们靠的就是我们一场一场的戏。那么二十九岁到三十九岁的这十年就是我干活最不要命的时候,那个时候的力气使不完,一天演两场戏,而且是我主演的两场戏。那会儿,大家对我爱惜得不得了,一个台口能照顾谢老师演两场,然后再清唱一下就可以了。一个台口的概念是四天,也可以是三天,也可以是两天,但一般是四天,四天是七场戏,那么七场让你演两到三场,相对就是轻松的了。我那个时候就是白天晚上连轴转,如果在这个戏里你是配角,你就可以休息了,你要是主角的话,你肯定不能休息。

我并不是想这样演,而是当地就是这样要求的,你必须把这几场戏演了,我们就这样去演,实际上这种演法对演员是有破坏性的,因为我们的声音也好、身体也好,都是肉长的,都会有损伤。

我们戏曲演员唱戏不像歌唱演员唱歌，我们唱五个段子要花二十五分钟，而歌曲演员唱的是大歌，一个大歌五分钟、小歌二分钟。戏曲演员在舞台上是三个钟头，下乡演出则需要更长时间，主角的戏份要占百分之八九十，这个戏份还不单是唱，还要动，还要折腾，还要哭，还要笑，所以白天晚上这样连着，真是受不了。所以戏曲演员就是要练就一身真功夫，我们的前辈老师一直到我们这一代，再到现在的年轻人，必须有一身真功夫，否则不敢往舞台上站。因为舞台就是照妖镜，好与坏，你只要站在舞台上就知道了。在舞台上，我们不可以放原声、不可以对口型，我们都是现场，你的状态好，今天就好，你状态不好，今天就不好。

我们即使身体不舒服，在家里面不开心，一旦上了舞台，就是演员，唱好戏是演员的职业道德。所以这十年，我除了演戏，也在思考一些事，就是老戏老演。也有很多人说，你已经成了名家，也得了很多奖，你应该知足了。但是我总觉得，我没有想那么远，我认为我在舞台上还可以创作出更精彩的作品，发现更好的角色，我还可以去尝试一些新东西，我不愿意那么老演老戏、老戏老演。有了这个想法以后，我就和《丁果仙》的编剧赵爱斌老师、雷守正导演沟通了我的想法。他们说，谢涛你讲的是对的，我们帮着你，但是咱们未必一次就能成功，但是我们能对情况有所了解。他们很爱惜我这个条件，也爱惜我对艺术的这种执着的情感，所以大家就在一起琢磨做什么，于是我们就想到了《芦花》。

我们大家应该都很熟悉《芦花》，尤其老前辈对《芦花》真是百看不厌、百听不厌，而且在山西晋剧、中路梆子中，只要是唱老生、须生的，一定得唱一出《芦花》。它也是一出以唱功见长的戏，而且里面也包含着深厚的情感。

我们为什么要动这出戏呢？就是因为我原来没有演过，但我一直在看，一直在学，只是我当时不太想演，因为我觉得里面有一些不顺，自己想把它捋得更顺，但是我却不敢，因为这都是前辈的精品。

我演的这个闵德仁是个员外，他家有三个儿子。他的第一个老婆去世了，留下了一个儿子，后面他再续妻，又生了两个儿子。有一年下雪天,闵德仁带着大儿子、二儿子出去以后,发现大儿子抖得不行,最后发现大儿子身上的衣服絮的是芦花,于是他开始对李氏这个老婆不满意,为什么给她的亲生子絮的是蚕棉,而给大儿子絮的却是芦花。为此,他就要休妻,妻子当时还强辩,就是不承认这个错。这个时候,大儿子闵子骞跟父亲说:“宁让母在一子单,莫让娘走三子寒。”这一举动感动了李氏,也感动了闵德仁。《芦花》讲的就是这样一个故事。

这个故事也是二十四孝里闵子骞的故事。这个故事很感人,观众也很喜欢,但是我们动了里面的一些唱段。老观众对这出戏很熟悉,故事到最后结束的时候,闵德仁有一大段唱词,我们歌剧里面叫咏叹调,也就是我们戏曲里面最核心的一个唱段:“儿跪倒,父施礼,李氏莫恼。”这个唱段的第一句的三个字要甩,这样就会产生很强烈的剧场效果。

但是作为演员,作为当时闵德仁的扮演者,我会分析闵德仁。他,一个有文化的中年男子在家庭发生了变故以后,中间和老婆吵、和老婆闹,还要离婚,儿子又劝导他们夫妻心平气和地谈这个事。他听从了儿子的意见,不休妻子,但是他如何把两个人的矛盾心平气和地讲一下?说心平气和,不可能真的心平气和,他的心里头既包含着对儿子的心疼,也包括对儿子的愧疚。

那么我该如何处理这个“儿跪倒”,我就处理成先弱到强到弱再到收。演出的时候在这个地方没掌声,很安静,可以说唱到这儿的时候,我的心里头噙着泪,有时候眼里头也是噙着泪的,但是这样唱,观众、老戏迷不满意,他们会说,谢涛你为什么要这样处理呀,我们憋着要给你鼓掌,然后你又这样处理,把我们这个掌又憋回去了。

我的老师李月仙说,谢涛,你不能这样唱,这样太不过瘾了。我今天坐在这个地方一分为二地讲,我的唱法和原来的唱法都对。我当时认为我的是对的,但是现在我坐在这个地方,我觉得两种都对,这就是对艺术的不同解释,两种解释都对。前一种需要一种宣泄,但是我这个内敛一些,男儿有泪,他是心里在流泪,有时候在滴血,但是他表达出来的东西看似没有那么强烈,实际上心里头却难以平静。

我讲这个道理就是想说,在那个阶段,在艺术上,我在纠结一些东西，也在探讨一些东西，寻找新的演法，那么新的演法出来以后，观众关注的选择也是不一样的，文化层次不一样、年龄层次不一样、职业不一样，那么大家的要求也不一样。你不可能一下子出来一个东西，让所有的人都满意。你允许大家提出批评、提出不同的意见。我觉得观众也允许演员在舞台上有不同的解释、不同的演绎和表现，所以我今天跟大家分享这种审美要求。

演员有演员在舞台上表现的东西，但是我们希望有一种碰撞、有一种结合、有一种互动，同样我在那个阶段就是在思考这些，做这些，因此做出来一个《芦花》。这出戏我后面没有多演过，我自己还是喜欢这个《芦花》的，但是一下了农村演出，大家要看那个《芦花》。一看新的《芦花》，大家就会问，你为什么会这么演啊？你为什么不那样唱啊？他们新戏接受是需要一个过程的，那么后边这个戏就是在继承的基础上开始的一个新思路、一个新尝试。

这个戏之后就有了《范进中举》。《范进中举》虽然是我们的传统戏，是一个老戏，但是它有一个很扎实的基础，在里面我们尝试了一些新东西。我不需要介绍范进，大家都知道，我们的中学课本中，包括《儒林外史》里面对这个人物已经写得非常深刻，大家对他的印象也非常深。

我得梅花奖是1997年，1997年之后，雷守正导演和赵爱斌老师就提出要排《范进中举》，我当时就拒绝了。我觉得我的年龄、文化有限，还没有能力演这部戏，因此，这部戏真正排出来是2001年。

不同年龄段的人对一件事的认识和看法是不同的。所以可能在若干年前，我不演范进那样一个人、那样一个形象，因为这个形象在舞台上也不光鲜亮丽，我又是一个女老生，起码我演的角色扮出来要漂亮、要有气质风度，那样一个可怜、可叹、可悲，有时候还可恨的角色，我不喜欢。所以我们打造这出戏的时候，导演老是在说服我不要去在乎一个外在的、表象的东西，要利用你所学的唱作念舞的戏曲程式表演，刻画人物的内心，把这两者结合到一起，塑造一个新的人物。京剧有《范进中举》、河北梆子有《范进中举》，但是晋剧没有，所以两个老师专门为我打造了晋剧的《范进中举》。

这出戏的创作过程很不容易，因为排这出戏就像打补丁一样。在20世纪90年代末的时候，我国的戏曲处在一个低谷期，市场前景不太好，对戏曲远不及现在这样关注和重视。我们一边谋生存，一边还要搞创新、搞创作。但搞创作没有钱怎么行。后来，想办法拉来五万块钱赞助，我们如获至宝，当时剧本和编剧老师一分钱都没有拿，我们把钱都用在了创作上。作曲、服装、舞美都是需要花钱的地方。排戏、唱腔出来以后，还要再进行排练，最后，这部戏搬到舞台上还是经过了很长时间。

这出戏现在拿出来看觉得演得很流畅，但是这出戏是新作的。我原来的戏都是老师演过的戏，老师怎么演我按那个演，包括《芦花》，有过老师演，我只是在那个基础上去打磨。我唯一的新创戏是《丁果仙》，《丁果仙》没有老师演过，你自己怎么演就是怎么个样子。

那么，演范进的时候，需要关注传统的功夫与台步、身段在舞台上的结合，导演雷导又是话剧导演，他排现代戏没有问题，从演十来岁的孩子到演八十岁的老人，他都可以示范。然而对于传统戏，雷导说，你们的功夫台步我不会，所以我坐在这里你给我演，演出来，我给你讲我对这个人物的设计，然后你再进行融合。就是这么一遍一遍地来，我自己就是自己的技术指导，我肚子里的东西就是我的导演。

老艺术家前辈丁大师肚子里有二三百出戏，那么到了我的前辈武忠老师、李月仙老师这里，肚子里则连一百出戏都不到。到了我这个年龄连五十出戏都没有，这是实话。我们的传统剧目，我列不出五十出，这是一种文化的遗失。过去没有电脑、没有电视、没有录音，留不下那些东西，失传了以后就失掉了。创作这出戏的时候，我肚子里的东西不够，我就把武老师、李老师请来做我的技术指导，我们就这么创作。

其中有一幕是拿扫帚写字的场景，如果是唱现代戏，那拿上扫帚在台上比画就行了。我们在生活中也见过一些写地书的老先生。范进疯了以后，旁边有一个老人也拿着扫把挥舞，给人一种挥毫泼墨的感觉。这在舞台上就需要去设计，设计一个动作，一个美的东西，你不能说我在生活中怎么样，舞台上就怎么样，那就不是艺术。所以你得设计，我找到我们的一个武生老师,让他教我几十个棍花和枪花的动作。他教了我三四十个动作,然后我从这里面挑了二十个,我给导演表演,最后留下了六七个动作。

还有一个跳椅子的动作。我们戏曲有椅子功,旦角《挂画》就是要跳到椅子上,这是需要一种技巧的。我穿着这么高的厚底靴从来没有想过跳椅子,椅子就这么宽,还要穿靴子跳,我想都没想过。但是在排练场上设计的范进疯了的动作,导演不满意。导演说,这个都不是灵魂出窍,都不是这个人一下子疯了的状态。他让我回去再想。当时在排练的时候,我就坐到地毯上,说了一句跳椅子的玩笑话。导演说,就跳椅子。我说,不行,我是在开玩笑,这怎么可以。导演说,怎么不可以。我说,我是唱须生的,我穿的是厚底靴。我们的厚底是纸做的,是一层一层粘出来的,穿上以后,脚和木头一样是没感觉的,鞋底子那么厚,又不是软的,你没有掌控的感觉,所以我说不行。导演说,你试试。我回了家以后就在沙发上试,接着又开始试真正旦角跳的椅子,然后我不穿靴子再试,一直到穿上靴子试,最后,竟然成功了。现在说起来感觉很容易,实际上,跳椅子有很大的风险。我认识的一个旦角,梅花奖获得者季友芳,她是唱蒲剧的。她在《挂画》中跳椅子时把脚腕的骨头弄断了,虽然保养了很长时间,但还是落下了毛病。

一个戏就是要这么一点一点地把它设计出来,包括唱腔。《范进中举》里面的唱腔有很多气声、轻声,在原来的戏曲梆子中,我们很少接触这种唱腔,因为晋剧的声腔板式很丰富,特点就是高亢激越,当然也有优美婉转,也很好听、很流畅,拿气声和轻声唱的少。但是我和唱腔设计老师说,人们在喜怒哀乐的状态下,声音是要有变化的,在自言自语的时候,他不可能放开声音去豪迈地、高亢地演绎。

在《范进中举》里面有一段情景,范进下决心说:“这次考不上我就不回来见老母了。”然后有一段干板唱,原来设计的干板是:

一拜孔圣人
二拜母和亲

范进这就赶考去
留下这儿只老母亲

这在晋剧的声腔板眼上已经是进化了很多，抒情了很多，但是2007年，我带着《范进中举》《傅山进京》两出戏到北京演出的时候，出现了一些情况。演出之前，我的身体状况非常不好。到了北京以后，到处都是空调，大家还是热得不得了，我左一层右一层地穿着也非常热，嗓子都揪得青了，身体很虚弱。前面也和大家讲过，没有一个好身体，是扛不下来一出戏的。我在这种身体状态下上了台，唱了一场《傅山进京》，然后又唱了两场《傅山进京》，再唱一场《范进中举》，我真的唱不下来了。我当时在舞台上唱到核心唱段时，气就顶不上来。演员是用气息唱的，真正唱时不用嗓子，是用气息。美声演员的身材和状态实际和他的气息有很大关系，不是说瘦就没气力。我平时在舞台上气很足，但是那天在那个状态下就没气了，当唱到那一段的时候，我一下子找到了范进的状态，范进已经半死不活了，就剩一口气了，而我一直在演范进，但是并没有找到范进的状态。我那天的那个样子，谢涛的那个样子，就是范进的样子，所以最后我真的不是处理地唱下来的，而是有气无力地唱下来的，声断气不断，声音是有，但是气是断的。

一拜孔圣人
二拜母和亲
老母多保重
媳妇多仔细
保重保重
仔细仔细
……

现在唱太轻松了，但实际上那天唱就用了我百分之二百的劲，就这么唱出来的效果，甚至于不如这会儿。但是第二天开座谈会，专家们说，谢涛，你那段处理得太漂亮了！

但是从这以后，不管气怎么足，我唱到这段的时候一定要这样处理，因为演员在那个时候就是这个人物。所以说演员也有一种不经意的发挥，但是确实有一些即兴的，这与你的身体状况或者你的积累密切相关。也许这出戏三年以前你是这样演的，那么五年十年以后通过你对人物的了解，对社会阅历的积累，你会处理得不一样。

《范进中举》这个戏不是三十九岁演的，我在三十九岁时带着这出戏到上海得的白玉兰奖。2005年，我带着《范进中举》去上海，这是我们继丁果仙丁大师20世纪30年代带着团队去上海百代公司录音以后，晋剧团队再一次去上海。实际上去之前，我心里头很忐忑、很没底，他们对我们的戏曲是什么态度。

上海那边做事非常细致，我记得在我们去之前，他们的媒体提前一两个月专门做了一个媒体见面会，宣传《范进中举》，大概有二十多个媒体到场。突然有一个媒体记者问，谢老师这出《范进中举》整个投资了多少钱呀？我脑子开始转，我觉得没多少钱说出来太寒酸了，然后我算了算，其实我们花了十来万块钱，还是像补丁一样补起来的。但是当他问到这个问题时，我想我不能说十万，然后我就没底气地说了个整数，二十万。

他们一下子愣了，二十万！因为现在上海的艺术团队做一出剧目光暗投就有五十万。我说，我们让作品来说话吧！我们的戏一经演出就让圈内圈外的上海观众和专家眼前一亮。我并不是想说谢涛有多大的能耐和本事，而是想展示我们剧种深厚的积淀。晋剧不是小剧种，而是大剧种。以前大家对晋剧这个剧种不熟悉、不了解，那是因为从事戏曲工作的人没有做出好的剧目，而不是我们的剧种不好。

这出戏拿到上海以后，一下子得到了大家的认可，给观众和戏迷，尤其是给专家留下了很深的印象，因此这部剧摘得了第一枚白玉兰奖。后来我连着两年又去拿了白玉兰奖，其中一项是去年拿的白玉兰特殊贡献奖。我真的不相信能得奖，为什么这样说，我们这几年是获奖无数，但还是我说的，这不是谢涛的能耐，而是因为我们有一个优秀的团队，创作出了好的作品，大家才会认识我们，认识晋剧。

2005年，我带着《范进中举》进行演出，2006年，我们就收获了一朵白玉兰，两年之后，我带着《傅山进京》又去演出，又摘得一朵白玉兰，这个事情在上海白玉兰得奖的过程中是没有的。上海一年有多少出戏，他们选出几十台，从中选出十位白玉兰主角奖，宁缺毋滥，有一年就只有八位。只要那个票数不到，就不可以选入。中间我又带着《上马街》去上海，我不是去得奖的，我们的一个主演、一个配演分别摘得了白玉兰，主角奖和配角奖。不少人说晋剧太了不得了，你们来了以后就没有空手而归过。

去年我带着《于成龙》去了上海参加白玉兰奖。我心里也想拿奖。因为我们去上海，一方面是展示晋剧，让观众认可，另一方面是获得专家认可，奖项就是最好的证明。而且，每回有了新的剧目我总想展示给更多的人看。

今年3月份，我正在北京演《于成龙》，就接到了白玉兰奖办公室的电话，他们跟我说了一些白玉兰奖的情况，其中还讲了特殊贡献奖的情况。当时我想，我可能要提名了，我又问这个奖和我有什么关系。他们告诉我，我获得了特殊贡献奖。特殊贡献奖一般都是七十岁以上的人才能获得。历届得奖者中有裴艳玲老师、焦晃老师、日本歌舞伎的一个老先生、理论家刘厚生先生、马科导演，其中，最年轻的裴艳玲老师已经七十多岁了。

因为我马上要扮戏上场了，我就和身边的人说，你们赶快给我打听一下，看一下原来得特殊贡献奖的还有什么人，年轻的人有没有，另外就是再落实一下，他们有没有说错，把主角提名给说成了特殊贡献奖。结果一问还真没错，这个奖项是我的。我真是太激动了！后来我去领奖，上台说获奖感言，虽然在底下我也准备了，但是上了台之后，台下的目光、气场，让我准备的那些东西都没用了。

所以，曹可凡说我说的是客气话。但这真不是客气话，我觉得我唱了晋剧，这是我的幸运，因为晋剧的这种养分，我们山西的这种文化的积淀把我推到了那个地方，最后演变成剧目，演变成角色，给观众留下印象。

如果说我带着《范进中举》这出戏敲开了上海舞台的大门，那么《烂柯山下》这出戏对我而言更是意义重大。这是我特别钟爱的一出戏，这出戏没有参加过任何奖项、任何比赛，是没有得过任何奖的一出戏，但是我特别钟爱，一点儿都不逊色于我的《傅山进京》《范进中举》，以及后面的《于成龙》。而且这是我演得最过瘾的一出戏，也是在城市农村不打架的一出戏，因为有的戏在农村演比较适合，有的戏曲在城市、在剧场中演出比较合适，唯有《烂柯山下》在哪里演都能拿得出手。

《烂柯山下》的主题是婚姻，朱买臣休妻，马前泼水。我演的又是一个男人的角色。我在演戏的时候很纠结、很分裂，最后老婆跳河死了的破碎结局，实际上很有现实意义。我作为一个女人在演到马前泼水的时候就想："朱买臣呀，你就留她一下吧，你就说点儿软话，或者你把这个女人收留了，这个家庭就完整了。"

这出戏在哪演，就有戏迷给我回信。有一个在包头的观众，他是戏迷、粉丝，他老婆和我同龄，从来不看戏，更不关注什么戏曲。他拉着他老婆、丈母娘、孩子一家人看了这出戏，几个人回家后就开始辩论，不光说艺术，还有这部戏给他们带来的一种关于婚姻的冲击。他老婆就自我反省，之后两个人感情就进一步加深了，没有了原来的那些疙疙瘩瘩。所以，对于艺术，我们首先要欣赏，艺术给我们带来美的同时也有正能量，会给大家一些启发和思考，所以这是我特别钟爱的一出戏。

下面说《傅山进京》。《傅山进京》可以说是晋剧里具有里程碑意义的一部戏，对我个人、对剧种、对我们的团队的影响极深。今年是创排这出戏的十周年。十年里，我们在全国大江南北演出。这出戏是我们带着晋剧走得最远的一出戏。《范进中举》也走得远，被带到了巴黎，而《傅山进京》是在全国走得最远、走得最多的一出戏，走了二十多个省市。原来我们担心北方的梆子戏走到南方反响不够热烈，结果不管我们走到广州、福建，还是走到湖南、湖北，还是走到刚才讲的上海，都没有受到任何的阻碍。大家对这个剧种、这出戏、这个人物的接受程度很高。一出戏能流传十年或者更长的时间，证明了它的意义或者它的价值。

《傅山进京》是在2005年创作的，怎么会创作这出戏？晋剧舞台上演绎最多的人物是传统人物。范进也算一个生活在社会最底层的落魄文人，而傅山则是一个文化昆仑，在思想、书法、文学等方面都是一个大家，而且是特立独行的一个人。实际上，山西很多剧作家都想写他，但是一直拓不开反清复明这个概念化的东西。后来我们请到福建的一个作家郑怀兴创作这出戏，创作出来的这部戏拓开了原来的那个理念，用和而不同，坚守中华文脉的理念代替了反清复明的理念。因此这出戏创作出来以后，我们邀请了全国一流的编剧、导演、舞美等来编排这部戏。有时候，我们说，外来的和尚会念经，我们要挖掘自己的人才，但是当我们缺乏这个人才的时候，就需要借鉴高手，借鉴一流的专家来提升自我。

当然这并不是绝对的，一方面，我们创作的时候，需要挖掘本土的、本地的人才，但是当我们在这方面有一些短板、短项时，还是要借鉴外来的优势，包括引进国家一流的团队。《傅山进京》这出戏很大程度上受益于而且也受教于一流的团队为我们打造角色，这出戏后面还拍了戏剧电影，而且得了不少奖，很多奖都是拿这出戏去摘得的。

很多大学生以及全国的粉丝就是通过《傅山进京》的戏曲电影认识谢涛的，在这之前，他们根本不知道山西的晋剧，甚至不知道山西的其他文化。他们就是看了一出《傅山进京》，然后才开始关注谢涛，关注晋剧。我们带着这出戏走进校园，尤其是走进北京大学，吸收了无数粉丝。我觉得这出戏也提升了我们的戏曲空间，我演了这样一个有文化内涵的知识分子的角色，也打开了我们的梆子戏，尤其是我们晋剧的空间。这种提升是多方面的，它不局限于你只可以演哪一类或者只适宜于演哪一类戏，我觉得它与演员自身的气质、文化、选材，还有创作团队是有关系的。

我们演《傅山进京》时粘的眉毛、胡子、头套都很漂亮。现在我自己看也觉得我那时的扮相很潇洒，但实际上我这个脸的颜色都变了，现在抹着粉底，看着还白些。我们表演时头上戴的东西是用胶粘的，摘下来后皮肤上都是泡，再加上灯光烤、太阳晒，整个脸黑了一圈。

在拍的时候，我从下午三点开始化妆，粘上眉毛、胡子、头套以后，要一直录到第二天早晨七八点，摘下来以后皮肤上都是泡，然后再拿针挑破，下午再继续。演员的皮肉也是非常受苦的。

现在我看这个形象觉得很满意。然而当时我却出不了场，导演排戏的时候我就出不来，我老想迈台步，但是你迈哪种台步的气质可以和一个老头相匹配。我记得第一次出场时，导演跟我说，谢涛，傅山喝点儿小酒，跟一帮老弟兄吃了大锅粥，土台子上看了戏，跟着小孙子很惬意地跑出来，结果我就是出不来。我说，导演，我怎么出来，你让我迈什么台步？这是主角第一次出场，所以这个设计就很费事。我就问导演，你让我有一个抓手。因为导演是京剧导演，我就让他给我讲讲京剧里面的派别以及和傅山相近的角色。导演说，就是麒派和马派吧。导演说完以后我脑子里面就在想如何把马派这种潇洒儒雅的张力和麒派的张力、爆发力糅在一块儿。

傅山是个倔老头，他不是不接地气。他既是文化昆仑，又特立独行，也是一个很仙风道骨的人，但他又是能和老百姓在一块儿喝大锅粥、喝小酒，是那种很接地气的人。他非常倔，不给康熙下跪。怎么就倔了？作曲刘和仁老师跟我讲，谢涛，我们经常下乡，你观察一下村里的老头走路时的样子，正常的老人家走路，胳膊就这样甩着走，倔老头不这样甩，倔老头是这样，刘和仁老师边说边进行模仿。我把这个动作加到了傅山里边，用在了三个地方。

傅山喝了小酒后，一看小孙子在后面叫“爷爷，等等我”！傅山立刻就说，你追不上我，然后就甩着手走了。因为他心里是很得意的，所以是轻轻地甩着走了。这是这个动作用的第一处。这个动作出现的另外一次是傅山为了不连累乡亲、不连累地方官员，毅然决然跟请他的官员赴京，转身三步和老百姓告别。转身三步，倔老头的动作，就用了三下。另外一处是“雪天论字”时用的。看到外面的雪景，物我两忘，傅山穿着的道袍是披着的，这是一件有水袖的衣服，我抓着水袖轻轻地往后甩。这个动作就用了这么三处。

我在设计动作的时候真的费了很多脑筋，因为他的倔劲、他的个性不一般。他不是普通老头。

拍完《傅山进京》以后，《连亲百万家》《上马街》《紫穗槐》这三出现代戏一直在创作过程中。演员不可能是歇一段时间就拿出个精品来，得在积累中出精品。

看似我只演了一个老太太、一个旦角，实际上，这都是一个积累的过程，对下一出戏来说它就是一个积蓄。《上马街》里我就演一个小配角，一个老太太，我觉得在剧团不要当大主演，就当那种有点儿戏份，但不是靠你就完全能撑下来的那种角色。这个小配角就是化妆晚一点，上场次数不多，但是上去就能让观众记住你的那种角色。

《于成龙》是两年前创作的，到今年9月就是创排整整两周年。于成龙这个角色大家都很熟悉，他是我们山西的一代名人，清朝的一代廉吏。我打心眼里不想触碰清朝戏。

大家都知道，清朝人的发型是前脑勺不留头发，后脑勺留着长长的大辫子。这对女演员来说，是心头的一个障碍，包括清朝的那种扮相、穿戴，它不像我们演传统戏，蟒袍一戴，道袍一穿，把身子装进去后，然后通过水袖表现动作。这是我不想触碰清朝戏的一个难点。另外，对我来说，《傅山进京》是我艺术道路上的一个高峰，那么新的作品和这个高峰去比，是同等水平还是差一点，还是差两点，这又是我的第二个障碍。第三个障碍，尚长荣老师在很多年前拍过的《廉吏于成龙》享誉全国，而且很多剧种里的动作这个戏都有移植，那我为什么还要触碰这个题材？

当时文化主管部门想排演一部反腐倡廉的剧，就选择了《于成龙》，同一个人有很多的故事，从哪个角度去入手，创作出的作品都是不一样的。我为什么又接了这出戏呢？因为我觉得戏曲艺术，一方面是给我们一种美的享受，另一方面也可以带给大家一种能量、一种思考。作为一个戏曲人、一个演员，我有这种责任，也有这种担当。失败也没什么了不起，光环不可能永远套在你头上，人不可能永远都是成功的，得有一些尝试，有一些积累，我所经历的失败都是在积累经验。

《于成龙》也不是不可以失败,人要赢得起也要输得起,所以我就尝试演《于成龙》。

发型就是第一个挑战。一开始,我是剃了半个头的,那么半个头是怎么剃的?我一直很在意我的头发,从生下来,我连胎毛都没剃过。但我还是下了决心剃头,就找化妆老师蓝宁商量。我的《傅山进京》《烂柯山》和现代戏里都是蓝宁老师给我造型,得到了很多人的喜欢。蓝宁老师说,头发可以留的,我就给你剃一点点。我当时想,一点点就是鬓角的一点点。但是他说的一点点,实际是指前半个脑袋的头发。剃掉前半个脑袋的头发,还不如剃掉一个脑袋的头发,否则真成清朝遗老了。

真正演出的时候,导演还是让我把剩余的头发剃掉,我也是一口答应要剃,可真正把我头发全剃掉的时候,我心里有种说不出来的感觉。他们当时抢着拍了一些照片,我的嘴一直咧着在笑,但是眼睛里却充满了泪水。我剃掉半个头的时候,我妈当时就哭了。我没有告诉我妈,我表姐给我妈发过去了我这个于成龙的形象,他们经常讲,谢涛你不粘胡子和你妈妈一模一样,你一粘胡子和你爸爸一模一样。那时正好我爸刚走了一年,我这个形象一出来,老太太一方面想起了她的老头,另一方面是心疼她姑娘。

我儿子也是,我剃着光头回去后,他抱着我说,妈你没有别的办法了吗?人家范冰冰、林志玲拍电影不是也用那种头套?我说,这不一样,电影只需要几个镜头,后期还可以制作;在戏曲舞台上,妈妈扮上上了台,没人再管了,也没有时间再让人管了,上去这两个小时只能自己折腾了。《于成龙》里我的戏份是最重的,所以说这个头发必须得牺牲掉,但是我觉得真是值得,因为这样一个形象,又让我有了很大的收获,超乎我原来预想的收获。

这出戏排得也很不容易,困难比《傅山进京》还要多、还要大,因为我更在意自己了。举一个例子,演员上台很紧张,因此调节心理压力十分重要,你平时发挥得很好,或者说这个是你的强项,但是你的心理素质不好,发挥很可能失常。对于演员、运动员来说,道理是一样的,你上台唱的时候紧张,就会导致气息不够用,气息不够用的话,唱出来就很难听，甚至于有时候会荒腔走板，然后头再发晕忘词，就会一塌糊涂，更谈不上在舞台上的状态，所以心理调节是很重要的。

观众看戏，我们为什么要让他们保持安静？因为我们会听到手机的响声、小孩哭声、吵架声等。这都是现场的状态。演员不喜欢被干扰，有的人说，你不要管他们，你就想你自己。其实这不可能，这都是在一个场地里。所有这些因素都会给演员带来影响，演员要调整这种状态。

不同场合，无论是城市、农村、国内国外的观众，他们对演员的接受和反应是不同的。去农村演出也是如此，山西的北面坐着看戏的多，山西的南面、晋中一带则是站着看戏的多，他们不坐着看戏，他们要抢前台，下巴基本上都搭到台子上了，底下上千人、上万人就这样拥、就这样挤，尤其冬天的时候，大家挤到一块儿互相取暖，但是这样让演员很晕。你上了舞台，台下上千人裹着毛巾在底下动，台上的人就会晕，年轻演员上台就很怵。清徐、太谷看戏还有一种习惯，台下的人喜欢和台上的人交流，“发力吧”“用些劲啊”“唱得不赖啊”“哎呀，这两句不行”，他啥也要说，所以演员在舞台上，他们说一句你和他们一分词，你就不知道下一句说什么了。

记得我那会儿二十多岁，我们在清徐（阳里青）演出，前一天是我们老艺术家郭彩萍老师、白桂英老师演的戏，就让台下的人给轰了，白桂英老师唱《蝴蝶杯》，本应该唱八句，她唱了十二句，但唱十二句不要紧，我们那个打字幕的找不到词，就前后这么动了一下，观众就说她唱错了，忘词了，他们就开始轰。很不文明。这是对人格的一种侮辱，是对演员的一种不尊重。

第二天，我演《卧虎令》就紧张得不行。当时，天下着大雪，那个雪就冲着台子刮，我出去一唱，那个胡子就一直飞着，根本下不来。胡子一搂起来，嘴就露出来了，我也不管那么多，我看着台上的两个演员已经被故事里的坏蛋给打“死”在前台，十来分钟后，他们身上已经有了很厚的雪，台下裹着毛巾的观众都在拥，我上去就使命地发力，实际不该那么用劲地发力，我就扯着嗓子唱，就怕人家轰我、怼我。唱着唱着我的余光就看到一群男人把一个裹毛巾的老大爷给抬起来了，我就想，糟糕，这又出了什么问题了。然后这个被举起来的老大爷说，傻闺女，别傻唱，别冲着风傻唱，小心把你的嗓子吹哑了。我在台上一下子就给哭了，特别感动，我觉得这是他们对演员的一种爱，谁说他们就会欺负演员。说他们欺负演员，实际上就是他们爱的表达，你要唱不好，他们就会那样轰你，即使你把脸画得乱七八糟出去，他们还能认出来你，观众认人就是这么准。

我们在大同、朔州一带演出，当时有零下二十多度。我当时唱的是《烂柯山》，而且搭的是那种帆布篷的露天舞台，底下刮的那种抽底风。演员上了舞台，不能把大棉袄都穿上，我们唱男角的顶多能穿一个背心，女角有的时候连背心都不能穿，因为你的腰不能成一个桶，你还得扮成那种窈窕淑女，所以演《烂柯山》的时候，旦角演员在台上，马前泼水她是跪着的，在台上要跪十几分钟，上牙打下牙，有时候抖得那个嘴把词都给忘掉了。她冷得忘词了，台上的人就把她抱回来，观众没看出来，是我们自己知道她忘词了，演完以后我们回到住的幼儿园吃饭。我记我是最后回去的。我卸了妆后，回去就看到那个忘词的旦角演员脸上流着泪，面前摆着一碗稀粥。这个镜头永远留在了我的脑海中，一想起来心里头就不舒服。我也从来没有问过她，那个时候在想什么，但是我觉得她在想，我干吗要干这一行，因为这一行太苦了。

戏曲演员练四功五法，唱念做打，饿功、冻功、热功，这些功夫都得有，如果你没有这些功夫，你站在台上就晕倒了，或者冻得上牙打下牙。大家也会问，那么冷的天有观众吗？有，他们垒着旺火，站在周围听戏这是一种风俗。

在城市的剧场里面看戏，各方面的环境相对较好，观众也很文明，当然，前面说的那个不是不文明，那就是农民表达的一种方式。

城市剧场的观众很文明，但是我觉得我们太原的观众很含蓄，有时候很内敛，我问他们好不好，他们说好。我说怎么掌声不热烈，甚至有时候稀稀拉拉的。他们说，自己不好意思。到上海、到北京演出对演员来说是种享受，演员在舞台上享受这个掌声，但我们对掌声并不是贪婪的，有时候也需要很安静的环境，就是那个时候，我能感觉到观众和我一起在故事中，一起在演绎这个故事。

国外的观众和我们接受的文化不同。我们在巴黎埃菲尔铁塔下的一个有四百年历史的剧场演出，观众离我们很近，没有垫的高台，有灯光，但是没有麦，就是用自己的声音唱。唱歌声效特别好，自己就是自己的调音师。我一看到这个情况，就告我们的演员，一定要收。戏曲比较夸张，在我们以往演出的剧场里，我们离观众很远，我们的表演、表情、眼神、动作，还有声音都很夸张。在这个剧场我们要收。但是没想到，我们到那个剧场演出的时候，观众一点儿声音都没有，就这么看着，也不鼓掌。我们就想，一定是在场与场之间才鼓掌，结果场与场之间也不鼓掌。我们从后台往过穿场的时候就做哑语，不敢说话，观众怎么没有反应，也不鼓掌。我们把《范进中举》压到一个半小时，一个半小时中间一声掌声都没有，偶尔有笑声也是因为英语字幕的关系，三花脸、丑角等词的翻译让他们发笑，他们笑一下，然后又安静了，甚至连咳嗽都是捂着的，我们就这样把一场戏演完了。

演完以后中间有十秒钟，或者十五秒的停顿，我想这是怎么回事，演完戏也不鼓掌。我们没想到这是因为没打剧终字幕而导致的，因为要出国演出，所以人员压缩了，编剧老师打字幕，导演搬布景，唱腔设计打灯光，每个人还都有活，编剧老师第一次给他自己的戏打字幕，他投入地忘了打剧终，演完了他也不打剧终，没打剧终观众还以为待续未完，一直等着。

实际就空了十几秒，但是作为演戏的人来说，就感觉很漫长。十几秒以后观众开始鼓掌，他们是坐着的，身子也是靠在靠背上的，他们没有前倾，鼓掌的时候就一直靠着，笑嘻嘻地一直鼓，然后我们就开始谢幕，反复地谢。我长这么大，第一次谢那么长时间的幕。他们一直在鼓掌，但没有一个人站起来。鼓着鼓着，我就出戏了。我就想，今天演出效果这么好，他们一直在鼓掌，晋剧真了不起，能把谢涛带出来，能把晋剧的团队带到这么远的地方。我这么想着就下意识地把我戴的范进的水纱网头饰摘了下来，因为当时我梳的一个吊辫，一摘头饰，辫子就出来了，观众一下子就全站了起来。一晚上可能除了几个专家，也许专家也不知道我是女的，大家以为我是男的，没人知道我是个女人，他们又开始新一轮的鼓掌。我们同事就说，涛姐，好不容易觉得这场演出结束了，掌声也差不多了，你又把他们激起来了。这就是外国人看戏和我们看戏的区别，他们感觉很享受。进了剧场后，他们在观察我们，我们在观察他们，我们在幕条里面看，在日本、俄罗斯、法国演出，我们都会看底下的观众。日本的观众给我印象特别深的一幕就是观众提前半小时进场，进场以后也不发声音，我们在台上扮好了，以为观众还没有进场，结果通过幕条一看，每人拿一个节目单在那儿认真地看着，非常安静，也非常文明。

我再讲一些我们演出时幕后的故事。我们下乡演出时，每个人带一个行李卷。因为我们下乡后不可能有招待所、旅馆，在农村就在大教室住，我们把课桌拼起来就是一个床，把行李打开，支一个蚊帐就是我们的小家。我们自己带伙食，带两个大师傅，然后一起吃家常便饭，还有就是一起装台、一起演出。

去年《傅山进京》在全国巡演两个月，和我搭戏的王波的老父亲病重、病危、去世、出殡就在这两个月中。可是他要演戏，就像常香玉大师讲的“戏比天大”一样。我们所从事的这个职业，如果在这个团队中是个配角，或者是个群众，我们可以顶替一下，如果是主角的话，没有人顶得下来，而且在那么急的情况下，别人准备也得有时间，那是多少句唱腔、几百句唱词啊。

王波只有在我们倒台的时候，比如从南京倒到苏州或者从河南倒到湖北，他就在这个过程中回去看老父亲，看一眼回来，然后再演出几场再回去看。尤其他老父亲出殡那天，晚上就得赶到南京去演出。他家在五寨，交通很不方便，得从太原坐飞机到南京。我们在那边紧张得不得了，就怕飞机晚点，飞机要晚点的话，人就来不了。我就抓了一个年轻演员，说你哪怕排前两场，即使飞机晚点，起码能救个场。王波终于赶过来，他从前一天开始就没合眼，眼睛都是红的，直接就上舞台演戏。我和他搭档这么多年，从来没有回避过他的眼睛，我们在舞台上演出，眼睛一定要对着眼睛，唯有那场戏，我一下都不敢看王波的眼睛，我不敢和他对视，因为我一对视就会出戏，一对视就会想到他的老父亲。

我的老公公因为心脏病突发离开了。当时我们正在繁峙演出，早晨来电话的时候老公公已经走了，他们让我和我老公赶回去出殡，我们俩在马路上走，那会儿也没有汽车，这个时候，当地的人留住我说，谢老师，你家里面出事我们知道，我们也理解，但是我们签了三年才等上你，这次来了，合同上定了三场，你只演了一场，能不能把那两场戏演完你再回。一面是自己的亲人，一面是舞台，我只好让老公先回去。晚上演戏还是我演杨六郎，穆桂英的老公公。那个时候，我真的不在角色中，就一直在失去亲人的感情中，那个词也在唱，唱的还是剧中的词，但是脑子里的东西不一样。那个时候你只能心里默默地想，希望自己的亲人能理解你。

有的观众说，你们当演员特别好，特别开心，多会儿都是高兴的。其实最难受的就是你不开心的时候，你还得在舞台上演高兴的。你要是心里挺高兴，演那个痛苦的，你在舞台上表现这种状态还好，你心里头最不开心、最压抑，或者身体状态最不好，你得在舞台上演得很开心、很高兴，那对演员来说是很痛苦的，但这都是演员所必备的素质。

我把这些故事跟大家一起分享，首先要感谢这样一个平台能让谢涛在这里和大家讲演员的故事，一方面讲谢涛，另一方面更多地就是讲戏曲演员，讲山西的戏曲演员台前幕后的故事。希望通过这种分享和交流，能够把大家请到我们的剧场，看我们的戏，进而对传统文化、对晋剧、对四大梆子有进一步的了解，这也是一种文化传承。谢谢！

2017年8月6日

西汉时期的代国

马永赢

马永赢，1965年7月出生，陕西西安人，毕业于西北大学社会科学系思想政治教育专业。现为陕西省考古研究院研究员，长期从事秦汉历史与考古学研究工作，先后发表《秦汉之际的"功""德"思想与汉陵陪葬墓的兴起》《西汉社会治安状况述论》等学术论文三十余篇，出版《五陵原与西汉帝陵》《海昏侯的生前身后》等各类著作多部。曾在中央电视台《法律讲堂（文史版）》《百家讲坛》等栏目主讲《礼法寻踪汉阳陵》《汉廷削藩》《镇馆之宝》等系列节目，受到社会各界广泛好评。

讀史使人明智.

馬永贏

2017.11.5

代国整个的历史变迁,正好应了早期中华帝国走向统一的艰辛历程。刘邦多次平定异姓诸侯,后来成了直辖,正好反映了早期中华帝国走向统一的艰辛历程。

今天我跟大家一起谈谈西汉时候山西北部的一些历史往事。既然到山西来做讲座,肯定要讲跟山西有关的事情。为什么要讲这段历史呢? 首先是因为我熟悉这段历史,我是研究秦汉这段历史的;另外,秦汉时期是中华帝国早期形成的关键时期,很多传统都是从这个时候来的,所以这个时期对中华文明有非常重要的影响,所以我们很有必要详细了解一下这段历史。

一、被迫迁代的韩王信

为什么有"被迫迁代"这一说呢? 下面详细给大家讲一下。

我们都知道,中国第一部史书是司马迁的《史记》。这本书在中国的历史和文学方面,都是成就很高的一部著作。史书讲究,如果是当时的人来记当时的事,那是最可信的。所以说,《史记》从黄帝时期到汉武帝时期,西汉这段历史是最可信的。汉高祖六年(前201年),突然有一天,汉高祖刘邦把韩王信找来,对他说,韩信啊,中原这一带地方太小,你又有谋略,又有才略,又有武功,待在这么一个小地方真是太委屈了。我给你换一个大地方,你到北方去,那儿有四个郡,这个王国够大,你到那儿去做王。本来这是一个好事,一个郡换四个郡,这是赚大了。但是韩王信不知道说什么好,答应也不是,不答应也不是。按一般的逻辑来讲,他不情愿,这不是犯傻吗? 韩王信是不是脑子有病? 实际上不是那么一回事。

大家都知道汉王朝是怎么来的。秦朝灭亡之后,汉高祖六年是汉高祖真正掌权的时候。秦亡之后,汉朝没有立国,这段时间是项羽主宰天下,四年楚汉战争之后,刘邦才统一天下。这段时间后来统一到汉了,实际上,刘邦找韩王信来谈话的时候,是刘邦掌握天下的第二年。项羽当时分封十八路诸侯,自称西楚霸王,他当时封刘邦为汉,就是这个原因。

刘邦实际上是直接灭秦的一路诸侯。大家都知道，刘邦首先率军西征，迫使子婴投降，楚怀王当时在灭秦战争之前承诺，谁先灭秦谁做关中王。按照这个号召，刘邦应该做关中王或者秦王，但是项羽认为是自己吸引了秦军的主力，刘邦捡了个便宜，再加上关中是个好地方，怎么能给刘邦呢？所以他不愿意把刘邦分封在这儿，最后把刘邦分到了四川。

四川叫“天府之国”，是个好地方，但是当年那个地方非常偏僻。当时最繁华的地方就是陕西关中、山西、河南这一带，所以没人愿意去四川，刘邦更不愿意去。后来刘邦通过谋士张良向项羽的叔叔项伯行贿，项羽才把陕西南部的汉中搭给刘邦，这样刘邦才成了汉王，所以，汉是这样延续下来的。

刘邦被分到这个地方以后十分不服，你想，刘邦当时在军事实力上虽然不如项羽，但是从政治家的眼光和谋略来讲，他都是十八路诸侯当中的翘楚。项羽在那个时代，靠自己的勇力灭了秦，但是从谋略上来讲，他不如刘邦。当时项羽控制着军事大权，有四十万军队，刘邦满打满算有十万人，后来，甚至只有三万人。项羽说，你到汉中去做汉王的时候只能带三万军队。因为楚怀王当时派你西征的时候就给了你三万人，剩下的七万人都是收编秦的人，这是胜利的成果，这个应该由我来享受，所以项羽把这七万军队扣了。而且当时刘邦的军队里面大部分人都是关东人，刘邦本是徐州一带的，过去没有电视、广播，即使他在外面富贵了，家乡人也不知道。过去，讲究“衣锦还乡，光宗耀祖”，刘邦现在成了诸侯，底下的战将也是功臣了，但是却被封在西南这个地方。不管刘邦心里怎么想，他手下的人都想回去，不愿意在汉中待。所以尽管去汉中的时候只有三万人，其实到了汉中以后，刘邦手下可能连两万人都没有了。眼看这个摊就要散了，他一点儿办法都没有。他当时也是运气好，遇上后来的军事奇才韩信。

韩信后来被刘邦封为楚王。韩信给他制定了大的战略，让他想办法返回关中，占领关中之后逐鹿中原，这样的话，等于有了总体的战略目标，在这种情况下，可以围绕战略目标，制定具体的方针政策。

他的第一步如何实施呢？明修栈道，暗度陈仓。项羽当时非常忌讳刘邦，因此对他要加强防范。他认为刘邦将来肯定要跟他争夺天下，他把刘邦贬到巴蜀一带之后，封给了刘邦三个降将，这三个降将跟项羽多多少少都有点儿关系，所以项羽让这三个人防范刘邦。

刘邦当时势力很小，项羽是总司令、总盟主，有四十万军队。刘邦现在连人家十分之一的军队都没有。他为了麻痹项羽，就听从了韩信的建议，明修栈道，但实际上他从陈仓（今陕西省宝鸡市）一个老的故道出奇兵，奇袭并占领关中，这才把根据地稳定下来。

大家都知道，一个人要在战争年代争雄，不但要有谋略，更需要有实施谋略的武将。稳定下来之后，刘邦为了笼络人才，曾经发布了一个诏书，承诺将立了大功的战将封为诸侯王，割一块地方共享天下。这个情况下韩信出现了。

汉初的时候有两个韩信，一个是楚王韩信，另一个就是我们现在要讲的韩信。《史记》为了区别他们俩，就把我们现在要讲的这个人称作韩王信。

这个韩王信是怎么跟的刘邦？当时秦军的主力在围攻赵国，刘邦在西征的途中，派张良提前去做策反活动，张良到了韩国之后，发现了一个人才，就是韩王信。当时《史记》记载："韩王信者，故韩襄王孽孙。"他出身非常高贵，是正宗的孙子。"孽孙"，即庶出之孙。张良去了韩国以后发现了这个人物，发现他身长八尺，合下来是一米九的个。张良一了解，发现他才貌双全，就推荐给了刘邦。刘邦也非常赏识韩王信，让他把过去的旧部下组织起来，一起攻打秦的首都。

当时刘邦进入关中，被封了汉王，很沮丧地到汉中去的时候，韩王信也是不离不弃，跟着一起去了，而且韩王信过去后说，你看，现在项羽主宰天下，他不按功劳大小分封赏赐，只是任人唯亲，把他所谓的下属、亲信都封到好地方，把你封在这儿，我们不能咽这口气，再说大家都是关中人，都想回去，我们可以打回去。从这儿来看的话，韩王信也是非常有战略眼光的一个人，和那个韩信可以说是"英雄所见略同"，所以当时刘邦正是利用这一部分战将的心理，与项羽争夺天下。

当时刘邦出关中与项羽争夺天下的时候，首先面临的就是韩国的威胁，刘邦首先给韩王信许诺，如果韩王信把韩国拿下来，就封他为韩王。这个政策非常有吸引力，所以韩王信劲很大，带着兵就去了，而且作战很勇猛，很快占领了十多个城池，后来他的军事行动策应了刘邦，刘邦东出，占领了河南。河南就是黄河南边的一块地，刘邦一到这儿以后，等于说汉军整体士气大增，韩王信很快把项羽分封的韩王逼降了。刘邦很讲诚信，立马封他为韩王。

项羽是分封自己的人，所以他的失败与这个有很大的关系。刘邦则是不管你顺眼不顺眼，跟我关系好不好，只要你出了力，我都封你，所以好多人都愿意跟着刘邦。他封韩王信为韩王，这个地盘当时已经被压缩得很小，只剩一个郡，就是颍川郡，地域范围大致包括河南的许昌、洛河、登封一带。但是分封的行为表明了刘邦的态度。

当时楚汉战争时期，项羽分封不公，只考虑跟自己关系好的人，然后有很多地方实力派在灭秦过程当中立了大功，但是，项羽并没有分封这些人，其中就有齐国的丞相田荣，等于是齐国王室的后裔。田荣跟着田儋起事，后来又辅佐田儋的儿子做王，但是实际上齐国真正的实权掌握在田荣手里。但是田荣有一个缺点，那就是只管自己门前雪，不管他人瓦上霜。当时赵国在北方闹得比较厉害，项羽去救赵国，但是光楚国的军队是不够的，他希望各个国家都派援军一起去救，但是田荣不干。所以说，田荣没有参加当时的巨鹿大战。后来巨鹿大战灭了秦军主力之后，项羽带领大军横扫关中，成了联军总司令。这个时候，项羽希望大家跟着他，而田荣当时既没有去救赵，也不跟着他来。所以，项羽当时把齐国分了三块，就没有田荣的份，田荣心里非常窝火，就在齐国捣乱，自己当了齐王。这是公然蔑视国际秩序，蔑视项羽的威望，这是项羽所不能容忍的，更何况齐国就在西楚的北边，所以项羽就去收拾田荣，这个时候刘邦才迅速打出关中，东向到中原。

项羽一方面把田荣的火扑下去了，另一方面，刘邦闹大了，项羽又把主力部队调过来对付刘邦。刘邦这时候还不是项羽的对手，所以很快溃败了。溃败之后，双方在荥阳形成了对峙。刘邦眼看守不住了，就把荥阳和两个大将交给了韩王信。交给他们之后，刘邦就撤了。你想想，主帅带着主力部队撤了，所以，荥阳很快失守了。守不住这是意料之中的事，荥阳失守之后，三个守将都做了俘虏，那两个人宁死不降，最后被烧死了。韩王信一看，好汉不吃眼前亏，先躲过这一死再说，所以他投降了。但是他不是真心的，他找机会取得信任之后又跑回来了。当时汉楚相争，朝汉暮楚的事情很常见，所以刘邦没有追究他，又复了他的韩王。

从这儿以后，韩王信就一直跟着刘邦。直到最后，项羽在垓下自刎，刘邦做了皇帝，分封战将为诸侯王，兑现他的诺言。《史记》记载："遂与剖符为韩王。""符"的原意是竹子，一分为二，皇帝拿一半，你拿一半，以示凭证；而且《史记》记载此符是"丹书铁券"，绝对是算数的，执此符者世世代代都做韩王。丹书铁券被放在刘邦的宗庙里面，即使海枯石烂，也不会更改。

可问题是，丹书铁券墨迹未干，刘邦就后悔了。大概头一年的五月份他封的韩王信，到了第二年年初他就后悔了，出现了咱们刚才开头的那一幕，刘邦把韩王信找来，对他说，我给你换个大地方，委屈你了。刘邦的心是不是这么好？不是这么回事。因为韩王信所在的这个地方太关键了，《史记》记载："所王北近巩、洛，南迫宛、叶，东有淮阳，皆天下劲兵处。"此地是兵家必争之地。

颍川郡离赵国很近，也就是说，如果韩王信和赵国联起手来稍微使点儿坏，很容易就控制了交通要道，这样就切断了西汉王朝与东郡诸国的联系。

韩王是刘邦手底下的一个王国，稍微一使坏就卡住了刘邦的脖子，你说刘邦难受不难受？换了谁都难受。这么关键的地方，他怎么能容忍韩王信在这儿？韩王信在这儿，他睡不着觉。他把韩王信找来，而且《史记》记载很有意思，说刘邦"乃诏徙韩王信王太原以北，备御胡，都晋阳"。我们推想一下，肯定是刘邦把韩王信找来以后，先给韩王信戴高帽，说他既有本事又有武功，放在中原这一带真是屈才，因此要把他放到太原以北。当时汉朝有四个郡，刘邦说要把这四个郡全部给韩王信，方便韩王信施展拳脚。另外，北边是匈奴，韩王信可以为边防建设也做做贡献。皇上这样说了，韩王信敢说不吗？他不敢说，因为在这个谈话之前发生了两件事情。

第一件事情，楚汉战争的时候，刘邦封楚王韩信，因为当时汉朝的江山，可以说三分之二是韩信打下来的，所以，韩信可以说是汉王朝的第一大功臣，韩信当时被封到家乡楚国，因此很高兴。项羽当时分封了衡山王吴芮，刘邦把吴芮又迁到长沙，相当于南迁五百多公里，干什么呢？长沙那个地方不但落后，更主要的是，他的目的跟迁韩王信一样，让吴芮去防南王。吴芮那是老革命的老革命，相当于我们现在民国时期的老功臣，就这也迁到南方去了，而且他们俩也没敢提出什么意见。

另外，更让韩王信害怕的是，就在刘邦跟他谈话之前不久，楚王韩信被人告发说是谋反。韩王信怀疑是刘邦找人去告发的。陈平给刘邦出主意，楚王韩信不管是真谋反假谋反，四五个武士就解决了。他让刘邦假装去考察，韩信肯定要去迎接，刘邦可直接让武士把他捆起来。刘邦到了楚国边界，说我现在要来考察了，你来把楚国的情况汇报汇报。韩信就去了，一去就被捆了。这都是在韩王信之前发生的。

皇上要换韩王信的地盘，这已经算是客气的，给你换那么大的地盘，也没有说找点儿事把你收拾了，那也不错了。韩王信心里不情愿，北方偏僻落后，虽然地方大，但是租税可能还没有颍川多。另外，北方还有匈奴。这个时候，不管是皇上刘邦还是韩王信，他们对匈奴没有正确的认识，认为匈奴是北方民族，茹毛饮血。刘邦对韩王信算是客气了，愿意也得换，不愿意也得换。没办法，韩王信最后硬着头皮就去了。

韩王信对匈奴没有正确认识，他当时觉得刘邦给他戴了高帽，说他既有才略又有武功，他就膨胀了，认为防住匈奴不在话下。其实刘邦当时还算很不错了，当时跟他说，你到那儿以后，地盘就大了，建都晋阳。晋阳就是咱们现在的太原市，太原市离当时的边界还很远，刘邦当时的意思就是，你在太原市立都，把北方都给我防御起来，一旦边界有事，你还有个回旋的余地。但是咱们的韩王信头脑发热，真觉得自己很厉害，给皇上上了一封奏折:“国被边,匈奴数入,晋阳去塞远,请治马邑。”意思是,我离边界太远,不好对付他,我有信心能防住他,你让我把都城迁到边界,马邑就在内蒙古边界这块,匈奴来了之后,我好就近指挥。当时韩王信觉得自己很有雄才大略。

问题是当时不但韩王信对匈奴没有正确的认识,刘邦当时也刚刚打败项羽,也很膨胀,跟匈奴也没有交过手,他也看不起匈奴。所以他当时就说,可以,你把都城搬过去吧。

“请治马邑”,可想而知,这是一个小城市,起码得修个城墙。我估计当时韩王信将都城搬到北方边界后连城墙都没有修。当年秋天,冒顿单于“大围信”。冒顿单于弑父杀妻,心狠手辣,而且还雄才大略。当时老单于把冒顿送到东胡去做人质,其实他想让东胡杀掉自己的儿子,没想到他儿子自己跑回来了。他发现儿子很厉害,就说,我现在赐给你一万人马,你去打仗,为国家做贡献。结果冒顿将这一万人马训练得纪律严明,步调一致,他射哪儿其他人也就跟着射哪儿。这个时候,冒顿已经开始为夺权做准备了。有一天,他忽然将箭射向自己的骏马,下面的人也跟着将箭射向了他的骏马。冒顿把没有跟着射箭的士兵都杀了,后来,他又杀了自己的老婆,众人也跟着将箭射向了他的老婆。然后有一天,他突然把箭射向了老单于,就这样掌握了政权。他很快就打败了东胡,统一了整个草原帝国。所以他是一个雄才大略的单于。

他带兵“大围信”,主力军队包围了韩王信。韩王信这时候连城池都没有修好,急了,一方面派人去讲和,其实是为了拖时间,咱们先停止军事行动,另一方面,紧急向刘邦请求援军。问题是他这个行动犯了大忌。

韩王信“数使使胡求和解”,犯了大忌,你哪有权去谈条约?你今天可以派人去和匈奴谈条约,是不是明天就可以和匈奴连起来对付我?所以刘邦写了一封信,斥责他私自跟匈奴勾结,而且口气非常严厉。韩王信一接到书信就害怕了,为什么?前面有韩信的教训,韩信被软禁在长安,降为淮阴侯。韩信那个是根本毋须有的证据,他现在是有证据的,落到皇帝手里根本没有好果子吃,所以他想来想去,投降算了,这样的话，韩王信就迈出了叛国投敌的一步。

韩王信投降匈奴以后把刘邦气坏了，刘邦本就怀疑韩王信跟匈奴勾结，没想到，他果然公然投降。投降之后也就罢了，然后他还带领匈奴的部队往南打，要攻占太原，刘邦决定御驾亲征，去对付韩王信。他首先在山西的沁县跟韩王信的军队接触了，大将王喜杀到阵前，韩王信逃跑了。

刘邦对匈奴认识不足，认为匈奴现在居然公然干扰我天朝，让我的部下投降，还派兵攻打我，因此必须摆平匈奴。但是刘邦还是有一点头脑的，他为了探听匈奴的虚实，以和谈为名，在军事行动之前，派出十多批信使，名义上是和谈，实际上是刺探军情。这些人派出去一批回来一批，他们回来就说，皇上，匈奴不行，那些人都是老弱病残，牲畜都饿死一大片，那个国家根本没有实力。刘邦觉得很有信心，下令大部队继续往前推进，到雁门关这一带。

到了雁门关之后，最后一批使者的头儿是娄敬。娄敬当时劝刘邦说，不能把都城建在这个地方，建议把都城建在关中。当时刘邦征求了张良的意见，毕竟娄敬地位那么低，他心里没有谱。张良说娄敬的意见非常好，所以刘邦当天下午就下令迁都，并且非常感激娄敬给他出的主意，给娄敬赐姓刘。娄敬这时候去匈奴，看到的确实是破败的景象，但是他回来说，两国相争，一般情况下都是示强的，表现自己有多么厉害，不战而屈人之兵，但是咱们的人刺探的消息则是匈奴很弱，他们明明是在示弱，而且是故意示弱，这就有问题，你不要贸然进军。刘邦这时候已经膨胀了，而且三十万人已经北进了，他说，你最后一批回来的人跟我说这个话，这个是长别人威风。刘邦大骂娄敬，骂完之后还把他关到了监狱，执意向匈奴进军。这是单于下的大棋，当时他往后退，刘邦往前进军，匈奴不断溃败。刘邦越来越有信心，然后一路追到了平城(大同)。匈奴是游牧民族，全民皆兵，行动非常迅速，骑马跑得很快。刘邦此时信心十足，他有一部分骑兵，但大部分是步兵，为了追上匈奴，他让前面的骑兵紧追，步兵被抛在了后面，追到了平城，单于在此地的白登山不见了。当时天下大雪，白茫茫一片，军队先要驻扎下来，突然冒顿单于纵精兵四十万骑围高帝于白登。这个兵力可是够多的,刘邦当时带的人大概连五万都不到,其中,骑兵大概有一万,步兵最多两三万。刘邦被匈奴的主力包围了。

现在很多学者研究,他们认为白登山很小,根本摆不下那么多人,说这个记载有问题。当时的人记当时的事虽然可信,但是也有美化当时皇帝的可能。根据现在的考察,他们认为当地根本摆不下那么多人,反正是把汉高祖围起来了。韩王信投降匈奴这个事很突然,另外,刘邦从西安到北方来很仓促,对战事估计也不足。历史学家研究,刘邦在洛阳集结的军队,可能在集结军队的时候,韩王信已经顶不住了。刘邦这时候的主要目标也是对付韩王信,并不是对付匈奴,所以准备不足。结果到了北方以后,韩王信跑到北方去了,所以汉军防寒的衣物不足。到了白登山之后,天降大雪,很多将士手足都被冻烂了。刘邦被围七日,没办法,陈平给他出主意,找最值钱的东西作为交换与匈奴谈判。陈平对刘邦说,把你身上的狐皮大衣脱下来,我去想办法做工作,吹枕边风,恩威并施。他对冒顿单于的妻子阏氏说,我们汉朝本来统治的就是农耕地带,你们统治的是游牧地带。我们汉朝没别的,全是美女,你不帮这个忙的话,到时候我们送一批美女过来,单于就不喜欢你了。这是野史,据说阏氏是因为这个原因才吹的枕边风。

实际情况是什么呢?西汉的诸侯国军事权都由诸侯王自己来控制。西汉帝国控制的仅仅是外交权。韩王信投降了,他的军事实力是很强的。冒顿这时候通过韩王信与赵王(韩王信的手下大将,离开韩王信后又成立了赵国)组成联军对抗刘邦,他们部署围困刘邦,但是围了七日之后,韩王信的部队没有音信。冒顿想,这些人都是汉人,人家对汉朝可能还是真心的,万一他们跟刘邦合起来围我,我不等于成了腹背受敌吗?另外,七日之后,刘邦的步兵主力部队已经快赶到平城了,这个时候,他觉得形势不妙,再加上老婆的枕边风,最终刘邦和冒顿签下了城下之盟,答应了很多屈辱的条件。当然这都是推测,要不然怎么这么便宜就放了刘邦?冒顿那么狠的一个人,怎么会那么听老婆的话?

白登之围让刘邦接受了深刻的教训,让他感受到汉朝刚刚立国,中原饱受战乱，他根本不是匈奴的对手，在这种情况下，他开始专注发展国家实力，采取和亲政策。实际上游牧民族就是为了抢东西，你这种和亲政策，把女人送过去管用不管用且不说，他送去的大量粮草解决了匈奴的需求，所以这种政策不管怎么样，都缓解了汉匈的矛盾，促进了西汉当年政治经济的发展，和亲政策在当时具有非常积极的意义。

我们再说韩王信，韩王信投降匈奴之后，成了匈奴的打手，所以说在汉十一年（前196年），他又带兵入居参合（今阳高县），侵略汉朝边界。汉高祖就派柴武抵抗，柴武跟韩王信过去是同僚，大家都是朋友，都熟悉，所以柴武也是先礼后兵，到前线之后先给韩王信写了一封信，说是"陛下宽仁，诸侯虽有畔亡，而复归，辄复故位号，不诛也"，意思是，你当年是形势所迫，皇上都知道，没有什么大罪，你就回来吧！韩王信给他回了一封信说，我当年虽然是韩国的贵族，但是当时已经家道中落，更何况韩国已经被秦国灭了，陛下能够提拔我，封我为王，这是我的幸运，我不能坚守荥阳，破城之后也不能宁死不屈，最后投降了，这是一个大罪；后来匈奴来攻马邑，我又投降，这是第二个罪；现在我还为匈奴带兵来侵扰汉朝，跟将军对峙，这是我的第三个大罪。文种和范蠡当年立了那么大的功都被杀了，我现在有三个大罪，只能躲在这儿，我不是不想回去，时刻都想回去，但是形势不允许我回去。

这说明韩王信对刘邦有正确的认识，实际上，刘邦这时候不是对一人一事，他有一个总的战略布局，就是要削除异姓诸侯，当时汉初的诸侯王权力非常大，在这种情况下，分裂倾向非常大。所以，刘邦为了巩固地位，必须想办法削除异姓诸侯。韩王信当时从韩国到代国的时候，对形势可能还没有正确的认识，但是他投降匈奴之后，刘邦不停地削除异姓诸侯，他看得很清楚，回去肯定得不到好果子吃，所以他给柴武回信，说这是形势所迫，自己不能回去。

人常说"酒逢知己千杯少，话不投机半句多"，既然韩王信这么说，那还有什么好说的？那就开打吧！打起来后，韩王信不是对手，柴将军屠参合，斩韩王信，韩王信死在了这个地方，这就是韩王信最后的结局，我们的第一代代王的结局。韩王信死了，但是他的后世子孙因为在匈奴待不惯，也无法取得他们的信任就回来了。他的后人韩颓当回归之后，在汉景帝三年齐国之乱中，率领大军剿灭了齐国的叛军，所以他的子孙后来给汉王朝做了很大的贡献。

代国毕竟是边疆地区，跟匈奴接壤，匈奴那么强势，所以《史记》当中记载，汉高祖刘邦说："代地吾所急也。"边疆地区诸侯国的诸侯王掌握着军事、行政、财力大权。韩王信投降之后，中央王朝必须在边界再封一个王国，否则国家要直接面对外敌，但是刘邦立国之后开始剪除异姓诸侯，然后要封自己的本族、自己的子孙为王。俗话说"上阵父子兵，打仗亲兄弟"，刘邦觉得最能靠得住的是他的子孙、他的兄弟，是血浓于水的关系，其他人他谁都不放心。铲除异姓诸侯，这就是刘邦的主导思想。

他封了谁？这就到了第二代的代国国王刘仲。

二、弃国逃亡的刘老二

刘仲是刘邦的二哥。刘邦的父亲叫刘太公，什么意思？就是"刘老头"，这人连名字都没有。他的哥哥也可能没有名字，他的哥哥叫刘伯、刘仲，就是刘老大、刘老二的意思。

刘邦弟兄四个，刘老大死得比较早，只剩下二哥、他和小弟，小弟是唯一的文化人。刘邦起事的时候，就把家里父母交代给老二，然后带着小弟弟闹革命去了。实际上，根据当时的情况来看，他的父母对他非常不欣赏，因为刘邦当年没起事的时候，就是个二流子，在街上混吃混喝。后来，刘邦又想办法谋了一个亭长的职位，也就是基层大队长。他起事，就是因为亭长给县政府押送一批劳改犯去修秦始皇陵的时候，走到半路那些人都跑了，刘邦一看，自己交不了差，也只能跑了。这些人觉得刘邦很义气，就跟着刘邦了。后来刚好秦末战乱，大形势起来了，刘邦成了沛公，从此开始起事。

刘老二从起义开始就没有参与刘邦的事情，根本没有跟他闹革命，他既没有军事经验，也没有行动，就是一个老实巴交的人，因为刘邦放心他，就把他封为代王。但是他这个二哥不光没本事，还是个胆小鬼。

《史书》记载,他刚到那里,匈奴来进攻,不管进攻的强度大小,兵来多少,刘老二一看就害怕了,自己先骑上马一路狂奔,逃命去了。

刘老二跑了,晋北乱了,怎么办?刘邦还得收拾。刘邦最后又自己带部队去厮杀。厮杀下来还得有个王,为什么?因为当时的交通条件太差,主要靠马传递信息,晋西北到长安也挺远的,直辖的话有很多不便,于是,他又封了他的小儿子为王。大儿子刘肥封到了齐国,二儿子刘盈立为了太子,小儿子刘如意当时只有十岁,你叫他到代国去防卫匈奴,他防得住吗?但他还是封了小儿子为代王,因为他有自己的设计。

三、自立为王的陈豨

刘如意为代王,刘邦封陈豨为代相。陈豨去了以后很厉害,把匈奴防住了,算是没有辜负刘邦的希望,但是陈豨自己仰慕战国时期的四公子,喜欢养士,而且养的人非常多。

刘邦生性多疑,最担心的就是拥兵自重的诸侯王,他一听说陈豨在外面拥有重兵,培植自己的势力,刘邦就认为将来可能有不测发生。刘邦派人私下里调查陈豨,发现陈豨做了很多违法乱纪的事情。这时候,陈豨也知道了刘邦在暗中查他,就暗地里派人跟韩王信的叛将偷偷联系。后来刘太公死了,刘邦借机让陈豨回来参加治丧,以此试探陈豨。陈豨很害怕,因为刘邦当时诱捕韩信的时候用的就是这个方式,陈豨以病重为由推托,然后就开始造反。他不但自立为代王,把旁边的赵国也占了。刘邦又亲自带兵御驾亲征,到了邯郸一看,见陈豨的排兵布阵很没有章法,觉得打败陈豨应该问题不大,而且陈豨的战将大部分是商人出身,没有作战经验,刘邦就发布告示,对陈豨的叛将说,谁来投靠我,我就重赏黄金。所以,有的战将自己投降了,有的意志比较坚强,没有投降,但也被瓦解了。樊哙后来将陈豨杀死在了边境。

四、汉文帝刘恒的避难所

刘邦把代国分给了刘恒。刘邦死后,汉惠帝即位,吕后强势,控制了西汉政权十五年。在这十五年间,他不但迫害刘邦宠信的妃子,如戚夫人，还把赵王刘如意毒死了。刘恒的母亲叫薄姬，她是魏王豹的妻子，被刘邦收了之后，刚开始被收到纺织品厂纺纱，后来被纳为妃子，但不受刘邦宠爱。吕后觉得薄姬和自己有点儿同病相怜，因此也不找薄姬的事，只是害死了三个赵王。吕后统治时期，刘恒和母亲在代国躲避。

吕后死后，吕氏家族叛乱，汉国的开国功臣陈平、周勃等人选择了品行比较好的刘恒来做皇帝。

五、代王刘武

刘恒当皇帝之后，先封他的儿子刘武为代王，后来又封刘参为代王，把刘武调到商丘一带做了梁王。刘参家族长期把这一封地经营了下去。刘参当了十七年代王，后来他儿子的儿子又当了二十九年代王，后来他儿子的儿子又当了代王，之后汉武帝广关，扩大京城长安周围的地方，当时把函谷关从原来的河南灵宝这一带东迁三百里地，迁到洛阳，设了新函谷关。

代国整个的历史变迁，正好应了早期中华帝国走向统　·的艰辛历程。我刚才讲了，刘邦多次平定异姓诸侯，代国后来成了刘邦直接管理，正好反映了早期中华帝国走向统一的艰辛历程。

2017年11月5日

农耕时代的文化遗产

罗家湘

罗家湘，文学博士，郑州大学文学院副院长、教授。

农耕时代的文化遗产用一句话来说就是天人合一，分开来说，就是成人、成物。

谢谢大家听我讲《农耕时代的文化遗产》，首先我要说，我是农村长大的孩子，有切身体验，这是我的第一资格，因为农村的发展一直是大家非常关心的话题，我个人也非常关心农村的变化，所以也在思考农村农业的发展问题。

第二个资格，我参与了一个国家重大项目——《诗经》与礼制的研究。一进入《诗经》，你会发现其中所描述的场景就是农耕时代的生活。我们的农耕时代一直延续到20世纪80年代，这期间的生活基本是一样的，没有多大的区别。下面我就进入到这个话题。

《礼记·中庸》里面的“成己成物”，这是我们值得传承的文化元素。

我们从三个方面展开这个话题，一个是“成己”，通过对这样一个物的概因，我们去创造一个新的自己。一旦我们完成了这样人和物的结合，就会成为一个人物。

第二个，我们讲一下成物之道。物有物性，人是有责任为物去服务的，我们要去选定、培育这样的物，我们要把物的价值发掘出来，发挥出来，物是由人来成就的。

第三个，我们要抓住中间的环节，就是人和物之间实际上是通过土地来成就的，土地是农耕时代最重要的成己和成物的中介，因为物只有在土地上成长，人在土地上劳动，我们才能成就自己的人生，成就这样的事物。

我个人比较熟悉的材料是先秦时《诗经》中的内容，讲述的时候就不再对原文进行解释了，只是把里面的观点引述一下。

今天我们可以放心地说，农耕时代已经过去了，因为2005年的时候，我们就废除了农业税，农业不再是我们国家收取税收的行业，它退出了主流税源的行列，不再是我们的社会中心，我们已经进入到工业化的时代。全面取消农业税是国家经济生活的大事，标志着中国进入工业化时代。

再一个，从人口管理上来说，我国取消农业和非农业户口区分性质，将二者统一起来，这意味着我们已经走出了农耕时代，进入了一个工业化的时代。那么这一变化引起了我们的思考，我们会感受到这种事件对我们社会生活的影响，最重要的是，我们既要看清楚一个东西的开始，还要看到它的结束。我们知道农耕生活距今天大约有一万年的历史，那么它是什么时候结束的呢？我们只能说，只有活到2006年以后的人，你才有资格说这样的话题，所以我们这个时代的人，有资格谈这个话题。

当然我们可以通过各个角度去谈，比如有认识论的维度，把农耕文化作为一个客观的对象来研究，但是还有一个本体论的维度，我们还活在这个行业里，所以我们可以从本体论的角度说说农耕文化如何继承的问题，当然我们偏重于第一种维度，把它作为一个已经完成的时代对它加以观察，但是也不排斥第二种维度，特别是对我个人来说，我自己是从乡村走出来的，我还有很多亲人在乡村。

1840年以后，我们国家的发展方式有了大的变化，我们政治生活里面叫作"回顾三代"，夏商周，甚至尧舜禹，黄金时代都是在以前。但是1840年的鸦片战争迫使中国人改变了我们看的方向，不再是向后看了，我们是朝前看，看向未来，看未来中国可能发展成什么样子。它不再是按照过去的方式来设计我们的未来，而是按照西方，按照欧美的方式设计中国的未来，就是说我们的眼睛是朝前看了。

眼睛朝前看以后，对于我们过去的东西，我们认为都是有问题的，都是要批判的，我们认为只要看向未来，就掌握了真理，掌握了前进的方向，所以对过去，我们是俯视它、批判它，特别是到了五四时代，中国人的心态发生了大的变化，我们急急忙忙地按照西方人树立的目标往前奔，这当然有问题，那个路不是我们的路，那是别人的路，我们照着别人的路走，也就没有了我们自己。中国是个大国，它不仅要为自己负责任，还要为整个人类的命运负责任，光去走别人的路，我们走得胆战心惊，所以这个思想斗争是很激烈的。

西方本身就有问题，西方人自己也知道，所以有《西方的没落》这样的著作。中国看到了它的繁华，也看到了它的问题，梁启超的《欧游心影录》就批判了西方社会存在的弊端。

但是我们以前没有资格谈这个话题，因为我们太落后了，所以我们朝前看。不过今天不一样了，进入21世纪以后，中国的经济已经重返世界前列，我们现在是在大踏步地向着世界舞台中心、中央迈进，我们在世界舞台发挥重要作用。要想发挥好这个作用，靠别人指路是不行的，最关键的是现在没人能够给我们指路，因为没有人比我们走得更快，没有人继续在前面遥遥领先，我们身边的同伴大多数都在我们背后了，因此我们就要自己找路，自己找路是怎么找法？朝后看一看，这就是中国人传统的找路方式。就是说要在未来找到自己的路，先要把自己走过的路弄清楚。所以我们文学里面有很多复古文学都是在找未来的路。我们今天要找出中国自己的发展道路，也需要向后看，所以我们要讲传统文化，要继承过去的历史，这就是我们谈这个话题的思考和需要。因为人类在处理很多问题的时候，方式方法是可以借鉴的。

我们把时代定在农耕时代，是因为农耕时代的核心是土地。我们人的基本需要是食物，人的奋斗历史就是开拓土地的历史，满足对食物的追求。所以谈这个话题，我们要把人和食物的关系摆进来，这里面的第一要素是人，我们要有主体性，人要变成一个人物，人要通过消费食物让自己的灵魂强大，让自己变得更聪明，这个当然是占有物的一种方式，人是通过占有物来成就自己的；第二是制作物，人有时候会贪婪地占有物，会犯错误，但是制作物不会犯错误，人类的创造精神通过制作物就表现出来了，以此来展示我们的强大，来发挥人的主体性。但不管怎么说，人都要借物成己，你如果光在家里想物，不会成为人物，你就是一个人，而要成为人物，必须通过占有物，或者通过创造物的方式来成就自己。

人和食物的关系是最根本的关系，农耕经济不过是加了土地作为中介；工业经济也是人和食物的关系，因为没有食物，人无法生存，但是此时中介多了，人的活动空间大了，所以人的生长就是对中介物的发明和控制,来让自己的文化越来越繁荣、越来越丰富。

在早期,好的男人都是打猎的人,男人只要会打猎,能够去自然界掠夺,这就是英雄的表现,掠夺的第一对象就是动物。人和动物的区别并不大,动物可以通过掠夺成就大的家族,比如狮子。人在早期和动物一样,从自然界中找到自己想要的东西,这就可以了,所以,《诗经》当中的英雄好汉都是猎人。

好的女人善采集,她们也是从自然界掠夺,采摘植物的果实越多,就越是一个好女人,这就是当年采集经济中人和食物最直接的一个关系。人是从自然界里面去掠夺,他关注的是吃的东西,谁能够把越多的吃的东西拿到手,谁就是他们喜欢的对象。

这样的男人和女人都是健壮的,因为他们要去夺取,所以必须要非常健壮。"硕人"就是指非常健壮、丰满的人,美男、美女都是这样,这就是因为他们需要从自然界中去夺取食物的原因;还有一个词是"展矣",即硕人展矣,这样的人才有去自然界掠夺的本领。

《诗经》是农耕时代的作品,但是光靠好身体是不行的,光靠掠夺很难成为人们喜欢的人物,人们开始说"知人很难",看着一个人那么健壮,那么高大,但是你让他办事情的时候,你就不喜欢他了,因为他的心不灵巧,做事情很笨。原来在狩猎时代的人一进入到农耕时代就完全变味了,所以,一个人除了形体,还要重视内心的发展,这样一种变化使得人们识人从看外形向看内心转变,"观诚、考志、视中、观色、观隐、揆德",看他如何处理人际关系开始变得比个人的强壮更加重要。

要真正看一个人是不是值得信任,是不是聪明,光看他的外表,光听他的言词还不够,需要更多的考察,甚至于对高大健壮的外形开始排斥了,像《庄子》里面反反复复说的,长得健全的人,长得高大的人,有时候反而显示出这个人的笨拙。有的畸人看上去不高大,但是却是真正有本领的人。所以在农耕时代,人们发现,仅仅是形体的强壮已经无法满足欣赏需要了。

因为欣赏习惯变了,所以我们再看对英雄、圣人的描绘就和以前完全不一样了，像黄帝、颛顼、尧舜禹、周公等圣人并不是靠自己长得漂亮而得到他人欣赏的，凡是奇形怪状的，如“龙颜”“戴午”“骈齿”，才是最佳组合，那些长得漂亮的人反而不得信任。这时期的人审美变化非常显著，这就是农耕时代和狩猎时代对人欣赏的不同。

农耕时代欣赏的是什么偶像呢？不是漂亮的人，实际上也不是勤快的人。我们今天有一些误解，老认为他们喜欢勤快的人，其实不是，勤快只是一个要素，因为农耕要求勤快，但是有哪一个勤快的人成了我们文学描写的偶像呢？我们塑造的好的农民形象不是以勤劳著称的，人们喜欢的都是君子、隐士、书生、商贾，我们的文学里面充斥的是这样的形象。这些人就不是用“勤劳”可以概括的，有时候与“漂亮”也是相背离的，它的核心是“道”，就是他们明白前进的路径和方向。他们知道方向在哪里，这样的人是最受欢迎的人。君子就是这样的人。农耕时代的偶像缺农民形象，反而等到我们五一座谈会上的讲话，才逐渐出现了农民形象，这是很有意思的现象。

传统农民的第一个特点当然是勤快了，而第二个特点则是笨，勤快是勤快了，但是他很笨，勤快后来也不是一个赞美词，因为他只会守着那块田，田困住了他的身体，他离不开田。说他笨拙是因为他相信鬼神，他的心灵没有得到滋养，所以塑造的这些农民都无法成为我们的偶像，我们的美女都不愿意嫁给这样的人。

当然以前的农民形象也有一些，像牛郎织女的故事，但是那个农民形象不是成功的，因为他居然要让一个牛来教他怎么谈恋爱，牛是他的导师，他是比牛还笨的。这样的农民形象，你让他成为社会的偶像是很难的。所以《诗经》里面的猎人是狩猎时代传下来的赞美对象，而君子才是农耕时代真正的理想人物。

我们概括一下《诗经》里面的君子，他是女子的最佳情人，男人的最好朋友，臣民的有德君主，小人的大方主人。我们传统讲的君子人格、君子形象主要来自农耕时代树立起来的偶像。我们今天继承的还是《诗经》以来我们所赞赏、喜欢的那样一种做人方式，这是第一流的人物，是美女都想嫁的人。

第二类是隐士，就是善志得道的人，他知道方向在那里，他“遵天道而行”，他的做法符合天道，其中最好的表现就是“功成身退”。我立了大功，但是不因此向社会讨要好处，继续做一个老百姓，做一个普通人；隐士的“行人道”，守住了做人的底线。

实际上，真正的隐士和社会规则发生了冲突。社会是由人群组成的，人群会对个人的行为有所约束，有的人受不了这样的约束，他觉得不对，由此，他就走向了隐居，要脱离这样的社会。

有时候，他对这样规矩的反抗是对的，因为并不是社会的规矩都是对的，但是大家忍受了这样的规矩，可能就套住了我们所有人，这有时候就不合理，比如女人裹小脚，这肯定是不对的，但是裹了那么几百年，需要有人来反抗，这样我们才知道它是错的，才要纠正它。如果大家都这样一直裹下去，那么今天可能大家都是小脚。隐士的价值就在这儿，他知道“道”，知道我们正确的人类发展方向。

举一个比较典型的例子，东汉初年的严子陵和光武帝是朋友，光武帝后来让他从山里出来，他不出来，他的“一言九鼎”树立了做人的风范。他是以个人的力量对社会不合理的规矩提出了一种批判。

比如《考槃》《鹤鸣》《小雅·白驹》等中所描写的内容说明周代确实是有隐士的，他们选择离开繁华世俗的生活，要到山里过比较辛苦的日子。当然，山里实际上住着很多人，那些人都是隐士吗？不是，有的隐士可以过富贵的生活，但是他们不这样过，因为他们觉得这样过不对，因此，为了坚持自己的信念，他们才走向了山中。我们认为这才是隐士。当权者试图用人世的享乐来呼唤隐士的回归，但都没有实现。《隐士传》写他们坚持做人的道义，《隋书》也有《隐逸传》写当权者都想通过招隐来表现对隐士的尊重。

当然还有批判隐士的，比如姜太公，他就把隐士杀了。

文学里面的隐士基本都是比较飘逸的，比较自由生活的人，像《庄子·渔父》里的渔父就是隐士的典型，后来很多人都写渔父，词里面也写渔父，诗中也写渔父，渔夫成了遨游于江湖的典型代表。

田园里面虽然也有隐士，但是很少，真正成功的，我们认为是偶像级的田园隐士就是陶渊明。陶渊明种地,从种地当中获得了人生的快乐,找到了生命的意义,但是这种人真的很难。到了宋代,人们才意识到陶渊明这样的隐士真不容易,因为周围的那些隐士求官职,要富贵,要不到了,才发发脾气,装个隐士。陶渊明是真不要,他有,他不要,回去隐居了,所以这是非常不容易的。

后来毛泽东也提到"桃花源里可耕田",这都是隐士给中国人留下的好印象,这都是有道之士。

总体来说,在文学里面,形体美的表达后来实际上都用于写女子,形容男人常说他们有道德的美、意志的美,他们得君行道。

其次我们说说食物,人只有通过物才能成就自己,同时这样的一个物也只有通过人才能表现出它的价值,就好像我们在人世间,有的人说"我们是上帝的选民",那么他就和别人不一样了,物品也是一样的。这样的东西价值在哪里,它是需要人去发现的。成物之道,就是人发现了物,人发掘了物的价值,人和物是互相成就的关系,人通过对这个物的评价、欣赏,这个物的价值才能充分呈现出来。

这里面最大的物、最重要的物是食物,食物是刚需,每个人只有吃食物才能活下去,这是每个人都不能侵犯的权利,谁敢在粮食上打主意,谁就要被这样的群体撕裂。人们是不能打粮食的主意的,所以今天粮食是由国家来控制的,这非常正常。个人如果敢在粮食上收低卖高,就会招致人们的痛恨,因为粮食是刚需。粮食当然能赚钱,但是如果你想通过控制它来获取高额的利益,这是非常危险的一个事情。

中国文学史的核心是通过"吃"来展示"孝子"形象的,怎么算孝呢?给他父母吃;打仗苦,怎么苦呢?没有吃的。社会衰落了,怎么衰落呢?没有吃的。乞丐、流浪汉的生活就是四处讨饭,总之,中国文学里面,很多都是通过吃来塑造人物的。《诗经》里面写了很多这样的诗,像《有狐》《我行其野》等,都是讲灾荒年月,女子不值钱,换粮食吃的事。荒年婚礼就不再烦琐了,你把粮食背过来,姑娘就背走了。《小雅·巷伯》中骂道,老虎都不吃这个坏人,坏人太坏了,让他在外面冻死,都脏了这个地方,一个人连吃的价值都没有了,那就是彻底没有价值了。

要有幸福、美好的生活，先要有吃的，像《七月》当中描写的农家生活，我请你喝酒，你请我喝酒，我们互请酒食，这才是好的民风民俗，有了酒就要赶紧喝，给人的祝愿是“苟无饥渴”，祝愿你吃得饱。家人、朋友在一起，都是用酒食招待。

如果放纵这样的物欲，文化社会就有问题了，所以我们要少占，少喝酒，少吃饭，这才是正常的生活方式。老子说：“五味，使人之口爽。”“爽”是伤害的意思，这些奢华开始成为批判的对象，以此来表现作者是站在正确的立场上反对这种浪费。在《七发》《反淫》当中，作者刚开始都是用很多的东西来诱惑你，调动你的欲望，但是最后都要让你打消对物质的乐趣，让你认识到遵道而行，这才是真正的幸福生活，目的是要控制我们对物欲的享受。

极端情况下，好东西摆在面前也就吃不下了，所以有比吃饭还重要的东西，“麦秀蔪兮稚朝飞，向虚壑兮背槁槐。”为什么要到这地方去？因为眼前的场景让他难过，国破家亡让他吃不下饭。

《黍离》中描写到，看到丰收之景，我难过得要死，为什么？因为这儿原来是我们国家的根本，是我们的都城，现在却变成了种粮食的地方。国破家亡和食物比起来，这两个不在一个层次上，这就是丰收之景表现的至悲之意。

饿的人最懂得食物的价值，谁能在饿的时候给他饭吃，他是要用生命来回报的。《小雅》当中说：“饮之食之，教之诲之，命彼后车，谓之载之。”饥饿的人这么懂得报恩，但是你给他食物的方式不对，他是不吃的，他要选择食物，他不是选择食物的品种，而是选择得到食物的方式。《礼记》中说，有个人饿得走不了路了，这时候有个强盗从这儿经过，强盗看到这个人，拿出自己的口粮喂他。这个人活了过来，通过交谈，知道了喂他的这个人是强盗，他自己把手指伸到喉咙里，把食物抠了出来，最后饿死了。为什么？他不受盗之食，这个就是人的尊严，和吃饭相比，尊严更重要。

正因为人们认识到这样的东西，所以要慈善入法。《圣经》里面写道，要让人们去收获过的土地上面捡拾遗留的庄稼。中国文学里面也有，像我们的《诗经·大田》中写到“彼有不获稚，此有不敛穧，彼有遗秉，此有滞穗，伊寡妇之利”。他们要用这种办法去救助这些衣食无着的人。

白居易也写过妇人抱着孩子出来捡麦穗的诗，我们现在的张洁也写过小说《拾麦穗》。食物是刚需，但是面对食物的诱惑，还能够保持人性的尊严，面对对酒当歌还是吃不下，我们可以看出，人类文化有很多东西不是围绕着吃的，吃很重要，但是还有比吃更重要的东西。就拿我们的文化来说，围绕吃也有很多的规定，有很多的礼仪展示人类文明的成就，你像哪些能吃，哪些不能吃，怎么吃，都是有规矩的。其中最典型的是《乡党》的“色恶，不食。臭恶，不食。失饪，不食。不时，不食”。这就是吃饭的规矩。

我们不能为了吃饭而活着，我们要有更高的追求，我们要谋道，这是文化更高的追求。

很多人也以吃饭来打比方，比如《史记·殷本纪》中记载：“以滋味说汤，致于王道。”以吃饭的方法来治理国家，就是要会调和；诗歌也有“味论”之说，最好的诗是有滋味的诗，这样的滋味“余味曲苞”最好。

中国人这样讲，外国人也这样讲，像印度的味论派是由婆罗多创始的一大学派，诗歌要有味，就像吃饭一样，你能吃饭，你就会读诗。

人要得食才能生，所以形成了很多的礼仪风俗，我们发掘其中的价值，形成了关于吃的政治，关于吃的礼仪和风俗。但是我们发现，还有一种道比吃更重要。

再说说土地。中介的作用太重要了。人和人之间对谈，一个圣人都没有办法说动三个人和他合作，听他的话，怎么办呢？他可以找三个代理人，让他们去讲，进而三个代理人再找代理人，让他们再去讲。用这样的办法，一个人甚至可以指挥动一个国家。这就是我们的组织系统，我们要建立这个系统，贯彻自己的意志，所以中间人很重要。

对于事物也是如此，我们需要这个东西，通过各种各样的中间环节，最后得到这个东西，所以找到这个中介，对人类文化来说，是最核心的一个要素，可能找的中介越多，我们文明的层次就越高。你控制的中间环节能够看出来你的文明水平。农耕时代与采集狩猎时代相比，其高明之处在于他们找到了中介，找到了土地，找到了土地以后，通过对土地的控制，最后实现了人类对食物的控制。

实际上，这就是人类文明发展的途径，要通过控制中间物来促进整个文明的发展，来实现人与物的共生互成。土地是农耕文明的，原来的人也在土地上过日子，但是没有人关心它，在采集女子的眼中，这个花如果不能吃，绝对不会去看它一眼；在狩猎人的眼中，一个动物吃不成，就没有欣赏的价值。所以人们分析早期的绘画，发现了两个重要的东西，一个是能够吃的东西，另外一个就是异性，即对生殖器的崇拜。这两个东西涉及人口再生产和人类自己再生产的问题。只有通过这样的交配才能让人延续下去，所以新石器时代的绘画里面没有鲜花。那时候无污染，地上长的花肯定是最漂亮的，但是没有人关心这个东西，人们看到的就是“食”和“色”。食色，性也，就是由此发现的。

只有到了农耕时代，土地的价值被发现了；只有人类意识丰富了之后，人们才会发现山水的价值，因为原来的人都太简单了，但是到了魏晋南北朝时期，人们的人生道路选择多了，每个人都愿意做自己，每个人都不愿意照抄别人，这个时候怎么来把这种丰富性体现出来？那就是通过山水来体现。山水无比丰富，你有再多样的人生追求，都能在山水里面找到同构物，这体现了人类对自然美的发现。土地的价值也是人类进入农耕时代才发现的，我们才关心起了土地。

我们要合法占有土地，这个是比较麻烦的，原来没有这个意识的时候，土地是谁的都无所谓，但是现在有这个意识了，怎么来占住这个土地，就成了关键。如果打架靠拳头硬的话，受伤太重了，因此，我们要讲道理；通过讲礼仪、程序，解决所有权和使用权的问题。这就要说到山西人很骄傲的晋文公。

晋文公认识到土地的价值是由他旁边的子犯（他舅舅）提醒的，他走到河南濮阳时饿了，找饭吃，然后“野人与之块”，野人给了他一块土，他很生气，但是子犯说“天赐也”，为什么？因为这是天给的。

土地比其他东西都宝贵，因为土地的宝贵，所以出现了杀人的情况，“争地以战，杀人盈野”，两个国家开始打架，伏尸百万，这当然是对人类的讽刺，因此合法占有的方式是要获得天命，天赐才是合法的。

《诗经》里面反反复复都在讲天命的重要性；《尚书》当中也讲“皇天无亲，惟德是辅”，文王就是一个典型，“文王在上，于昭于天，周虽旧邦，其命维新”，所以周人追溯自己占有土地的合法性，就要追溯到文王。文王怎么得到土地的呢？他有一块天文台，即掌握了天象，也就掌握了对土地的合法所有权；《离骚》中说：“夫维圣哲以茂行兮，苟得用此下土。”德是什么？就是上天赐予的东西，作为个人来说，这个东西就是人性，人是谁生的？是天生的，所以有人说，你看你的头发是朝上长的，你的根在天上。人之为人，要有爱心，怎么有爱心呢？要爱人，为人民服务，你把这个好处与人们分享，就是有德，就受了天命，这样就可以合法占有这块土地。天子又把他得到的天命分享给诸侯，诸侯又再往下分，这是一个分享的系统，这就是德的具体表现，你愿意与人分享，分享食物，这就是德与天命。

土之道并不只是意味着得到土地，土之道要自我呈现出来，把这样的土地对象化，才能掌握土之道。中国文化里面用五行系统来描述世界，土和金木水火组成一个系统，整个世界被元素化，分成五种元素，天上有五星，地上有五行，金木水火土。这个系统有相生相克的关系，而其中的土是稳定的、坚实的，可以对别的物体起一个存在的、隔离的、生养的作用。

要让土地里面生出东西来，我们就要和别的元素发生反应，主要是和水发生变化，那就要观察土质中水的变化，这样就可以生出东西来了，这是中国人讲的土之道。我们给这样一种特性赋予“社”的称号。社又有很多种，有王之社、诸侯之社、民众之社，“社祭”就是祭土，土地是有神性的，所以要祭它。社是用什么来表现它的存在呢？不同的时代有不一样的存在方式，松、栗都被认为是社神的代表。

“共工有子曰句龙，为后土，后土为社。”实际上，他就是社神。出于对土地，对神性的尊重，古代形成了各种各样的禁忌，“山林非时不升斤斧，川泽非时不入网罟”，尽量减少人对土地的干扰，而这样的禁忌什么时候开始立的呢？我们找到的最早的作品记载就是《禹之禁》，周公说，我听说过大禹为人类立下关于土地的禁忌，而这样的禁忌在中国各种各样的文献里面被反反复复写到。我们今天称这种禁忌是对自然的保护，用以维持生态平衡。

不守禁忌的后果也有很多，我们受天的任命来代天管理土地，有责任，但也有风险。《战国策·赵策·触龙说赵太后》中说，你必须有占有土地的德，否则近者祸及身，远者及其子孙。以德守土，这就是中国文化对土地所有权的规范。

普通人对待土地该有什么样的态度呢？“物而不物”，即要支配物而不物化。

怎么实现“不物化”呢？很简单，第一个要少取，就是你能够吃多少的问题。你不要产生贪念，对于你根本消耗不了的东西，你占有了就是浪费，你要把这个东西送给别人分享，这个就是逍遥，这样你就自由了。你只求满足自己基本的生活需要。

第二种方式是要“近取”，有什么吃什么，不要追求山珍海味，这样不需要等待，食物就在你的身边。你这儿出小米，就吃点儿小米，你如果非要吃大米，交换成本就高了。

第三种是“顺取”，就是要顺其自然，现在不出西瓜，你说我一定要吃西瓜，这就违逆自然之道了。

这就是庄子的思想，要少取、近取、顺取，这样你就自由了，这就是支配物、驾驭物，而不被物所支配。

如何顺物而取，如何顺应自然，实现这样一个逍遥呢？就是要“观风望气”，掌握自然变化的规律，这样我们就能顺物而取，也可以近取。你要了解这样的气候条件，了解这样的土壤，那么这样我们在和这个世界打交道的时候，就不会受它的影响，不会受它的控制，而是可以从这样的一个物中得到解脱，这叫“物而不物”。

中国古人要掌握自然变化规律，他没有这么强大的科学观察和实验能力，但是他们也在朝这方面努力，怎么努力呢？他是通过敬神的方式和自然达成这样一种协作，所以现在的礼数里面有很多敬神的部分,实际上就是在和地神做这样的协议,就是为了观察它、了解它。但是,不像我们今天通过仪器来了解土地,古人是通过祭祀了解土地的。《周礼·大宗伯》中讲了,祭祀的方式有禋祀、实柴祀等;祭地神的有血祭、狸沈祭山林川泽等。

祭天地就是要寻求人类生活的自然合理性,我们要了解这个土地会产生什么东西,要和它达成协作,它出产什么你吃什么,它能长什么你就培育什么,要在长期这样的互动之中来了解土壤的特性,了解它生长万物的方式。古人是用这样的神灵来表达他所观察到的事情,由此代代相传。其中观察到的最典型的变化就是时间和空间的变化。古人为什么要把祭神看得那么重要呢?因为时间一到,他们就知道该干什么了,比如只能在这几天播种,这时候要敬神了,如果这时候没有敬神,这个地里就不长庄稼,实际上我们掌握了这样的气候变化,就知道什么时候播种,也就是说,古人对经验的描述要借助于神灵的力量来推广、宣传、指引。我们今天不需要神力,为什么呢?因为我们是用科学来指引大家的,科学取代了神灵。也有人说,我们现在信的教叫科学教,我们信的神叫科学神,古人是经验之神,今天我们信的是通过反反复复的实验得到的科学结论。古人注重的是经验,经验有时候不一定是真理,但是实验就成了真理性的表达。

古代的祭地也有很多的东西,我们举两个例子。1929年,马鸿逵在泰山挖出的古代皇帝祭地的玉册,一个是唐玄宗的,一个是宋真宗的。人类通过社神掌握了地之道,和地达成了协议。

另一个是“田”的例子。人类对神进行分工,给农业立了专门的神灵,来保障农业生产的丰盛,实现人和物之间的顺利转化。要把天地之物变成人生产的东西、人掌握的东西,这些天地之物不再是一个完全自然的东西,而是由人接管了。这样的田地就是一个人文化的东西,设立田祖,就相当于设立了一种职业,我们找到了一种从土地里边获取人类生存资源的方法。籍田礼就是人类生活的秩序,也是把从土地生长粮食的经验进行总结,然后转换成礼仪,方便人类遵照执行。

籍田礼是一个系统,它不仅仅是一个礼,也是一个节日的系统,是人类劳作过程中对经验的展示，所以逐渐有了播种礼、求雨礼、薅草礼、除虫礼。人类对土地的工作渐渐职业化了，直观化了，节日化了，人类就知道该如何在土地上劳动了。

在籍田礼的时候，大家都会去看，因为它有节目。观籍的节目在《诗经》里面反反复复被写到，书中形容这是男女之间的娱乐项目，在这个时候，你可以打扮得漂漂亮亮去勾引小姑娘，让她坐着你的车，跟着你走。这也是当年最大型的群众集会。

另外还有很多祭社神的歌，实际上都是讲性的饥渴。前人对“籍”的解释是“借民力为籍”，也就是人与人之间合作生产粮食，但实际上，这个“籍”换成“耦”字来看，是女借男子之力来耕种，男女的第一个配合是什么？是生孩子。《左传》当中说：“姬姞耦，其子孙必蕃。”为什么男女搭配生孩子，又和两个人搭配着耕田联系在一起呢？这实际上就是古代籍田礼的问题，它有一个大型的节目，就是将众人召集到一起，让男子和女子在一起合作，这是一种原始的婚姻形式。男女到了一起除了生孩子，还有就是耕田，女子的氏族借男子氏族的力量来抢种，尽快把这个种子播下去。

《金枝》当中第十一章说道：“中美洲有帕帕尔人在向地里播下种子的前四天，夫妻之间要纵情恣欲。”意思是要让两口子帮助种子生长。

据说大舜是我们了解到的最早和籍天有关的人物。周代有个叫“千亩”的地方，为什么叫“千亩”呢？因为这是专门作为上帝祭品生产地的地方，生产的东西供上帝享用，这个地方就是现在的山西介休。因为这个地方的粮食长得特别好，所以用它来祭天神，这个地名也就称为“千亩”。这是周武王选定的祭上帝的地方。

我们看看籍田祖，古代有一个田祖叫叔均，是周人的老祖先。

除此之外，古代有三种田祖，为什么呢？第一种先啬，第二种司啬，第三种是农。在田头立一个小小的庙，那个就是田祖，或者说田畯住的地方。人们带着食物去送给天神吃，田祖享用了这个祭祀，就会非常高兴。

农耕发现了土地的价值，引起了战争，后来终于通过这样的“天命”，我们确定了谁占有这块土地。而占有土地的人一确定，我们就给他立一个经营之道，立一个“社”，立很多的禁忌，既保护了自然，也实现了人与自然的共存。同时我们又设立了田祖，通过对田祖的祭祀，建立了人与自然互动的方式。什么时间开始播种，什么时候薅草，什么时间杀虫，通过这样一系列的礼仪，让人们的生活有了规矩，有了秩序，同时也让丰收变成了可控制的事情。

我们第一个讲了成人，或者叫成己，意思是身体健壮是属于天的，而道德的高尚是属于人的，所以天人要合一；第二个成物是找吃的，这属于天，是我们的刚需，不吃就得饿死，但是比吃饭还重要的是要谋道，这也是要天人合一。天人合一之后，你会发现道在食中，或者说食中有道；从手段上说，我们通过“田祖”形成一系列的程序，我们就能从自然、从土地里面获得自己想要的收成，这样的话，社会也就安定了，我们的丰收有保障了，也就实现了天人合一。

农耕时代的文化遗产用一句话来说就是天人合一，分开来说，就是成人、成物。这就是我们今天讲的内容，谢谢大家！

2017年12月3日